Walter Häberle

# Hilde, Sonntagskind

## Ein Leben im 20. Jahrhundert

W0073380

SILBERBURG

**Walter Häberle,** 1941 in der Nähe von Köln geboren und im Rhein-land aufgewachsen, zog später mit seinen Eltern nach Unterweissach bei Backnang in Baden-Württemberg. In einem kirchlichen Internat machte er 1962 das Abitur und wurde Lehrer, erst in Aalen, dann bei und in Schwäbisch Hall. Dort heiratete er und zog später mit Frau und zwei Kindern nach Brüssel, wo er fünf Jahre an der Deutschen Schule unterrichtete. Heute lebt er in Künzelsau.

1. Auflage der Taschenbuchausgabe 2018

© 2003/2018 by Silberburg-Verlag GmbH,
Schweickhardtstraße 5a, D-72072 Tübingen.
Alle Rechte vorbehalten.
Umschlaggestaltung: Christoph Wöhler, Tübingen,
unter Verwendung einer Fotografie von Martin Sautter,
Giengen an der Brenz, 1927.
Druck: Gulde-Druck, Tübingen.
Printed in Germany.

ISBN 978-3-8425-2083-7

Besuchen Sie uns im Internet und
entdecken Sie die Vielfalt unseres Verlagsprogramms:
**www.silberburg.de**

# Inhalt

*Für Mam*

# Wenn sie aufhört mit Schnaufen

»Anna, mein großes Mädle, deine Mamme braucht dich heut.« Sie hatten gerade das Mittagessen beendet: »Wir sagen Dank für Speis und Trank, in Jesu Namen. Amen.« Mammes Schwester Marie hatte mit ein paar raschen Handgriffen den Tisch abgeräumt und das Geschirr auf den Spülstein in der winzigen Küche getragen. Die Jüngere hieß eigentlich Maria, aber alle riefen sie Marie, und wie es im Schwäbischen üblich ist, betonten sie dabei das »A«, sodass es klang wie »Marri«. Wie jeden Tag schöpfte Marie heißes Wasser aus dem Schiffchen des Küchenherdes und begann sogleich mit dem Abwasch, Anna schnappte sich das Abtrockentuch.

»Aber ich hab mich mit Lene und Kätter zum Bohnenschusseln im Hof verabredet! Du weißt, zu zweit macht das keine Freude und dann sagen sie wieder: Immer wegen dir!« Mamme hatte Erwin auf dem Schoß und versuchte ihm nach und nach ein Löffelchen Brei einzutrichtern. Man sah ihr an, dass sie nicht recht bei der Sache war. Aus dem Schlafzimmer drang schon eine ganze Weile dünnes Wimmern herüber. »Ach, Anna, ich muss mich jetzt wieder hinlegen. Tante Marie hat mit den beiden Buben zu tun und hat doch heute auch Waschtag. Der kleinen Hilde geht es sehr schlecht, hörst du das? Papa hat heute früh beim Weggehen noch gesagt, wir sollen sie auf keinen Fall allein lassen. Jetzt lauf halt geschwind in den Hof hinunter und sag den Mädchen, dass du heute eine oder zwei Stunden später kommst!«

Anna zog enttäuscht eine Schnute und senkte den Kopf. Die Zöpfe mit den blassrosa Schleifen fielen ihr vor das hübsche Gesicht und verbargen den Trotz auf ihrer Miene. Tante Marie nahm ihr sanft das Abtrockentuch aus der Hand und gab ihr einen leichten Klaps auf den Po. Anna flitzte zur Glastür hinaus. Das Stakkato ihrer Schnürstiefel auf den hölzernen Treppenstufen wurde leiser. »Die hat ja noch ihre Schuhe an!«, dachte Mamme, wischte Erwin das Göschle und band ihm den Latz ab. Sie drehte sich nach Albert um. Der Dreijährige saß still auf seinem Fußbänkchen am Fenster, ganz vertieft in das abgegriffene Struwwelpeter-Buch, das sein Papa ihm gestern von der Arbeit mitgebracht hatte.

Christian Gottlieb Lang hatte bei der führenden Stuttgarter Spedition Paul von Maur eine gute Arbeitsstelle als Fuhrmann gefunden. Das Unternehmen lag am damals nördlichen Stadtrand von Stuttgart, direkt am Güterbahnhof in der Wolframstraße. Ein vierstöckiges Wohnhaus in der benachbarten Tunzhofer Straße gehörte ebenfalls Paul von Maur. Dort konnten seine Arbeiter wohnen. Sie hatten nur wenige Minuten zur Firma, die Miete war günstig und wurde gleich vom Lohn einbehalten. Gottliebs Lohn war karg, sicherte kaum das Existenzminimum der Familie, die unter Entbehrungen von der Hand in den Mund lebte, aber wenigstens war er sicher. Beim Ausliefern der Frachtsendungen fiel auch immer wieder mal ein kleines Trinkgeld an. Freitagabends saß er am Tisch in der Stube und machte aus den Münzen der Woche kleine Türmchen. Die höchsten bestanden aus Ein- und Zweipfennigstücken, aber es gab daneben immer ein kleines Türmchen aus »Sechsern«, wie er die Fünfpfennigstücke nannte, und ganz vereinzelt tauchten auch Groschen auf, die türmte er nicht, die legte er nebeneinander. Jeden Samstagnachmittag nach der Arbeit ging der Papa zum Bäcker und kaufte von seinem Trinkgeld Seelen, ein Gebäck. Dann wusste man: Es ist Wochenende.

Er war ein guter Fuhrknecht. Seinem Chef war er schon bald durch seine besonnene Art, seinen zupackenden Fleiß und seine Zuverlässigkeit aufgefallen. Paul von Maur war ein schwäbischer Firmenpatriarch vom alten Schlag. Er hatte ebenfalls zwei Söhne, die waren etwas älter als die seines Arbeiters Gottlieb Lang. Kleidungsstücke, die den Buben des Chefs zu klein geworden waren, wurden gelegentlich in eine Tüte gepackt und am Feierabend dem Fuhrmann mit einem Schulterklopfen unter den Arm geklemmt. So war gestern Abend aus der Tüte des Chefs auch das Struwwelpeter-Buch herausgekommen und Mamme hatte dem wissbegierigen Albert gleich die erste Geschichte vorlesen sollen:

Seht einmal, da steht er
Pfui! der Struwwelpeter.
An den Händen beiden
Läßt er sich nicht schneiden ...

Aber gleich auf der ersten Seite war sie wieder von einem derart krampfhaften Hustenanfall geschüttelt worden, dass sie das Buch weglegen und keuchend nach der Marie rufen musste. Albert hatte das Buch an sich genommen und von seinem Fußbänkchen aus mit großen Augen verfolgt, wie sich sein Papa und Tante Marie um die Mamme bemühten. Gottlieb hatte seiner Frau mit dem Handballen den Rücken geklopft, Marie hatte der Schwester wieder den Blechnapf vors Gesicht gehalten, um den Schleim aufzufangen. Dabei hatte Mammes langer, dunkler Zopf über der Bettkante gebaumelt und gehüpft bei jedem Trommelschlag auf ihren mageren Rücken, dessen Knochen sich deutlich durch das dünne Nachthemd abzeichneten. Der Bub hatte inzwischen begriffen, dass Papa seine Mamme nicht hauen, sondern dass er ihr helfen wollte.

Albert hatte dann sein Buch der großen Schwester gebracht. Anna ging schon in die dritte Klasse und saß in der letzten Reihe, da, wo die fleißigsten und klügsten Mädchen saßen. Die Sitzordnung war damals zugleich eine Rangordnung. Die Lehrer platzierten ihre Schüler nach ihren Leistungen, und wenn die mal schlechter wurden, hieß es schnell: »Eins runter!« Dann musste man sich in den folgenden Tagen oder Wochen schon sehr anstrengen, nicht mehr schwätzen und viel »strecken« und mit den Fingern schnipsen, bis nach dem Kommando: »Eins rauf!« die Plätze wieder getauscht werden durften. Anna also konnte sehr gut lesen. Sie hatte sich mit dem kleinen Bruder darauf geeinigt, dass sie ihm jeden Tag eine Geschichte aus dem neuen

Buch vorlesen würde, das musste reichen. »Dann hast du länger was davon.«

Jetzt also, nach dem Mittagessen, saß Albert auf seinem Bänkchen und klappte eine der dicken Seiten nach der anderen um. Er konnte sich schon denken, was da stand, die Bilder waren deutlich genug. Aber er freute sich darauf, dass Anna ihm heute die zweite Geschichte vorlesen würde. Der Rhythmus der Verse und der Klang der Reime hatten ihn gestern sehr beeindruckt. Das war aus den Bildern allein nicht herauszuhören. Bald würde er selber lesen lernen. Seit kurzem ging er ja schon in den Kindergarten, ins »Postdörfle« zur Diakonissenschwester Lina. Er konnte die richtige Schule kaum erwarten, wenn auch der Vater seine Vorfreude dämpfte: »Oh Albert, vom Lesen wird man nicht satt!«

Marie nahm Babett nun den anderthalbjährigen Erwin ab, damit Mamme sich wieder auf das Sofa legen konnte, von dem sie nur zum Mittagessen aufgestanden war. So fand Anna, als sie schnaufend vom Hof in den dritten Stock zurückgekehrt war, das gewohnte Bild der letzten Wochen vor: Mamme lag auf dem zum Krankenlager umgebauten Sofa in der Stube, trotz der sommerlichen Temperaturen mit einer wollenen Decke bis unters Kinn. Die kleine, rundliche Tante Marie erledigte die Hausarbeit. Albert spielte in einer Ecke der Stube mit Klötzchen und seinen Zinnsoldaten, unter denen sich eine ganze Anzahl verbogener Invaliden befand. Erwin krabbelte durch die ganze Wohnung und stakste neuerdings mit krummen Beinchen und angewinkelten Armen quiekend von einem Halt zum nächsten. Sie selbst wäre normalerweise bis drei Uhr bei ihren Freundinnen und würde sich dann an den Tisch setzen und Hausaufgaben machen. Aber vorhin hatte es ja geheißen: »Anna, mein großes Mädle, deine Mamme braucht dich heut.« Und dann war ja auch seit drei Wochen das Butzele da, das sie letzten Sonntag in der Erlöserkirche auf den Namen Maria Hildegard getauft hatten.

Mamme schlief nicht, sie hatte nur die Augen geschlossen. »Zieh erst einmal deine Schuhe aus«, sagte sie, als Anna immer noch etwas außer Atem in die Stube trat. »Seit wann läuft man im August mit Schuhen herum? Du weißt, neue Absätze sind teuer.« Anna musste die Schuhe eigentlich nur anziehen, wenn sie in die Schule oder in die Kinderkirche ging. Ihr Lehrer und auch der Pfarrer verlangten das von den Kindern. »Das gehört sich so in der Stadt.« Sobald sie aber wieder zu Hause war, musste sie sofort die Schuhe und Strümpfe ausziehen und barfuß laufen. »Wenigstens in den Monaten ohne R«, hieß es.

»Hast du Hausaufgaben zu machen?«, fragte Mamme. – »Ja, Lesen und Einmaleins, den Vierer heute.« – »Dann nimm dein Lesebuch und geh hinüber ins Schlafzimmer. Du bist doch meine Große. Setz dich neben Hildes Bettle und pass auf sie auf. Der Doktor war heute Vormittag da und hat gesagt, er könne ihr jetzt auch nicht mehr helfen. Er hat uns auf dem Zettel hier die Telefonnummer der Leichenfrau dagelassen. Pass gut auf, und wenn sie aufhört mit Schnaufen, dann ist sie gestorben und dann kommst du sofort herein und sagst es, damit Tante Marie telefonieren gehen kann.« – »Ja, Mamme.«

Anna kramte ihr Lesebuch aus dem Schulranzen und setzte sich im Schlafzimmer neben das Kinderbettchen, aus dem die ganze Zeit dieses hohe Wimmern gekommen war. Und während sie halblaut vor sich hin las und die Fabel »Vom Fuchs und dem Raben« so oft übte, bis es ganz ohne Stocken ging, weil sie den Text ja schon fast auswendig konnte, da war das Wimmern immer leiser geworden und hatte schließlich ganz aufgehört. Anna klappte behutsam ihr Lesebuch zu und wollte hinausgehen um zu sagen, das Butzele sei jetzt tot. Aber weil es doch eigentlich ihre Schwester hätte werden sollen, strich sie dem winzigen Wesen zum Abschied noch einmal scheu über die schorfige Wange. Da zuckte die kleine Hilde leicht zusammen, holte tief Luft und schlief ruhig atmend weiter.

Also setzte Anna sich wieder hin und begann den Vierer zu üben, wie es der Lehrer vorgemacht hatte: Erst langsam von vier bis vierzig, dann immer schneller, und als sie dreimal nicht stecken geblieben war, das Ganze rückwärts von vierzig bis vier. Aber ja nicht bis null, weil der Lehrer dann jedes Mal böse wurde und schimpfte: »Seit wann ist denn null eine Viererzahl?« Auch als Anna schließlich den Vierer richtig gut konnte und sich vorbeugte, hörte sie immer noch die leisen Atemzüge des Schwesterchens im Kinderbett.

Albert kam vorsichtig herein. »Ist sie schon tot?«, fragte er ängstlich. »Noch nicht ganz. Sie schläft gerade.« Er streckte Anna das Struwwelpeter-Buch hin und bettelte mit den Augen. »Also gut.« Anna las ihm die versprochene zweite Geschichte vor: »›Die Geschichte vom bösen Friederich.‹ Der Friederich, der Friederich, das war ein arger Wüterich ...«. Danach lauschten die beiden den Atemzügen ihrer kleinen Schwester. »Das dauert noch.« Albert war sich ganz sicher. »Lies noch eine Geschichte vor, dann ist es nicht so langweilig.« Das leuchtete auch Anna ein und sie las Erwin auch noch »Die gar traurige Geschichte mit dem Feuerzeug« vor: »Paulinchen war allein zu Haus, die Eltern waren beide aus ...«. Dann aber traten die Geschwister Hand in Hand in die Stube und verkündeten, das Butzele wolle gar nicht sterben und wenn sie jetzt nicht zum Spielen in den Hof dürften, dann seien die anderen bestimmt weg. Mamme ließ sich von Anna die Geschichte mit dem Fuchs und dem Raben vorlesen und auch den Vierer vorwärts und rückwärts aufsagen. »Also, ab mit euch!«, entschied sie dann. »Und Punkt sechs seid ihr daheim!«

Als Mammes Schwester Marie vom Wäscheaufhängen zurückkam, schaute sie gleich nach Hilde. Die begann zu quäken und Marie meinte, dann werde sie halt den Schoppen, den die Kleine heute Mittag verweigert habe, noch einmal zum Wärmen ins Schiffchen stellen.

# Das muss ich euch erzählen!

Das alles hat sich zu Beginn des 20. Jahrhunderts zugetragen, genauer gesagt, im August des Jahres 1909 in der Tunzhofer Straße 7 in Stuttgart, in der Wohnung der Familie Lang, die nach vorne lag, zur Straße hin, im dritten Stock rechts. Das Jahrhundert neigt sich nun seinem Ende zu. Am Sonntag, dem 25. Juli des Jahres 1999, feiert Hildegard Häberle im Altenheim »Schumm-Stift« in Murrhardt ihren 90. Geburtstag, im fünften Stock, im Zimmer zum Hof, hinten links. Sie feiert ihn bei bester Gesundheit, kann man sagen, sieht man einmal von den Schwächen und Beeinträchtigungen ab, die ein so hohes Alter nun einmal mit sich bringt. Im fünften Stock sind die Hausbewohner untergebracht, die noch selbst zurechtkommen und keiner Pflege bedürfen.

Hilde hat eine Blechschatulle auf dem Schoß, »Marke Teekanne, Düsseldorf«, bunt bedruckt mit Oldtimerautos. Darin bewahrt sie seit undenklichen Zeiten ihre Fotos auf. Schon vor 20 Jahren, als sie nur noch für sich selbst zu sorgen hatte und endlich Zeit genug für so etwas gehabt hätte, schenkten ihr die Kinder Fotoalben, Filzstifte und Klebeecken. Sie hatten gemeint, wenn sich die Mutter an langen Abenden ihre Blechkiste vornähme, die Fotos alle in eine Ordnung brächte, einklebte und beschriftete, sei das nicht nur eine Arbeitsbeschaffungsmaßnahme für eine zuweilen gelangweilte und deshalb unzufriedene alte Frau. Nein, sie stellten sich außerdem vor, dass ihre Mutter bei dieser Beschäftigung gleichzeitig Rückschau auf ihr langes, bewegtes Leben halten und so manches Ereignis in der Nachbetrachtung noch einmal neu verarbeiten könne. Nicht nur die papierenen Bilder aus der Schatulle, auch die Bilder vor ihrem inneren Auge würden so in eine Reihenfolge, eine Ordnung und mit dem gehörigen Zeitabstand nun vielleicht auch zu einer neuen, abschließenden Bewertung gebracht. Davon versprachen sie sich eine positive Wirkung beim Übergang in den Ruhestand, in den Lebensabend der angehenden Greisin.

Jedoch die Fotoalben – mit der Zeit waren es drei geworden – sind leer geblieben. Dafür wurde die bunte Schatulle immer voller, weil jedes Foto, das ihr von Besuchern überreicht wurde, eine Zeit lang auf einem ihrer Schränkchen gegen ein Buch oder eine Blumenvase gelehnt zu stehen hatte und dann, bei der nächsten Aufräumaktion, eben in die Blechkiste wanderte. Kaum ging noch der Deckel zu. Ja, vor nunmehr sechs Jahrzehnten, da hatte sie ein richtig schönes Familienfotoalbum angelegt, immer sorgfältig die neuesten Bilder eingeklebt und beschriftet. Das Album gibt es leider nicht mehr. Es ist verloren gegangen, wie so vieles andere, das ihr einst lieb und teuer gewesen war, längst verloren gegangen ist. Vielleicht ist es die Erinnerung an jenen Verlust, die sie nun davon abhält, diese Arbeit ein zweites Mal in Angriff zu nehmen. Vielleicht fehlt ihr die Kraft dazu. Wer weiß das schon – wahrscheinlich weiß es nicht einmal sie selbst. Hilde zuckt nur mit den Schultern, wenn sie darauf angesprochen wird.

E in Bild nach dem anderen nimmt sie nun, am Abend ihres 90. Geburtstages und am Abend ihres Lebens, in die Hand. Mal huscht ein wehmütiges Lächeln über ihr Gesicht, mal dreht sie ein Foto um, schaut auf die Rückseite und murmelt irritiert: »Das weiß ich jetzt nicht mehr, wann oder wo das war.« Dann wieder lacht sie und ihre blauen Augen blitzen: »Das muss ich euch erzählen!« Bei dem einen oder anderen Foto wird sie ganz ernst, blickt versonnen zum Fenster hinaus über die Baumwipfel des Murrhardter Waldes und sagt mehr zu sich selbst: »Oh, war das schlimm damals!«

Gerade hat sie von diesen schweren ersten Tagen ihres Lebens berichtet und kommt fast belustigt zu dem Schluss: »Seht ihr, die Ärzte wissen eben auch nicht alles. Unser Hausarzt war der Dr. Feldmann, ein jüdischer Arzt. Der sagte nach meiner Geburt zu meinen Eltern: ›Auf die müsst ihr aber sehr aufpassen!‹ Weder der Arzt noch meine Eltern hatten geglaubt, dass man mich durchbringen würde. Als Fritz, der Bruder meines Vaters, zur Hochzeit ihrer Schwester Rosine im April 1910 in Stuttgart war, hat er natürlich auch uns in der Tunzhofer Straße einen Besuch abgestattet. Später hat er mir erzählt: ›Mein Gott, Hilde, wie bist du da in deinem Bettchen gelegen! Ganz grau hast du ausgesehen und runzlig wie eine Hutzel. Wir haben gesagt, die kriegt ihr nie und nimmer groß.‹ Ja, so hat das angefangen mit mir – damals.« Der wässrige Blick der Greisin geht durch das Fenster ins Leere.

* * *

Es hat durchaus Symbolkraft, dass das Leben der kleinen Hilde seinen Anfang in Stuttgarts Tunzhofer Straße nahm. Diese Straße war und ist eine klassische Verliererstraße. Zu Beginn des Jahrhunderts lebten dort in beengten Verhältnissen bettelarme Arbeiterfamilien, 20 Jahre später waren es Hunger leidende Arbeitslose, nach dem Zweiten Weltkrieg ausgebombte Habenichtse und heute wohnen dort heimatlose Kurden und Vietnamesen.

* * *

Hildes Blick kehrt zurück in ihr Zimmer und ihre Augen gehen flink von einem Besucher zum andern: »So hat das angefangen mit mir. Aber Unkraut vergeht nicht! Ich bin immer noch da, die Letzte von allen, denn ich hab sie alle überlebt, jawoll! Seht ihr, ich bin halt doch ein Sonntagskind! Heute vor 90 Jahren war nämlich auch Sonntag und zugleich ein Feiertag, nämlich Jakobi! Dabei habe ich am Anfang schon gar kein Glück gehabt, ich war doch mein gesamtes erstes Lebensjahr nichts als krank. Da habe ich wohl sämtliche Krankheiten meines Lebens durchgemacht. Nachher bin ich nie wieder ernsthaft krank geworden, bis heute nicht – ein Sonntagskind eben!«

# Er hat es nicht erlaubt

Mamme war schon vor Hildes Geburt längst gesundheitlich angeschlagen gewesen. Sie hieß Maria Barbara Usenbenz, aber alle sagten »Babett«. 31 Jahre war es her, dass sie auf der Schwäbischen Alb, in Dettingen am Albuch bei Heidenheim, zur Welt gekommen war. Ihre Eltern hatten sich später in der Krausengasse nahe der Kirche mit viel Fleiß eine kleine Landwirtschaft aufgebaut, von der allein sie aber nicht leben konnten. Deshalb war der Vater Johann Georg Usenbenz, Jahrgang 1850, nebenher Baumwart, wie schon sein Vater es gewesen war. Ein Baumwart ist für die öffentliche Bepflanzung in der Gemeinde zuständig, betreut die Baumschule, schneidet den Bauern fachgerecht ihre Obstbäume, weiß Reiser zu pfropfen, kennt sich mit Obstsorten und Beerensträuchern aus, kann veredeln, pflanzen, züchten und beraten.

Johann Georg Usenbenz hatte sich als junger Bursche in die Margarete Bosch »verguckt«. Die bediente und war Köchin im besten Dettinger Lokal »Hirsch«, das hauptsächlich von Herrschaften der weiteren Umgebung in ihren Pferdegespannen besucht wurde. Man sagt, sie konnte die feinsten Täubchen weit und breit zubereiten. Seiner Mutter war aber »diese Bosch da« einfach nicht gut genug, weil »mein Hansjörg«, wie sie immer sagte, ihr halber Herrgott war und doch eigentlich eine reiche Bauerntochter verdient hatte. Selbst als der Hansjörg mit »dieser Bosch da« ein Kind hatte, waren seine Eltern mit einer Heirat nicht einverstanden. Dieses Kind nun, 1878 geboren, war Babett, Hildes Mamme. Vermutlich hat sie ihre ersten fünf Lebensjahre bei den Großeltern mütterlicherseits verbracht. Erst als 1883 die Geburt des zweiten unehelichen Kindes kurz bevorstand, durften ihre Eltern heiraten. Nach diesem zweiten Kind, dem Sohn Johannes, der in Hildes Familie später immer nur »Onkel Usenbenz« genannt wird, kam 1890 Mammes Schwester Maria zur Welt, der wir schon als Tante Marie in Stuttgart in der Tunzhofer Straße begegnet sind. Hilde spricht von den Großeltern Usenbenz immer nur vom »Ehle« und der »Ahne«.

Wie es damals üblich war, ging Babett nach ihrer Konfirmation und Schulentlassung mit 13 oder 14 als Kindermädchen und Magd zu verschiedenen Bauern des Dorfes und dann als junges Mädchen vom Lande »in Stellung«. Als Haushaltshilfen bekamen die anspruchslosen jungen Frauen dort eine hauswirtschaftliche Grundausbildung als Vorbereitung auf eine spätere Ehe. Sie lernten kochen, nähen, waschen, bügeln, wurden mit Krankenpflege und Kinderbetreuung vertraut gemacht. Für die meist bürgerlichen Familien gaben sie billige und willige Arbeitskräfte ab. Neben freier Kost und Logis musste für sie lediglich ein geringes Taschengeld aufgewendet werden. Auf der anderen Seite waren sie daheim vom Tisch und lagen ihren Eltern, die damals in aller Regel viel mehr Kinder durchzubringen hatten als heutzutage, nicht mehr auf der Tasche.

Der Ehle hatte als junger Mann in den Jahren 1871 bis 1874 bei den »Roten Ulanen« in Ludwigsburg gedient, das damals königlich württembergische Garnisonsstadt war. Es bestanden wohl noch Kontakte dorthin, denn seine Tochter Babett hatte nun eine Stelle in Ludwigsburg gefunden. Im selben Haus wohnte ein Hauptmann. Dieser hatte einen Rekruten aus dem Hohenlohischen als Burschen. Der Bursche und das Hausmädchen begegneten sich fast täglich im Treppenhaus. So lernten sich Barbara Usenbenz und Gottlieb Lang kennen – und lieben. Als ihre Liebe im Jahre 1900 Früchte trug, wollte das Paar natürlich heiraten. Sie waren nun beide 22 und hatten längst beschlossen, zusammenzubleiben. Babett traute sich aber nicht, nach Dettingen zu fahren und ihren Eltern zu sagen, wie es um sie stand. Bei ihrem letzten Besuch auf der Alb hatte sie den Gottlieb schon einmal kurz erwähnt. Der Vater hatte sie bloß streng angeschaut und misstrauisch gefragt: »Ein Bursche aus dem Hohenlohischen? Hat der was daheim?«

Sie kannte ihren Vater nur zu genau. Wie hatte doch seine Familie all die Jahre unter seinem Jähzorn leiden müssen. Jahrelang konnte sie nicht entscheiden, welches Gefühl für ihren Vater die Oberhand gewinnen sollte, ihre zärtliche Liebe zu ihm oder ihre panische Angst vor seinen unvorhersehbaren Wutausbrüchen, wenn an seiner Stirn die Ader blau hervorquoll. Er war nicht der einzige Usenbenz, der diese Eigenart hatte. Sie nannten das den »Usenbenzen-Jähzorn«. Auch Babett konnte gelegentlich ganz schön in Zorn geraten und immer öfter setzte sie ihr hübsches Köpfchen durch. Andere nannten das freilich »einen ausgeprägten usenbenzischen Dickschädel«. Ein Vierteljahrhundert später wunderte sich Hilde einmal bei ihrer Ahne über einen Riss in der eichenen Tischplatte. Die Ahne erzählte: »Stell dir vor, da haben sich der Ehle und die Babett, deine Mutter, einmal so gestritten, dass der Ehle dermaßen mit der Faust auf den Tisch geschlagen hat, dass dieser Riss entstand. Von denen war eines so hart wie's andere.«

Bei ihren Besuchen im Elternhaus war Babett in den letzten Jahren außerdem eine Eigenschaft an ihrem Vater aufgefallen, die sie als Kind nie so wahrgenommen hatte: Sie fand ihn manchmal fast etwas bigott. Jeden Sonntag ging man in die Kirche, jeden Dienstagabend zusätzlich in die Betstunde. Allmorgendlich zog der Vater die Tischschublade auf und brachte im Familienkreis den Tagestext aus dem evangelischen Losungsbüchlein zu Gehör. Dann stand die Mutter auf, leckte ihren Zeigefinger, riss das oberste Blatt des Neukirchener Kalenders ab, setzte sich wieder zu den anderen an den Tisch und las mit leiser, monotoner Stimme vor. Auf der Vorderseite stand immer ein Kernsatz aus den biblischen Büchern, der von einem Theologen ausgelegt wurde, die Rückseite brachte eine fromme Geschichte, welche die Botschaft der Bibel beispielhaft mit dem Alltag des Christen in Verbindung brachte. Zum Abschluss dieses täglichen Rituals wurde gemeinsam ein Gebet gesprochen. Sonntags gab es nach dem Mittagessen eine zusätzliche ausgedehnte Bibellesung, da konnte noch so schönes Spazierwetter sein. Keine Mahlzeit im Hause Usenbenz durfte ohne Gebet begonnen werden, war man auch noch so hungrig, keiner durfte vor dem Dankgebet vom Tisch aufstehen, egal wie eilig es einer auch haben mochte. Kein Nachtgebet durfte vergessen werden, wie müde man auch war, kein Fluch im Haus ertönen. So war es schon immer und ganz selbstverständlich Brauch gewesen und niemandem wäre eingefallen, auch nur in Gedanken daran etwas ändern zu wollen.

Aber jetzt fiel Babett auf, dass vor dem Frühstück christliche Tugenden wie Nächstenliebe, Barmherzigkeit und Vergebung der Sünden beschworen wurden, nach dem Frühstück dann oft gnadenlos über Nachbarn, Bekannte und Verwandte hergezogen wurde, die sich in den Augen des frommen Vaters etwas hatten zu Schulden kommen lassen oder keinen gottgefälligen Lebenswandel führten. Die Tochter fand seine Verurteilungen hart und selbstgerecht. Aber sie schwieg dazu.

Babett wusste also, was sie zu erwarten hatte, wenn sie sich in den Zug Richtung Heidenheim setzen und mit ihrem schon sichtbaren Bäuchlein vor ihren Vater treten würde, ihn um die Zustimmung zur Heirat zu bitten. Und so wurde im Sommer des Jahres 1900 ihre Cousine Rosine Burger losgeschickt, die Lage erst einmal zu erkunden und einen Besuch von Babett und Gottlieb vorzubereiten. Rosine lebte schon seit einiger Zeit in Stuttgart. Sie war genau genommen eine Cousine zweiten Grades und mit Babett eng befreundet. Sie war eine rechte Friedensstifterin, immer darauf aus, irgendwo helfend eingreifen zu können. »Ich fahr für dich nach Dettingen und werde bei deinem Vater für euch anhalten«, hatte sie erklärt.

Wie verabredet kehrte Rosine zwei Tage später nach Ludwigsburg zurück und wie verabredet erwarteten Babett und ihr Gottlieb sie schon auf dem Bahnsteig. Rosine winkte den beiden am Abteilfenster des einrollenden Zuges freundlich lächelnd zu, aber auf den wenigen Metern von den Trittbrettern des Waggons bis zu dem wartenden Paar verlor sie dann schnell ihre mühsam aufgebaute Fassung. Mit einem Schluchzer ließ sie ihre Taschen neben sich auf den Bahnsteig plumpsen, neigte den Kopf zur Seite, breitete mit theatralischer Geste die weiß behandschuhten Hände aus und schloss ihre Cousine weinend in die Arme, wobei ihr der breitkrempige Hut verrutschte. Die Mission war also ein Fehlschlag gewesen. Wenn Babett ehrlich war, bedeutete das für sie im Grunde keine große Überraschung. Als die Freundin aber wenig später wieder in der Lage war zu sprechen, sauste wie ein wuchtiger Keulenschlag die ganze, niederschmetternde Wahrheit auf die Schwangere herab: Rosine sollte ausrichten, dass der Vater seine in Sünde lebende Tochter verstoßen habe. Sie solle es nicht wagen, ihm unter die Augen zu treten.

Gerade er, der damals bei seiner Heirat selbst schon eine fünfjährige Tochter gehabt hatte und dessen zweites Kind unterwegs war, gerade er schwang sich nun auf das hohe moralische Ross! Aber dass eben ausgerechnet seine »Babe«, sein Liebling, das schönste, klügste und tüchtigste Mädchen weit und breit »so etwas« gemacht hatte, mit einem hohenloher Habenichts, das war eine bittere Enttäuschung für den Mann und machte ihn nun so unnachgiebig hart.

Ein Vierteljahr später, kurz vor Babetts Niederkunft, reiste Rosine ein zweites Mal auf die Alb. Sie und Babett hatten die leise Hoffnung, der erste Zorn des Vaters könnte verraucht sein. Sicher hatte die Mutter inzwischen manch gutes Wort für die Tochter eingelegt. Bestimmt hatten sie auch darüber gesprochen, wie es ihnen selber doch vor gut 20 Jahren schwer gefallen war, mit der gleichen Situation fertig zu werden. Wahrscheinlich bedurfte es nur noch eines diplomatischen Versuchs, eines zweiten Anlaufs, die starre Haltung des Vaters zu erweichen. Wo sollte die junge Frau denn ihr Baby zur Welt bringen? Ihre Stellung in Ludwigsburg hatte sie natürlich verloren. Wie sollte sie als Ledige ihr Kind durchbringen? War es nicht auch ein gutes Zeichen, dass der Kindsvater eisern zu ihr hielt und beide weiterhin die feste Absicht zu heiraten hatten?

Später hat Rosine der Hilde die Szene so geschildert: »Oh, Mädle, das vergess ich mein Lebtag nicht: Deine Ahne ist vor deinem Ehle in der Stube auf den Knien gelegen und hat ihn mit gefalteten Händen unter Tränen angefleht, dass ihr Mädchen wenigstens zur Entbindung heimkommen darf! Er hat es nicht erlaubt, obwohl er selber doch das Gleiche gemacht hatte.«

So kam es also, dass Babett ihr Kind Anna Margaretha am 19. November des Jahres 1900 in einer Hebammenschule in Stuttgart zur Welt bringen musste. Es war eine schwere Geburt gewesen und Babett war zusätzlich durch eine Rippenfellentzündung geschwächt, als sie nach neun Tagen entlassen wurde. Wo sollte sie nun hin? Zuerst nahm sie eine Stelle als Amme an. Da musste sie zwei Kinder stillen, das eigene und das fremde. Das bekam ihr gar nicht gut. Dort war sie auf dem Dachboden untergebracht, in einer Kammer, die man nicht heizen konnte. Und der erste Winter des neuen Jahrhunderts wurde bitterkalt. Ihre Schwester Marie hat später oft behauptet, dass Babett sich in diesen Monaten ihre Krankheit geholt habe.

Rosine wurde Annas Patentante, was auf Schwäbisch »Dote« heißt, weshalb sie später in der Familie »Dote Rosine« genannt wurde. Die Großeltern in Dettingen nahmen wenigstens die Enkeltochter Anna bei sich auf, das hatte die Ahne beim Ehle schließlich durchsetzen können: »Was kann denn das arme Würmle dafür?« Eine weitere Parallele zu dem Geschehen vor 22 Jahren. Tochter Babett durfte sich aber noch jahrelang nicht in Dettingen blicken lassen. Sie ging in den Folgejahren bei verschiedenen Haushalten in Stellung. Nur ihrer übergroßen Liebe hatte es das junge Paar zu verdanken, dass es diese schwere Zeit durchstehen konnte. Für die beiden stand fest: Nichts und niemand sollte sie jemals auseinander bringen. Ein zweites Kind, das sie

Albert nannten, mussten sie wieder hergeben. Es starb bald nach der Geburt. Erst dann, nach vier Jahren, lenkte der Ehle schließlich ein. Babett durfte im Juli 1904 ihren Gottlieb heiraten und endlich ihre Anna ganz zu sich holen. Die Ahne hatte das Enkele inzwischen so ins Herz geschlossen, dass sie es am liebsten gar nicht mehr hergegeben hätte.

# Sie kamen aus Hohenlohe

Gottliebs Militärdienstzeit war inzwischen abgelaufen. Er suchte eine Arbeitsstelle, möglichst in Stuttgart, wo seine Babett jetzt in Stellung war. Da traf es sich gut, dass sein »großer Bruder« Karl, der seit einiger Zeit bei der Spedition Paul von Maur beschäftigt war, ihm dort eine Stelle als Fuhrknecht vermitteln konnte. Das passte auch deshalb, weil Gottlieb sich mit Pferdefuhrwerken auskannte. Auch ihre beiden jüngeren Brüder Christian und Michel gingen nach der Schulentlassung diesen Weg. Die Arbeit als Bauernknecht bot keine Perspektive. Dort in Stuttgart versprachen sie sich ein besseres Fortkommen. An eine regelrechte Berufsausbildung war nicht zu denken. So arbeiteten eine Zeit lang vier Lang-Brüder bei Paul von Maur.

Sie kamen alle aus dem hohenlohischen Tiefensall. Dieses kleine Bauerndorf liegt im Norden von Württemberg, zwischen der damaligen Oberamtsstadt Öhringen und dem malerischen Kochertal-Städtchen Forchtenberg. Ihr Vater, Georg Gottlieb Lang, Jahrgang 1848, stammte aus Tiefensall. Er war dort Tagelöhner gewesen, hatte für die Bauern gearbeitet, mal auf den lang gestreckten Feldern und Obstwiesen, die sich im Osten des Dörfchens auf die Hohenloher Ebene hinaufziehen, mal beim Holzmachen in den westlich des Hirschbachs gelegenen Waldstücken. Nur für kurze Zeit, nämlich für den Militärdienst und wegen seiner Teilnahme am Krieg gegen Frankreich 1870/71, hatte er Tiefensall verlassen.

Ihre Mutter Christine Rosine, eine geborene Köhler aus dem nahen Schwarzenweiler, war eine sehr geschickte und fleißige Näherin. Sie fertigte für die Bauern der Umgebung Hemden, Kittel und Schürzen und trug damit viel zum Unterhalt der großen Familie bei. 1852 war sie geboren, mit 24 hatte sie geheiratet. Da brachte sie schon ihren anderthalbjährigen Sohn Karl mit in die Ehe. In den nächsten 20 Jahren hat sie dann nicht weniger als 16 weitere Kinder zur Welt gebracht. Und als ob das nicht schon genug Not, Elend und Schmerzen für die brave Frau bedeutet hätte, sind auch noch neun davon klein weggestorben oder gar tot geboren. Neunmal schrie sie ihren Schmerz in ihr Kopfkissen, wenn sie unter Tränen ein weißes Totenhemdchen nähen musste. Neunmal fragte sie ihren Mann, ihren Pfarrer, ihren Herrgott gar, warum das nur geschehen müsse. Neunmal tröstete der Mann sie mit den gesunden Kindern, die sie doch hatten, und mit der Hoffnung, das nächste werde leben. Neunmal salbaderte der Pfarrer, Gott nehme die besonders bald zu sich, die er am meisten liebe. Neunmal blieb ihr Herrgott gänzlich stumm. Und es soll keiner glauben, der Schmerz sei beim Neunten geringer gewesen als beim Ersten. Sechs Buben und zwei Mädchen haben sie freilich großgezogen.

Im Juli 1902 zogen die Langs mit ihren drei jüngsten Kindern nach Eichach, das eine gute Wegstunde von Tiefensall auf der Höhe über dem Kochertal liegt. Michel war da gerade 13 und im letzten Schuljahr, Georg, den sie »Schorsch« nannten, zwölf und der Nachzügler Friedrich, »das Fritzle«, ein Bub von sechs Jahren. Die anderen vier, auch Gottlieb, lebten damals schon nicht mehr bei den Eltern. Die 22-jährige Tochter Katharine arbeitete bereits seit einigen Jahren als Magd auf dem Hof des Bauern Christian Koppenhöfer in Eichach. Sie war es auch, die ihre Eltern dazu überredet hatte, nach Eichach zu ziehen. Für eine Tagelöhner-Familie war so ein Umzug eine außergewöhnliche Entscheidung. Und das kam so: Bei einem Bauern in Tiefensall hatte es gebrannt. Bei der anschließenden Untersuchung kam heraus, dass es sich eindeutig um Brandstiftung gehandelt hatte. Man suchte im Dorf nach dem Täter. Da bot der Bauer dem Tagelöhner Lang, der ein recht armer Schlucker war mit einem Stall voller Kinder, Geld dafür, dass er die Sache auf seine Kappe nahm. Der Plan ging auf, es kam zur Gerichtsverhandlung vor dem königlich württembergischen Schwurgericht in Schwäbisch Hall. Hildes Großvater war voll geständig, wurde verurteilt und kam ins Zuchthaus. Michel Lang erzählte später: »Ich werde in meinem ganzen Leben nicht vergessen, wie unser Vater heimkam und keinen Schnurrbart mehr hatte! Das war eine große Schande, dass man ihm im Gefängnis den Stolz eines Mannes genommen hat.«

Der Umzug nach Eichach war also eigentlich ein Ausweichmanöver gewesen. Der Vater konnte sich nach dieser schlimmen Geschichte in Tiefensall nicht mehr halten. Wer wollte schon einen vorbestraften Brandstifter bei sich auf dem Hof arbeiten lassen! Die fünf Langs bezogen in Eichach das Nebengebäude auf dem Hof des Bauern Koppenhöfer. Katharine hatte diesem unter dem Siegel der Verschwiegenheit die Geschichte von der angeblichen Brandstiftung anvertraut. Er hatte keinen Grund, ihr nicht zu glauben. Der Vater arbeitete fortan als Knecht auf dem Hof, die Mutter nähte wieder, versorgte ihre Familie und half morgens und abends im Stall. Katharine war die Großmagd des Bauern, Michel, Schorsch und der kleine Fritz mussten, so lange sie noch zur Schule gingen, fleißig mit anpacken.

Vier Jahre darauf, im Spätherbst 1906, war Christine Rosine Langs Leben erschöpft, ein Leben, das aus nichts als Not, Arbeit und Kinderkriegen bestanden hatte. Da war sie 54. Ihr Sohn Michel beschrieb das später auf die Frage, woran sie denn gestorben sei, so: »Die versiegte regelrecht, wie ein Brunnen, bei dem immer weniger Wasser kommt. Zuletzt kamen nur noch Tröpfchen, dann war es aus.«

Zwei Wochen später heirateten Katharine Lang und der Bauer Christian Koppenhöfer. Die umfangreichen Hochzeitsfeierlichkeiten waren seit langem geplant und alle Vorbereitungen getroffen, da wollte der Bauer sie wegen dieses Todesfalls nicht absagen. In der Weihnachtszeit wäre eine Hochzeit nicht angebracht gewesen. Man hätte sie ins nächste Jahr verschieben müssen. Wem wäre damit gedient gewesen? So zog Katharine also aus der Mägdekammer hinunter in die Wohnung des Bauern. Sie soll es

dann nicht besonders gut bei ihm gehabt haben. Der zehnjährige Schulbub Fritz blieb nun als Letzter bei seinem Vater auf dem Altenteil. Er wurde auf dem Hof dringend gebraucht. Später erzählte er Hilde, wie er jeden Morgen erst
im Stall helfen musste und dann, wenn die Schulglocke
läutete, durch den Wald zur Schule nach Ohrnberg hinun-
terrannte. Er war dann später auch der einzige von den
Geschwistern, der von seinem Elternhaus »in Eichach«
sprach. Alle anderen fühlten sich doch stets als Tiefensal-
ler.

❖ ❖ ❖

Die Jubilarin legt das Foto vom Hof Koppenhöfer in
Eichach zur Seite. Ihr Sohn Walter hatte es aufgenommen, als er vor ein paar Jahren zusammen mit seinem
Vetter Reinhard ihren hohenlohischen Vorfahren nachge-
spürt hatte. Die beiden hatten dort noch einen Sohn von
Katharine und Christian Koppenhöfer angetroffen, den
über 80-jährigen Fritz. Dessen Bruder Karl war im Mai
1990 gestorben, ihre Mutter Katharine, die Schwester von
Hildes Papa, mit knapp 88 im Jahre 1968. Hilde selbst hat
die Heimat ihrer Vorfahren väterlicherseits, Tiefensall oder
Eichach, nie gesehen: »Ach Gott, das Reisen war damals
nicht so einfach wie heute. Allein die Hinfahrt von Stuttgart nach Eichach wäre mit dem Zug schon eine Tagesreise
gewesen. Bei Hochzeiten und Beerdigungen hat man aber
immer wieder Verwandte aus Eichach getroffen. ›Mir kum-

me von Aachet‹ sagten die in ihrem hohenloher Dialekt. Mein Bruder Albert war einmal von Schwöllbronn aus mit dem Fahrrad dort. Der hat erzählt, in Eichach sei die Welt mit Brettern vernagelt. Als er beim vorletzten Haus des Dorfes schließlich nach seinen Verwandten gefragt habe, sei auf der gegenüberliegenden Straßenseite einer vor die Haustüre getreten und habe gerufen: ›Koppenhöfer? Hier!‹«

Hilde kramt weiter in der Blechschatulle und legt ein Foto auf den Tisch: »Hier, das ist der Onkel Michel, da ist er vielleicht 30. Gut sieht er aus, gell? Der hat es von allen Lang-Geschwistern am weitesten gebracht. Der wollte immer etwas Besseres sein. Hat er ja dann auch geschafft, der Herr Fabrikant. Der war eben wif, hatte auch nur zwei Kinder und nicht zehn, wie sein Bruder Karl zum Beispiel. Damit kann man es ja zu nichts bringen.«

* * *

Von den sechs Lang-Söhnen hatte er, Michael Georg, 1889 in Tiefensall geboren, tatsächlich etwas Besonderes an sich. Er war immer etwas anders als seine Brüder und wollte es auch sein. Wo er hinkam, zog er wie selbstverständlich die Unterhaltung an sich und erregte Aufmerksamkeit, ohne dabei überheblich zu sein. Er gab eben den Ton an, sagte auch ungefragt seine Meinung, sprühte vor Ideen und führte immer gleich das Regiment. Er hatte Charisma.

Schon als kleiner Bub in Tiefensall hatte er mit seinem offensiven Wesen Erfolg. Wenn die Mutter wieder eine Näharbeit fertig hatte, musste eines der Kinder sie zu dem Bauern tragen, der sie bestellt hatte. Gottlieb, der ein stiller Mensch war, genierte sich immer. Dann trat Michel auf den Plan und die Mutter sagte: »Komm, Michele, komm, trag du's halt fort!« Der Michel machte das gerne, denn dem kleinen, aufgeweckten Kerlchen hat man bei den Kunden jedes Mal etwas mitgegeben. Später erzählte er immer wieder amüsiert, wie er den dümmeren unter den Bauernbuben die Schulaufgaben gemacht habe und jedes Mal mindestens ein Vesper dabei herausgesprungen sei. Ja, der Michel war immer obenauf und hatte stets etwas mehr als die anderen Geschwister.

Nach der Schulentlassung schickte man ihn wie seine Brüder auch als Knecht zu einem Bauern, aber das war dem Michel schon bald nicht gut genug. Er wollte mehr, er wollte nicht sein Lebtag Tagelöhner sein wie sein Vater und sich alle paar Stunden sagen lassen, was er zu tun hatte, womöglich noch gar von einem, der dümmer war als er. Nein, er hatte eine andere Vorstellung vom Leben, etwas mehr durfte es schon sein, er wollte höher hinaus. Als er nach Stuttgart zu Paul von Maur ging und im selben Haus in der Tunzhofer Straße wohnte wie sein elf Jahre älterer Bruder Gottlieb, da bekam er dort im Handumdrehen den Posten des Hauswarts. Hellwach und quirlig hielt er ständig Ausschau nach lohnenden Nebeneinkünften. Keine Arbeit war ihm zu viel.

Mit 18 schwängerte er daheim in Hohenlohe eine reiche Bauerntochter, die sieben Jahre ältere Karolina Klaiber aus Schwöllbronn. Ihre Eltern hatten neben der Metzgerei eine Landwirtschaft. Lina, wie man sie rief, war eine selbstbewusste, intelligente Frau, die rechte Partnerin für den strebsamen, gewandten Michel. Ein halbes Jahr später, am 9. Mai 1908, wurde im Gasthaus »Zum Schlachthof« in Stuttgart Hochzeit gefeiert. Wieder hatte er seinen Schnitt gemacht.

Bei seiner Arbeit in der Spedition hatte er mitbekommen, dass immer wieder Mangel an Transportkisten herrschte. Was tat der Michel? Im Hinterhof der Tunzhofer Straße 7 fing er einen schwunghaften Kistenhandel an. Nach Feierabend und an den Wochenenden zimmerte er unermüdlich Kisten zusammen. Selbstverständlich half ihm sein Bruder Gottlieb dabei. Die Frauen lieferten die fertigen Kisten dann per Handkarren an die Kunden aus. Durch einen glücklichen Zufall kam er an einen Auftrag der Schokoladenfirma Buck – später Tobler –, und als er weitere größere Aufträge an Land zog, gab er die Arbeit als Fuhrknecht ganz auf, baute und vertrieb nur noch Kisten. Er hatte sein Ziel erreicht: Er war sein eigener Herr. Zu Gottlieb sagte er: »Das wird jetzt probiert, und wenn ich Erfolg habe und die Sache klappt, dann nehme ich dich mit in die Firma.«

Dass Michel dieses Versprechen dann nicht eingehalten hat, war schon bitter für den bescheidenen Gottlieb, der das aber trotz des Drängens und Stichelns seiner Frau

Babett nicht einfordern mochte. »So sind wir halt immer die armen Leute geblieben«, meinte Anna später. Man wohnte weiterhin im selben Haus, der Michel mit Frau Lina und Tochter Gertrud im zweiten Stock, Gottlieb mit Babett und ihren vier Kindern im dritten. Lina kam im modischen Pelzmantel und Hut aus der Glastür und Babett eben mit einer einfachen Jacke und Kopftuch. Dabei hätte ihr als der weitaus Hübscheren von beiden schicke Kleidung viel besser gestanden, fand die eitle Babett. Michel rauchte jeden Abend eine Zigarre, Gottlieb jeden Sonntag einen Stumpen. Töchterchen Gertrud trug auch im Sommer Schuhe, ging später auf die Mittelschule und bekam ein eigenes Klavier. Babett ließ die Säume aus Annas Kleid, damit es noch ein halbes Jahr länger getragen werden konnte, und sie wusste oft nicht, wovon sie ihre Kinder satt bekommen sollte.

Da war sie dann doch wieder eine Usenbenz, stolz und zornig und unerbittlich: Die gegenseitigen Besuche wurden seltener, dann ganz eingestellt. Den Kindern untersagte sie, mit der Gertrud zu spielen. Schließlich wurde kein Wort mehr gesprochen zwischen den Schwägerinnen.

# Wer sonst soll das machen?

Aber dieser aus Neid und Eitelkeit geborene Zwist verlor bald an Bedeutung, weil etwas anderes in den Vordergrund trat: Immer kürzer wurden die Zeitabstände, in denen Babett krank wurde, immer schwerer die würgenden Hustenanfälle und immer länger die schweißtreibenden Fieberschübe. Sie litt ja schon seit Annas Geburt unter den Folgen einer damals verschleppten Rippenfellentzündung. Die Beschwerden wurden chronisch. Selbst zwei Aufenthalte in einem Lungensanatorium in Balingen brachten keine Heilung, sondern hatten nur die wenigen Ersparnisse des Ehepaares restlos aufgezehrt. Eine Krankenkasse, die diese Kosten übernommen hätte, gab es nicht. Sechs Wochen vor Hildes Geburt traf es ihre Mamme besonders hart: Mitten im Sommer bekam die Hochschwangere eine Lungenentzündung.

Von dieser Erkrankung und der anschließenden Geburt hat sie sich nicht mehr erholt. Die neunzehnjährige Marie, die ihrer Schwester für vier Wochen als Kindbettpflegerin zugedacht war, schrieb nach Dettingen, sie könne unmöglich wieder abreisen, es stehe schlimm um beide, Babett und Hilde, und sie müsse mindestens noch einmal einen Monat anhängen.

Oh, wurde das ein langer Monat! Mit Babett wurde es in den Herbst hinein nicht besser, sondern mit der kühlen

Jahreszeit immer schlimmer. Ende November wusste sich Dr. Feldmann nicht mehr anders zu helfen, als die Schwerkranke wenigstens für ein paar Tage ins Bürgerhospital einzuweisen, das gleich gegenüber lag. Die Kosten für eine längere Behandlung konnte die Familie aber nicht mehr aufbringen. Die Krankheit der Schwangeren hatte auch die Gesundheit des Neugeborenen schwer belastet. Es schien alles andere als ein Sonntagskind zu sein.

Es dauerte ein volles Jahr, bis die kleine Hilde sich endlich aufgerappelt hatte, worüber sogar Dr. Feldmann ungläubig den Kopf schüttelte. So lange harrte die treue Marie in Stuttgart aus, pflegte hingebungsvoll zwei schwer kranke Patientinnen und besorgte den Haushalt für ihren Schwager sowie die drei größeren Kinder. Eine bewundernswerte Leistung für eine so junge Frau. Und als das Kind endlich über den Berg war, stellte sich bei einem erneuten Kurzaufenthalt der Mutter im Bürgerhospital heraus, dass sie Lungentuberkulose hatte. Tb nannte man damals »Schwindsucht« und die zählte zu den unheilbaren Krankheiten, da sie meist tödlich verlief. Es gab dagegen kein Medikament. Die Hoffnung, Babett würde wieder gesund werden, war vollends dahin. Dabei war sie noch keine 32.

Im Herbst 1910 fuhr Marie übers Wochenende zu ihren Eltern, um die Situation zu besprechen. Anna und Albert durften mit. Das traf sich gut, denn zum einen hatte Marie von ihren Freundinnen eine Einladung zu ihrem ersten Jahrgangstreffen bekommen, zum anderen war am Montag Reformationsfest, also ein schul- und arbeitsfreier Feiertag.

Nur noch halbherzig sträubte sie sich innerlich gegen das, was sie auf sich zukommen sah. Wer war denn mit dem Haushalt und der Familie in der Tunzhofer Straße so vertraut wie sie? Wie sollte eine fremde Pflegerin bezahlt werden? War sie den Kindern nicht schon zur zweiten Mutter geworden? Hatte sie nicht auch alle vier lieb gewonnen? Fühlte sie sich trotz der vielen Arbeit und der knapp bemessenen Freizeit inzwischen nicht recht wohl in der großen Stadt? Und wo läge der wesentliche Unterschied, wenn sie in irgendeinem fremden Haushalt in Stellung ginge? Aber es kamen ihr auch Zweifel: Würde sie der Belastung gewachsen sein, wenn es mit ihrer Schwester weiter bergab ginge? Was würde sein, wenn Babett – und daran musste man jetzt auch schon denken – wenn sie an der Schwindsucht stürbe? Wie sollte ihre, Maries Zukunft aussehen?

Alle diese und noch viel mehr Fragen, die ihr in den letzten Wochen durch den Kopf gegangen waren, wollte sie mit ihren Eltern besprechen. Weil man das alles nicht in einem Brief fragen kann, hatte sie ihren Schwager Gottlieb gedrängt, sie die gut zwei Tage nach Dettingen zu lassen, damit sie an dem Klassentreffen teilnehmen könne. Mit den beiden Großen war sie also voller Erwartung auf die Alb gefahren. Aber im Elternhaus wurde seit eh und je größerer Wert auf das Beten und die Bibellesungen gelegt als auf vertrauensvolle, persönliche Gespräche und die Erörterung von familiären Entscheidungen. So war das erhoffte Gespräch zwischen Marie und ihren Eltern nach der sonntäglichen Bibellesung schnell beendet, bevor es recht in Gang kommen konnte. Es schien dort längst ausgemachte Sache zu sein, wie es weitergehen sollte. »Marie, du musst die Babett vollends hinauspflegen. Wer sonst soll das machen?«, beschied sie der Ehle knapp. »Was dann kommt, wird man sehen. Alles steht in Gottes Hand.« Das war schon alles! Und die gute Ahne stand daneben, schwieg und wischte sich mit dem Zipfel ihrer weißen Sonntagsschürze die Augen.

Marie ging in den Garten hinaus. Es war kalt gewesen in der Nacht. Die Bäume hatten jetzt auch ihre letzten Blätter abgeworfen. Die im Schatten lagen, waren noch von Reif überzogen. Marie fröstelte. »Hinauspflegen« hatte er gesagt? Das Wort hatte Marie noch nicht gekannt. Wo hinaus sollte sie ihre Schwester denn pflegen? Das hieß doch wohl hinaus aus dieser Welt, hinaus aus dem Leben, hinaus auf den Friedhof. »Fortpflegen« hätte er ja auch sagen können, oder »wegpflegen«. Warum sagte er dann nicht gleich »totpflegen«? Marie war entsetzt über dieses Wort. So hoffnungslos hatte sie ihre Tätigkeit bisher noch nicht gesehen.

»Wer sonst soll das machen?« Marie hätte sicher eingesehen, dass es keine andere Lösung gab. In ihrem Innersten hatte sie sich ja selbst schon dafür entschieden, oder besser gesagt, sich damit abgefunden. Wie auch hätte sie sich dieser Pflicht mit reinem Gewissen entziehen können? Dennoch war sie von diesem Besuch tief enttäuscht, von der kalten Selbstverständlichkeit, mit der die Entscheidung offenbar schon gefällt worden war – ohne mit ihr darüber zu reden, einfach so, über ihren Kopf hinweg. Die völlige Aufgabe ihrer eigenen Pläne wurde kurzerhand vorausgesetzt, als sei es das Selbstverständlichste von der Welt. Keiner fragte nach ihren Vorstellungen von ihrem zukünftigen Leben. Niemand interessierte sich für ihre Träume und Erwartungen. Sie war gerade 20 Jahre alt. Hätte sie da nicht ein Recht darauf gehabt? Hatte sie nicht wenigstens etwas Anerkennung für ihre aufopferungsvolle Rolle verdient? Hätten nicht Ermunterung und Zuspruch ihr jetzt gut getan? Stattdessen nur dieser zynische Befehl, der wie eine Verurteilung klang: »Du musst die Babett vollends hinauspflegen! Wer sonst?« Das klang bitter in Maries Ohr. In ihrer Erwartung tief enttäuscht, nahm sie nicht die Verzweiflung der Eltern wahr, merkte nichts von der Bedrückung ob des Schicksals der geliebten Tochter, nichts von der Trostlosigkeit, die sich bleiern auf das Gemüt des Vaters gelegt hatte. Spürte sie denn nicht, dass sich hinter diesen Worten in Wahrheit eine große Hilflosigkeit verbarg?

Etwas gänzlich anderes tat Marie gut und brachte sie bald auf andere Gedanken: Am Sonntagabend traf sie sich mit ihren ehemaligen Klassenkameraden im Dettinger Gasthaus »Zum Löwen«. Die hatten so eine Art Zwanzigerfeier organisiert. Da gab es natürlich viel zu erzählen und noch mehr zu fragen. Was hatte sich nicht alles getan in den sechs Jahren seit ihrer Schulentlassung! Einer hatte ein Akkordeon dabei, sein Freund schlug dazu mit zwei Löffeln auf dem Besenstiel einen rasanten Takt und so wurde manch flottes Tänzchen hingelegt, dass die langen Röcke der Mädchen sich nur so bauschten.

Marie hatte ausreichend Gelegenheit, sich endlich wieder einmal mit dem Georg von der Wagenburg zu unterhalten, der ihr schon so manchen Brief nach Stuttgart geschrieben hatte. Zuletzt wollte er voller Ungeduld von ihr wissen, wie lange sie denn noch bei ihrer Schwester bliebe. Erst habe sie von vier Wochen gesprochen, dann von zwei Monaten und jetzt sei sie schon über ein Jahr fort. Sie mochte in dieser fröhlichen Stunde aber nicht über die trostlose Situation in Stuttgart sprechen und antwortete nur kurz: »Wer weiß? Vielleicht noch mal ein Jahr. Wirst es wohl erwarten können!« Da ließ er arg enttäuscht ihre Hand los und entgegnete gekränkt: »Die Burschen in Stuttgart sind dir wohl lieber?«

Bevor Marie die ungewollte Missstimmung beseitigen konnte, platzten schon zwei Freundinnen in die Unterhaltung: »Was haben wir da gehört, Mariele? Du bist dem König mit seinen Spitzern begegnet?« – »Ach wo, ich doch nicht! Mir hat nur eine Nachbarin erzählt, dass sie von weitem gesehen hat, wie der König mit seinen drei Spitzerle an der Leine über den Schlossplatz gegangen sei.« Aber das reichte schon, dass die Freundinnen sie mit einer Mischung aus Neid und Bewunderung groß anschauten.

Für ihr spätes Heimkommen wurde Marie am Montagmorgen von ihrem strengen Vater arg getadelt: »Schämen muss man sich im Dorf!«, zischte der Ehle. »Du fährst ja heute wieder weg, aber ich muss hier leben!« O weh, wenn er gewusst hätte, dass sie sogar getanzt hatte!

Im Zug nach Stuttgart war sie froh, dass sie die beiden Kinder dabei hatte. Die fragten der Tante beim Betrachten der vorbeifliegenden Landschaft wahre Löcher in den Bauch. So kam sie gar nicht dazu, ins Grübeln zu verfallen über den Sinn dieser Reise und über das, was ihr bevorstand. Dieses Wochenende, das wurde Marie jetzt im Zug aber doch klar, war für sie zu einer Verabschiedung von ihrer Jugend geworden, von so manchen Hoffnungen und Wünschen an das Leben, in dem einmal alles hätte besser werden sollen. Sie musste jetzt erwachsen sein.

In Stuttgart war die Wiedersehensfreude groß, als wären sie zwei Wochen weg gewesen und nicht zwei Tage. Marie berichtete, was sie in der Heimat an Neuigkeiten erfahren hatte, zum Beispiel, dass im nächsten Jahr auch nach Dettingen eine elektrische Stromversorgung verlegt werden solle. Sie erzählte ausführlich von dem Jahrgangstreffen und von all dem interessanten Klatsch, der dort verbreitet worden war. Die beiden Schwestern freuten sich diebisch, wie zwei Verschwörerinnen, dass der gestrenge Ehle nichts von Maries Tanzvergnügen mitbekommen hatte. Dann wurden unter lautem »Hallo« all die hochwillkommenen Köstlichkeiten vom Land ausgepackt, die Maries Verwandte ihr in Körbe und Taschen gefüllt hatten.

Den eigentlichen Grund ihrer Reise behielt Marie allerdings weiterhin für sich und selbstverständlich verlor sie keine Silbe über die Worte des Vaters, schon gar nicht über dieses unselige Wort »hinauspflegen«, und ebenso verschwieg sie den Missklang beim Wiedersehen mit ihrem

Georg. So war bei aller Freude doch eine untergründige Trauer zu spüren, die der sensiblen Babett freilich nicht verborgen blieb und deren Ursache sie erahnte. Und da sie selbst mit ihrem Schicksal wohl der Grund für diese Bedrückung war, konnte sie mit der guten Marie darüber nicht sprechen. Was auch hätte sie ihr sagen sollen? Nur einmal, ein paar Tage später, nachdem Marie ihr nach einem ihrer schweren Hustenanfälle den Salbeitee einflößte und sie für die Nacht bettete, da nahm Babett das Gesicht ihrer Schwester zärtlich in ihre heißen Hände und flüsterte, weil der Gottlieb am Tisch das nicht hören sollte: »Gell, Mariele, wenn ich nicht mehr bin: Du bleibst bei meinem Gottlieb und den Kindern?« – »Ach, was redest du da!« Marie drehte sich weg und hatte plötzlich in der Küche, mit dem Rücken zur Stube, noch ganz wichtige Dinge zu erledigen.

# An ihrem neunten Hochzeitstag

Marie sah jetzt, warum diese Krankheit Schwind-sucht hieß. Babetts Zustand verschlechterte sich. Das schön geschnittene Gesicht der Schwester wurde hohlwangig und die Backenknochen traten stark hervor, die lebenslustigen Augen lagen tief und bekamen dunkle Ränder, in die hohe, kluge Stirn gruben sich zwei steile Falten, ebenso von den Nasenflügeln zu den Mundwin-keln. War sie nicht erst Anfang 30? Das einst sprühende Temperament ermattete zusehends.

Was hatten sie doch früher aus voller Kehle miteinan-der geträllert und ihre Scherze getrieben! Wie hatte sie es genossen, wenn Gottlieb seine Zither hervorholte und sie mit der Schwester zusammen die schönen Lieder sang, von »Sah ein Knab ein Röslein stehn« bis zum »Ännchen von Tharau«. Nur mit den Kleinen sang Babett jetzt noch ab und zu ein Kinderlied, und wenn ihr das Singen gar zu schwer fiel, machte sie immer wieder einmal mit ihnen hei-tere Fingerspiele wie »Himpelchen und Pimpelchen, die saßen auf einem Berg ...« oder »Das ist der Daumen, der schüttelt die Pflaumen ...«. Die Kranke verlor allmählich an Gewicht, hatte tagelang keinen rechten Appetit, konnte bald auch nicht mehr regelmäßig ein paar Stunden am Tag auf sein.

Dr. Feldmann wusste selbstverständlich, dass Tuberkulose eine typische Arme-Leute-Krankheit ist. In zahlreichen Familien hatte er solche Patienten. Bei einem seiner Hausbesuche erklärte er dem Ehemann: »Tuberkulose, Herr Lang, ist auch eine Folge von Mangelernährung, soviel man heute weiß. Zumindest wird die Krankheit dadurch erheblich begünstigt. Täglich Milch und Obst, jeden zweiten Tag ein herzhaftes Butterbrot und sonntags eine Portion Schweinebraten wären da schon eine große Hilfe, mein Lieber.«

Aber warum sagte er das? Er wusste doch Bescheid. An gesunde und ausreichende Ernährung war in einem Arbeiterhaushalt wie diesem überhaupt nicht zu denken. Gottlieb gab keine Antwort. Er schluckte nur. Die Scham verbot ihm, dem Doktor zu erklären, dass seine wöchentliche Lohntüte dafür beim besten Willen nicht ausreichte. Vier Kinder und drei Erwachsene mussten davon leben. Deshalb verdiente er ja nach Feierabend bei seinem Bruder Michel noch etwas hinzu. Marie ging putzen, Zeitungen austragen und Kisten ausliefern. Mehr war nicht zu machen, sah das der Doktor nicht ein?

Nicht nur finanziell, auch räumlich ging es sehr eng zu bei den Langs. Damit sie die Miete nicht so sehr drückte, hatten sie eines ihrer drei Zimmer an einen Logierherrn untervermietet. Die siebenköpfige Familie begnügte sich mit einer Stube, einem Schlafzimmer und einer winzigen Küche, in der nicht einmal ein Esstisch Platz hatte.

Marie hatte also inzwischen die Arbeit als Austrägerin der »Württemberger Zeitung« übernommen, die früher

Babett innehatte. Das ließ sich gut mit ihren häuslichen Pflichten vereinbaren, weil sie morgens um fünf aufstand, die Zeitungen in dem Viereck aus Mönchhalde, Türlenstraße, Tunzhofer Straße und Wolframstraße austrug und bis zum Wecken der Kinder wieder daheim sein konnte. Dann erst brühte sie den Muckefuck und machte sich an die Zubereitung des kargen Frühstücks. Die Kinder sollten nicht mit ganz leerem Magen in die Schule gehen. Daneben hatte sie von Babett zwei Putzstellen übernommen, vormittags, wenn die Kinder in der Schule oder im Kindergarten waren. So kam doch ein kleiner Zusatzverdienst in die Haushaltskasse. Außerdem half sie immer wieder Gottliebs Schwägerin Lina beim Ausliefern der Kisten mit dem großen Handkarren. So lange konnte sie die Kinder schon mit ihrer Mamme allein lassen. Auch das brachte ihnen etwas ein. Babett sah das zwar nicht gern, konnte Marie aber nicht davon abhalten. »Lass mich nur machen«, meinte die. »Ich hab nichts mit der Lina, ich komm mit der gut aus. Du weißt doch: Wir können jeden Groschen brauchen.«

Marie hat Lina nie vergessen, wie die sie als Mädchen vom Lande nach ihrer Ankunft in Stuttgart buchstäblich bei der Hand genommen und mit dem Leben in der großen Stadt vertraut gemacht hatte. Von Lina hat sie viel gelernt. Dafür war sie ihr sehr dankbar. Von Lina und Michel bekam sie auch so manchen Laib Brot sowie hin und wieder eine Wurst oder ein Stück Speck aus der elterlichen Metzgerei in Schwöllbronn zugesteckt. Das erzählte sie der Babett lieber

gar nicht, sonst hätte die womöglich in ihrem usenbenzischen Starrsinn noch das Essen verweigert.

Eines Tages kam Marie ganz aufgelöst vom Kistenaus-
fahren heim: »Stell dir vor, Babett, was mir heut passiert ist!
Wir fahren mit unserem Karren voller Kisten die Heilbron-
ner Straße entlang, die Lina zieht und ich schiebe hinten, da
ruft plötzlich einer: ›Ja, Marie, was machst du denn da?‹
Und wie ich vom Pflaster hochsehe – denk doch! – steht der
Lehrer Schanz von Dettingen vor mir! Ich glaube, ich bin
puterrot angelaufen. Ich wusste gar nicht, was ich sagen
sollte. Oh, ich hab mich ja so geschämt, Babett, so geschämt, dass ich am liebsten ins Trottoir versunken wäre!«
– »Ach, Marie, du hast doch nichts Unrechtes getan«, versuchte Babett sie zu trösten. – »Aber das erzählt der doch
jetzt daheim!«– »Ja, und? Soll er doch! Was wissen denn
die schon, wie wir's hier haben? Außerdem, Marie: Ehrli-
che Arbeit ist noch nie eine Schande gewesen.«

Wenn es Babett etwas besser ging und das Wetter
schön war, führten Marie und Anna sie in die nahe
Mönchhalde. Dort wohnte eine Familie, die unterhalb der
Weinberge einen großen Garten hatte. Die kannten die
Langs vom Zeitungsaustragen und wussten, wie es um die
Frau stand. Babett durfte sich dort im Garten in einem
Liegestuhl ein Stündchen oder zwei in die wärmende Son-
ne legen. Das tat ihr jedes Mal gut. Anna blieb bei ihr, Ma-
rie lief derweil zurück, um in der Wohnung nach dem
Rechten zu sehen, bis sie ihre Schwester später wieder
nach Hause begleitete.

Im Frühjahr des Jahres 1913 stellte sich bei Babett nicht wie in den Jahren zuvor die erwartete leichte Besserung nach den beschwerlichen Wintermonaten ein. Selbst die Stunden im Liegestuhl, warm eingehüllt in eine wollene Decke, wollten ihre wohltuende Wirkung unter der wärmenden Frühlingssonne nicht mehr entfalten. Wenn sie in den Spiegel schaute – was sie jetzt nicht mehr so oft tat wie früher –, konnte sie sagen: »Ich hab eine Haut wie Spätzlesteig, so matt und grau!«

Dr. Feldmann konnte nicht viel ausrichten. Bei einem seiner regelmäßigen Hausbesuche zog er sich einen Stuhl ans Sofa und redete unter vier Augen auf seine Patientin ein: »Frau Lang, ich bin mit meiner ärztlichen Kunst bald am Ende. Ich wüsste nur noch ein letztes Mittel, das Ihnen möglicherweise helfen könnte. Sicher ist es nicht, aber ich hätte Hoffnung, dass es wirkt.« – »Und was für ein Mittel wäre das, Herr Doktor?«, fragte Babett unsicher. »Könnten wir das überhaupt bezahlen?« – »Das Mittel, das ich meine, ist ganz umsonst, Frau Lang, und Sie haben es sogar schon. Sie müssten es nur noch einnehmen. Es ist auch kein neues Medikament, sondern ein uraltes Mittel der Volksmedizin. Ich rede von Urin.« Die Kranke starrte den Arzt ungläubig an. »Sie müssten zweimal täglich ein Gläschen Ihres eigenen Urins auffangen und trinken.« Babett schlug angewidert die knochigen Hände vors Gesicht: »Nein, Herr Doktor, bevor ich das tue, will ich lieber sterben!«

Nachdem Dr. Feldmann aufgestanden und gegangen war, rief sie die Schwester zu sich: »Stell dir vor, Mariele, was der Doktor grad zu mir gesagt hat! Aber erzähl das ja nicht dem Gottlieb ...« Ihr Zustand verschlechterte sich. Sie selbst sprach schließlich aus, woran Marie und Gottlieb nicht einmal denken mochten: »Das wird gewiss mein letzter Frühling sein. Ich weiß es.«

In den folgenden Monaten wurde sie immer wieder von Trennungsängsten heimgesucht. Mit so wehmütigem und abwesendem Blick hatte sie ihren Gottlieb und die Kinder früher nie angesehen. Über den fünfjährigen Erwin, den sensiblen Träumer, der ganz besonders an seiner Mamme hing, sagte sie eines Tages zu Gottlieb: »Den wird mal keiner verstehen, den Erwin versteh nur ich.«

Eines Abends bettete sie ihn zur Nacht. Als sie sich aufrichten wollte, schlang Erwin seine Ärmchen um Mammes Nacken und bettelte: »Mamme, bitte, du sollst nicht weggehen, du sollst bei mir bleiben!« Das war für die Todkranke ein durchaus zweideutiger Satz, der ihr einen Stich versetzte. Sie umarmte und küsste den Jungen, löste sich aus seiner Umklammerung und sagte sanft: »Erwin, mein Büble, Mamme muss bald ganz weit fort. Aber ich verspreche dir: Wenn Mamme kann, kommt sie und holt dich zu sich.« Marie stand daneben und starrte die Schwester entsetzt an: »Babett, wie kannst du so etwas sagen!« Sie schaute auf ihre bloßen Arme hinunter: Sie hatte eine Gänsehaut, dabei war es ein schwüler Sommerabend.

✳ ✳ ✳

Hilde hält das vergilbte Hochzeitsfoto von Onkel Michel in der Hand. Das Brautpaar und 37 Hochzeitsgäste sind darauf versammelt. Sie zeigt auf ihre Eltern: »War meine Mamme nicht eine schöne junge Frau? Und eitel war sie! Sie muss auch sehr klug gewesen sein, denn der Pfarrer, der sie regelmäßig am Krankenlager besuchte, sagte einmal zu Tante Marie: ›Ich habe in Arbeiterkreisen noch keine Frau getroffen, mit der man sich so über alle Themen unterhalten kann.‹ Wenn ich denke, dass sie da nur noch fünf Jahre zu leben hatte! In ihrem letzten Jahr hatte sie keinen großen Appetit mehr, aber manchmal hatte sie plötzlich einen Wunsch und sagte, das oder jenes würde sie jetzt gelüsten. Obwohl wir ja eigentlich kein Geld für solche Sachen hatten, ging Tante Marie los und kaufte es. Wenn sie es ihrer Schwester dann ans Bett brachte, hatte die schon keine Lust mehr, davon zu essen. Und dafür hatte man so viel Geld ausgegeben! Wir hatten ja nicht einmal mehr das Geld für neue Bettwäsche. Mammes Leintuch war von ihren krampfhaften Bewegungen wegen ihrer Atemnot am Schluss ganz durchgewetzt.

Ich sehe sie heute noch vor mir, wie sie da liegt und ihr langer Zopf hängt über die Bettkante herunter. Stellt euch das vor: Meine Mamme lag mit offener Tb in der Wohnstube und wir alle waren den ganzen Tag um sie herum! Tante Marie fragte einmal Dr. Feldmann, ob sie sich nicht anstecken würde, wenn sie ihrer Schwester mit bloßen Fingern den zähen Schleim aus dem Mund holte. ›Fräulein

Usenbenz‹, sagte der Arzt, ›so lange Sie sich dabei nicht ekeln, werden Sie sich auch nicht anstecken.‹

Tante Marie hat mir später einmal erzählt, sie habe mit Mamme in der Zeit über vieles gesprochen. Einmal habe sie zu ihr gesagt: ›Sag mal, Babett, plagt dich das nicht, dass du damals ein lediges Kind hattest?‹ ›Nein‹, habe Mamme geantwortet, ›es war ein Kind der Liebe, und das sind nicht alle Kinder, die in der Ehe geboren werden. Meine Anna war ein Kind der Liebe, und das hat mich noch keine Stunde gereut. Das reut mich noch nicht einmal im Tod!‹

Meine Mamme hat genau gewusst, dass sie stirbt. Sie muss eine sehr tapfere Frau gewesen sein. Sie hat mit ihrer Schwester alles besprochen, was nach ihrem Tod zu erledigen sein würde, die ganze Beerdigung selbst geregelt: ›Gottlieb, du darfst nur am Beerdigungstag selbst in der Firma fehlen. Mehr Verdienstausfall können wir uns nicht leisten. Marie, die Mädchen bekommen Ärmelschürzen, dann braucht man keine neuen Kleider, die Buben ziehen die Matrosenanzügle an‹ und alle weiteren Einzelheiten.

Sie hat dem Tod bewusst entgegengesehen. Zu Papa hat sie einmal gesagt: ›Nach dem Gesetz darfst du nach einem Vierteljahr wieder heiraten. Tu das, du hast mit den vier Kindern gar keine andere Wahl!‹ Tante Marie hat einmal gefragt, ob sie keine Angst vor dem Sterben habe. ›Nein‹, antwortete Mamme, ›vor dem Sterben habe ich keine Angst, nur davor, dass man mich dann zu den Toten in die Leichenhalle bringt.‹ Gell, wenn's nicht so ernst wäre, könnte man fast drüber lachen.

Als man wusste, Mamme stirbt, kam Tante Lina herauf, läutete an der Glastür und fragte, ob sie herein dürfe, die Babett besuchen. Tante Marie ging hinein und sagte: ›Babett, draußen steht Lina, die möchte dich besuchen. Darf sie rein?‹ Da hat sie sich lange besonnen, bis sie sagte: ›Ja, sie soll reinkommen.‹

Meine Mamme starb am 5. Juli 1913. Da war ich noch nicht ganz vier. Als sie aus dem Haus getragen wurde, durften wir Kinder am offenen Fenster stehen und mit weißen Taschentüchern dem Leichenwagen hinterherwinken, bis wir ihn nicht mehr sehen konnten. Dieses Bild sehe ich noch vor mir, wir vier mit Tante Marie dort oben am Fenster. Es war das Fenster, aus dem sie uns jahrelang energisch gerufen hatte: ›Anna! Albert! Erwin! Hilde! Raufkommen!‹ Und jetzt riefen wir hinunter: ›Mamme! – Ade, Mamme!‹

Am 9. Juli wurde sie auf dem Pragfriedhof beerdigt. Es war genau an ihrem neunten Hochzeitstag. Von Mammes Beerdigung habe ich noch zwei Bilder im Kopf: Das erste: Da sangen die Buben des Waisenhauses, das ganz bei uns in der Nähe war, ›Wo findet die Seele die Heimat, die Ruh?‹. Die Chorkinder trugen alle wie eine Uniform lange, dunkle Pelerinen. Das zweite Bild ist das von meinem Ehle, wie er in der Leichenhalle langsam um Mammes Sarg herumgegangen ist und am Kopfende ganz lange stehen blieb und in den Sarg geschaut hat. Ich weiß ja nicht, was er in diesen Minuten dachte. Vielleicht dachte er: ›Hätte ich meine Babe damals zur Entbindung heimkommen lassen, läge sie jetzt nicht hier.‹ Aber wer kann schon wissen, was er damals dachte.

Der Pragfriedhof liegt ganz in der Nähe der Tunzhofer Straße. Ich wurde immer hingeschickt, um Mammes Blumen zu gießen. Onkel Michel kaufte später diese Grabstelle als Familiengrab. Das Grab haben die heute noch. Ja, da sind sie alle nacheinander hineingekommen. Und meine Mamme war die Erste.«

✳ ✳ ✳

Allen war klar, auch Marie: Jetzt musste sie erst recht in der Tunzhofer Straße bleiben. Wie hatte der Ehle vor drei Jahren gesagt? »Was dann kommt, wird man sehen. Alles steht in Gottes Hand.« Und jetzt kam es eben, wie es wohl kommen musste. Wie hätte es ohne sie denn weitergehen sollen? Die Kinder brauchten sie, jetzt ganz besonders, und der gute Gottlieb brauchte sie. Marie konnte sie unmöglich alle im Stich lassen. Sie waren sich in den vier Jahren so vertraut geworden, man konnte schon sagen, sie hatten sich lieb gewonnen. Und das Wichtigste: Babett hatte es so gewollt.

Am 31. Januar 1914 zog Gottlieb Lang wieder seinen schwarzen Gehrock an, setzte den Zylinder auf und führte seine Schwägerin Marie Usenbenz in die Stiftskirche, vor denselben Altar, vor dem er keine zehn Jahre zuvor mit seiner Babett gekniet war. Hilde erzählt heute noch, welchen Stolz sie als Brautmädchen hatte mit ihrem Haarkränzchen aus falschen Vergissmeinnicht, und wie froh sie ihren Freundinnen davon erzählte, nun wieder eine Mama zu haben. Sie war doch ein rechtes Sonntagskind!

Gottlieb war damals 35, Marie 23 Jahre alt. Die geladene Verwandtschaft, die zwischen Mittagessen und Kaffeetrinken einen ausgedehnten Stadtspaziergang unternahm, fand es ganz praktisch, dass man sich zum größten Teil schon kannte. Jedermann fand die Heirat vernünftig. Michel und Lina hatten den beiden zugeraten, die übrigen Geschwister, soweit sie darauf angesprochen wurden, ebenfalls. Die Ahne hatte als Einzige Bedenken geäußert: »So jung und so arm, und dann gleich die vier Kinder!«

Aber für den Ehle war die Sache klar. »Ach was, Liebe!«, so hatte er seine zaudernde Marie beschieden, die insgeheim immer noch den Freund im Kopf hatte. »Die Liebe stellt sich dann schon ein, so Gott will.« Das Leben müsse schließlich weitergehen. So hatte Marie einen letzten Brief an Georg Honold in die Wagenburg nach Dettingen geschrieben. Sie hat nie erfahren, wen es wohl herber angekommen war: Sie, den Brief zu schreiben, oder ihn, den Brief zu lesen.

Dass das Leben tatsächlich weiterging, war dann daran zu erkennen, dass sich für den Sommer ein fünftes Geschwisterle ankündigte. »Na, also!«, meinte der Ehle zufrieden. Natürlich war es nicht gerade das, was Marie sich erträumt hatte: Einen zwölf Jahre älteren Witwer zu heiraten und auf einen Schlag vier Kinder zu haben oder sogar fünf. Doch die beiden waren nun voll guten Willens, einen

Neubeginn zu wagen, denn eigentlich hatten die jungen Leute das Leben ja noch vor sich.

Aber Hilde hat gar nicht so Unrecht, wenn sie heute, an ihrem 90. Geburtstag, zurückblickend auf ihr langes, bewegtes Leben feststellt: »Den kleinen Leuten wird durch die Großen, die Reichen und die Mächtigen immer wieder ein Strich durch die Rechnung gemacht, immer und immer wieder.«

# Marie hat ihre liebe Not

So kam auch für Gottlieb und Marie alles ganz anders, als sie es mutig und voller Zuversicht erwartet hatten. Im Frühjahr noch hatte die Firma Paul von Maur eine Anzahl neuer Daimler-Lastwagen geliefert bekommen, so genannte Subventionsfahrzeuge. Die Reichsregierung hatte Firmen das Angebot unterbreitet, sich an der Anschaffung von Lastwagen finanziell zu beteiligen unter der Bedingung, dass bei einem nationalen Notstand die Fahrzeuge der Regierung zur Verfügung gestellt werden mussten. Auf gut Deutsch, im Kriegsfalle würden die Lastwagen beschlagnahmt. Davon profitierten vorderhand die beteiligten Firmen, aber auch das Reich, dessen enorm aufgeblähter Rüstungsetat dadurch entlastet wurde.

Die Firma war stark gewachsen und hatte inzwischen über 300 Beschäftigte. Immer mehr Transporte wurden nun mit diesen modernen Motorwagen ausgeführt. Gottlieb stieg vom Pferdekutscher zum Beifahrer auf und sollte später zum Lastwagenchauffeur ausgebildet werden. Davon hatte er stolz seiner Marie erzählt. Aber im Sommer überschlugen sich dann plötzlich die politischen Ereignisse: Am 28. Juni 1914 wurden in Sarajevo der österreichische Thronfolger Franz Ferdinand und seine Gattin von serbischen Nationalisten ermordet. Einen Monat später erklärte Österreich Serbien den Krieg. Damit befand sich auch das verbündete Deutsche Reich im Kriegszustand. Am 1. August befahl der deutsche Kaiser Wilhelm II. die Generalmobilmachung.

Das Räderwerk der Weltpolitik, das damit in Gang gesetzt worden war, erfasste in seiner ganzen Brutalität auch die Familie der kleinen Leute aus der Tunzhofer Straße. Am Samstag, dem 25. Juli, nachdem der Papa beim Bäcker Seelen gekauft hatte, wurde für Hilde noch ein Kerzle zum fünften Geburtstag angezündet, sich an den Händen gefasst und alle hatten zusammen gesungen: »Wir wünschen dir von Herzensgrund, bleib immer fröhlich und gesund!« Am Samstag darauf lasen sie in der Zeitung vom kaiserlichen Mobilmachungsbefehl. Gottlieb gehörte nicht zu den Tausenden, die sich von vaterländischer Begeisterung erfüllt in die Schlangen vor den Rekrutierungsbüros einreihten. Natürlich sah er die Plakate wie »Auf nach Paris! Mir juckt die Säbelspitze!«, »Wir treffen uns auf dem Boulevard!« oder »Geht den Franzosen an die Hosen!«. Aber die allgemeine Hysterie konnte diesen zurückhaltenden, besonnenen Charakter nicht anstecken. Bei aller gebotenen patriotischen Pflichterfüllung wäre es ihm viel lieber gewesen, er hätte sich gemeinsam mit Marie über ihr erstes Kind freuen können.

Doch kann man erwarten, dass das Vaterland auf das kleine Glück einer armen Familie Rücksicht nimmt, wenn es doch um Macht und Ruhm und Ehre einer großen Nation geht? Der Reservist Gottlieb Lang erhielt am Montag seinen Gestellungsbefehl und musste sich schon am nächsten Tag von seiner hochschwangeren Frau und den Kindern in die Kaserne verabschieden. Ja, verabschieden hatte er sich an diesem Dienstagmorgen schon wollen, allerdings nur für ein, zwei Tage, und auch nicht in die triste Rotebühl-Kaserne, sondern nach dem schönen Heidelberg. Marie hatte schon die Kleiderbürste mit kaltem Kaffee benetzt und damit Gottliebs schwarzen Gehrock und den Zylinder gebürstet, denn sein Bruder Christian feierte an diesem Tag Hochzeit in Heidelberg. Aber auch das war nun mit einem Schlage unwichtig geworden: Es kam alles ganz anders.

✳ ✳ ✳

Hilde hält ein Foto in der Hand, das ihren Papa in Uniform zeigt, mit Vollbart und mit einer »121« auf der Pickelhaube: »Er wurde am 4. August eingezogen. Zwei Tage später, am 6. August 1914, brachte Tante Marie ihr erstes Kind zur Welt, unten im Bett von Tante Lina, denn sie hatte in der Klinik keine Aufnahme gefunden. Ich weiß nicht, warum. Wahrscheinlich, weil wir kein Geld hatten. Lina war in dieser Zeit wieder eine große Hilfe für Tante Marie. Gleich in den ersten Tagen nach Babetts Tod, als Marie die Treppe hinunterstieg, war im zweiten Stock die Glastüre aufgegangen. Tante Lina hat die Schwägerin am Arm gefasst, zu sich in die Wohnung hereingezogen und gesagt: ›Marie, jetzt kommst du hier herein! Hör zu:

Mit dir habe ich nichts. Ich hatte eigentlich auch mit deiner Babett nichts, aber so wie bisher werden wir zwei nicht weitermachen!‹ Es blieb dann ein sehr gutes Verhältnis bis an ihr Lebensende. Nicht einmal Schwestern können vertrauter miteinander sein als diese beiden es waren.«

Hilde zeigt das Tauffoto. »Sie wurde Babette Martha getauft. Hier stehen wir vier Kinder, meine Brüder Erwin und Albert in den Matrosenanzügen, die sie von Paul von Maur geschenkt bekommen hatten. Die passten gerade noch. Anna war da dreizehn, Albert acht, Erwin war sechs und ich gerade fünf geworden.«

❊ ❊ ❊

Der Vater fehlt auf dem Foto von Marthas Taufe. Die junge Mutter steht allein da mit ihren fünf Kindern. Den Mann wusste sie für kurze Zeit in der Kaserne, bald aber schon im Krieg an der Westfront in den Vogesen. Jeden Tag sah sie auf der Titelseite der Zeitung, die sie austrug, die triumphierenden Schlagzeilen vom Frontverlauf, ein paar Seiten weiter die klein gedruckten, an manchen Tagen erschreckend langen »Verlustlisten« und ganz hinten die deprimierenden Todesanzeigen, die auch noch stolz vom »Heldentod« der Gefallenen kündeten. Marie schickte Gottlieb das Tauffoto ins Feld, denn eigens zu diesem Zweck hatte sie es anfertigen lassen. Gottlieb holte es in den Schützengräben der Vogesen oft aus seiner Brusttasche und zeigte es den Kameraden. Auch die zeigten ihm ihre Fotos. Marie quälte derweil jeden Tag die Sorge um ihren Alltag und um ihre Zukunft, jede Nacht die Unruhe, die Angstträume – und auch die Einsamkeit einer enttäuschten jungen Frau. So ging ein Jahr ums andere. Sollte das etwa schon alles gewesen sein?, dachte Marie verbittert. Sollte sie zum zweiten Mal um ihre Jugend betrogen worden sein? Viel von ihrer angeborenen Frohnatur hat sie in diesen Jahren eingebüßt.

Hilde erzählt, sie hätten in Stuttgart den fernen Kanonendonner hören können und gewusst, dort irgendwo ist unser Papa. Gleich im ersten Kriegsjahr kam auch schon mit einem Telegramm die erste Hiobsbotschaft für die Langs: Schorsch, der Zweitjüngste, der dem Fritz wie ein Zwilling glich, war »am 21. August 1914 ausgezogen ins Feld«, wie es in Michel Langs Familienbibel heißt, und wurde gleich bei seinem ersten Einsatz »verwundet am li. Fuß bei einem Nachtangriff in Rußland« vom 4. auf den 5. September. Er lag nun in Berlin im Lazarett. Das Telegramm verhieß nichts Gutes. Michel, der als Einziger der Lang-Brüder noch nicht eingezogen war, machte sich kurz vor Weihnachten auf die weite Reise. Als er am 15. Dezember 1914 im Lazarett in Berlin-Oberschönweide eintraf, erfuhr er, dass Georg eine gar nicht mal so schwere Schussverletzung erlitten hatte, aber dann vom Wundstarrkrampf befallen worden war. Und daran sei er heute Nacht verstorben. Als er ihn in der Leichenhalle sah, fiel ihm das schmerzverzerrte Gesicht des Bruders auf. Er musste am Ende furchtbar gelitten haben. »Am Tag darauf«, so erzählte Michel daheim, »bin ich vor meiner Abreise noch einmal dort gewesen um Abschied von Schorsch zu nehmen, und da hat er ganz friedlich und entspannt dagelegen. Man konnte meinen, er schläft nur.« Er wurde in Berlin beerdigt. Nur 24 Jahre war er alt geworden, als er, wie der Eintrag in der Hausbibel feststellt, »sein junges blühendes Leben lassen mußte«. Übrigens: Fast ein Jahrhundert später findet man seinen Namen noch auf dem Kriegerdenkmal in Eichach.

Ja, das war nun wieder ganz der Michel: Irgendwie hat er es geschafft, dass er daheim bleiben konnte, während seine Brüder jahrelang in aller Herren Länder im Dreck lagen. Er tat in der Küche einer nahen Kaserne Dienst und kam jeden Samstag mit einem Brotlaible oder sonst etwas Brauchbarem unterm Arm nach Hause. Außerdem hatten sie ja ihre Verwandten in Schwöllbronn, Bauern und Metzger. Ihnen ging es also nicht schlecht. Ihre Gertrud kannte keinen Hunger, während Marie einen Stock höher oft nicht wusste, wovon sie ihre fünf Kinder satt bekommen sollte. Die Lebensmittel waren ab Sommer 1916 rationiert worden, wie das in Kriegszeiten üblich ist. Aber man muss Onkel Michel und Tante Lina sehr zugute halten, dass sie ihrer Schwägerin oben so manches gute Stück zukommen ließen und sich redlich um sie kümmerten. Ohne diese beiden hätte Marie die harten Jahre nicht durchgestanden.

Einmal, erzählt Hilde, kam die Kriminalpolizei ins Haus und durchsuchte erst Onkel Michels Wohnung, dann die obere. »Bub, sag, wo sind die Würste?«, riefen die Polizisten, als Erwin ihnen öffnete. Aber Erwin verstand nicht, was die meinten. Es wäre schön gewesen, er hätte ihnen ein Schrankfach mit Würsten zeigen können! Gegen Onkel Michel lag eine Anzeige vor, er habe illegal geschlachtet. In Zeiten der Kriegswirtschaft und der Lebensmittelrationierung mussten unter anderem jede Schlachtung und alle landwirtschaftlichen Erträge behördlich erfasst und abgesegnet werden. Gefunden haben sie freilich nichts. Sie sagten achselzuckend zu Onkel Michel, sie seien halt verpflichtet, solchen Dingen nachzugehen und zogen mit dem Versprechen, irgendwann würden sie jeden erwischen, unverrichteter Dinge wieder ab. Michel war natürlich so clever gewesen, die Schinken und Wurstdosen aus Schwöllbronn hinten auf dem Dachboden in einem Verschlag hinter Brennholz zu verstecken.

\* \* \*

»Das hier ist ein Foto von mir mit der Familie Wegener. Das haben die mir damals geschenkt. Die wohnten gar nicht weit weg, hatten eine kleine Firma, in der Teppiche maschinell geklopft und gereinigt wurden. Die Leute kannten Tante Marie vom Zeitungaustragen. Die wussten, wie wir dran waren. Von denen war ich vorübergehend angenommen worden. Das war 1915. Da ging ich noch nicht zur Schule. Sie hatten drei Kinder, die waren schon groß. Hier sieht man ihre beiden Söhne in Uniform, mit Tornister und Pickelhauben, dazwischen steht ihre

Tochter, das Fräulein Liese. Die war vielleicht 16. Sie versuchten immer, mich möglichst von der Tunzhofer Straße fern zu halten. Wahrscheinlich hatten sie Angst, ich würde ihnen weglaufen. Als Fräulein Liese einmal mit mir spazieren ging und wir doch an unserem Haus, der Nummer 7, vorbeikamen, schaute ich sehnsüchtig zu unserem Fenster im dritten Stock hinauf. Aber Fräulein Liese sagte: ›Hörst du die Glocken läuten? Deine Mutter ist jetzt gar nicht da, die ist in der Kirche‹, und zog mich weiter. Dabei war das doch nur das Sechs-Uhr-Läuten gewesen! Ich habe vielleicht geheult! Aber sie hat es nur gut gemeint.

Nachdem dann beide Söhne kurz hintereinander gefallen waren, konnten die Eltern es nicht mehr ertragen, dass da so ein lebhaftes Kind um sie war. So gaben sie mich nach wenigen Monaten wieder zurück in die Tunzhofer Straße. Wer weiß, was aus mir geworden wäre ...«

✳ ✳ ✳

Anna war schon mit zwölf, da lebte die Mamme noch, als Kindermädchen in einen Lehrerhaushalt geschickt worden. Für die eigene Familie war das eine spürbare Entlastung. Nach ihrer Schulentlassung – damals ging man nur sieben Jahre zur Schule – kam Anna zu Fräulein Rexer, einer damals in Stuttgart prominenten Friseuse und Perückenmacherin, die vor allem für den Hof, die königlichen Prinzessinnen und sogar für die Königin selbst arbeitete. Anna wäre gern Friseuse geworden, war aber den ganzen

Tag nur mit dem Reparieren und Knüpfen von Perücken beschäftigt und wurde zusätzlich zu Hausarbeiten herangezogen. Sie wurde von Fräulein Rexer dermaßen ausgenützt und bekam dabei so wenig zu essen, dass sie es schließlich nicht mehr aushalten konnte und in einen Arzthaushalt in Stellung ging. Dort blieb sie dann zehn Jahre.

Eine war also aus dem Haus, aber Marie hatte in den vier Kriegsjahren dennoch ihre liebe Not, die verbliebenen vier Mäuler zu stopfen. Doch gerade Notzeiten sind immer auch Zeiten menschlicher Bewährung, in denen man zusammenrückt. Immer wieder erfuhr sie Hilfe und Unterstützung. Neben Michel und Lina versorgten sie natürlich auch ihre Eltern aus dem ländlichen Dettingen mit Naturalien, soweit es in ihren bescheidenen Kräften stand. Viel abzugeben hatten der Ehle und die Ahne nämlich selbst nicht mehr. 1913 hatte ihr Sohn Johannes geheiratet und von den Eltern das kleine »Sächle« übernommen. So waren sie gleichsam auf das Altenteil ausgewichen und hatten gerade so viel, wie sie für ihren eigenen Lebensunterhalt brauchten. Sohn Johannes, Maries Bruder, Baumwart wie seine Väter und dazu Gemeindepfleger – was damals noch »Bürgermeister« hieß –, baute sich am Ortsrand draußen »im Flügel« ein Haus und war deshalb selber klamm.

Ehle und Ahne blieben mit der Urahne im Oberdorf in der Krausengasse wohnen. Auch nach der Übergabe des kleinen Anwesens an den Sohn verdiente der Ehle gelegentlich als Baumwart etwas hinzu. Er war allseits als gewissenhafter Helfer und kenntnisreicher Fachmann geschätzt. Der Ehle war zeitlebens ein sparsamer Schwabe gewesen und hatte jede übrige Mark auf die hohe Kante gelegt. Als Marie heiratete, sagte er zu ihr: »Aussteuer hast du, neue Möbel braucht ihr keine. Der Hans hat jetzt das Sach bekommen, du bekommst einmal das Geld, das ich gespart habe. Ich habe 40 000 Mark auf der Kasse. Wenn mir etwas passiert, haben du und deine Mutter keine Not.« Hätte er doch dem Mariele ihren Anteil gleich ausbezahlt! Sie hätten es ja so gut brauchen können. Aber, wie gesagt, der Ehle war ein sparsamer Mann und wollte für später sorgen. Wir werden noch sehen, was daraus geworden ist.

Marie ging weiter putzen und trug werktags die »Württemberger Zeitung« aus und am Sonntagmorgen das »Sonntagsblatt«. Die Kinder mussten jetzt helfen, früh vor der Schule »die weiten« austragen, jedes eine Straße. Da gab es in Hildes Straße eine wunderschöne Villa mit einem großen Garten, in der sehr vornehme, reiche Leute wohnten. Hinten wohnte ihr Gärtner. Wenn der zu der kleinen Hilde sagte: »Morgen soll dein Bruder die Zeitung bringen, aber in der Zeitungstasche!«, dann wussten sie, dass Albert etwas aus dem Gemüsegarten in die Tasche hineinbekommen würde. Er musste aber hernach so an der Vorderseite der Villa vorbeischleichen, dass niemand sehen konnte, wie schwer die Tasche jetzt war. Darin hatte er bald Übung. Von diesem Gärtner haben sie viel bekommen!

Das Sonntagsblatt hat Marie allein ausgetragen, das waren nicht so viele. Sonntags war keine Schule, da sollten die

Kinder ausschlafen dürfen. Um fünf Uhr früh ging sie los, und bis die Kinder wach wurden, war sie meist wieder zurück. Besagte Villa hatte ein wunderschönes, schmiedeeisernes Tor, an dem Kletterrosen rankten. Marie liebte Rosen über alles und bedauerte es sehr, dass sie in der Tunzhofer Straße keinen eigenen Garten hatten wie daheim in Dettingen. Nachdem sie die Zeitung zwischen die Gitterstäbe des Tores gesteckt hatte, nahm sie immer eine Nase voll von diesem betörenden Rosenduft mit auf den Heimweg. Sie hätte es nie gewagt, sich eine Rose abzubrechen oder auch nur anzufassen. Ihr genügte schon der Duft. Bis eines Morgens der Gärtner ganz verlegen am Tor auf sie wartete und sagte: »Frau Lang, es tut mir sehr leid, dass ich Ihnen das sagen muss, aber die gnädige Frau hat befohlen, sie will nie mehr sehen, dass die Zeitungsfrau ihre Nase in unsere Rosen steckt!«

Oh, wie hat die Marie ob dieser Kränkung geheult! Hat sich daheim noch schluchzend auf ihr Bett geworfen und in die Kissen gebissen. Als die Kinder sie fragten, was denn passiert sei, rief sie unter Tränen: »Oh, wie ungerecht geht es auf der Welt zu, wo die Reichen die Villen und die Tore und die Rosen haben und den Armen nicht einmal eine Nase voll Duft gönnen! Da kann dieses faule Mensch nicht schlafen und steht sonntagmorgens um halb sechs am Fenster und sieht, wie die Zeitungsfrau an ihren Rosen riecht! Nicht einmal das gönnt sie einem!«

Hilde sagt heute: »Ich glaube, daher kommt es, dass ich die Reichen nicht mag. Ich bin nicht neidisch wie meine

Mamme. Ich gönn ihnen alles, sie sollen von mir aus alles haben, aber mögen tu ich sie nicht, seit damals.«

Es gab natürlich auch andere, zum Beispiel die Lautenschlagers – er Oberbürgermeister von Stuttgart. »Das waren liebe, nette Leute«, sagt Hilde. Zu denen hat Marie auch die Zeitung getragen und immer wieder etwas in die Tasche bekommen. Einmal waren die Lautenschlagers gerade im Hof beim Kartoffelwiegen, als sie mit der Zeitung kam. Als Frau Lautenschlager sie sah, rief sie lachend: »Jetzt kommt Frau Lang. Die muss auf die Dezimalwaage, da wollen wir doch mal sehen!« So schlecht nämlich die Zeiten auch waren, Marie war immer rund wie eine Kugel. Natürlich hat sie diesen Spaß nicht umsonst mitmachen müssen.

Wenn die Ahne ihnen etwas schickte, war das immer in einen Weidenkorb verpackt, der oben mit einem Stück Rupfen in großen Stichen zugenäht war. Dann war jedes Mal die Freude groß, denn es war wieder für ein paar Tage ausgesorgt. Was sie auch schicken mochte: Äpfel, Mehl, Butter, Gemüse, vielleicht ein Glas Marmelade, immer war ein Laib selbst gebackenes Dettinger Brot dabei. Packte dann Albert in der Schule zu Beginn der großen Pause sein Vesperbrot aus, rief sein Lehrer: »Albert, ich sehe, du hast wieder ein usenbenzisch Brot! Komm her, wir wollen tauschen!« Ob sich Alberts Noten dadurch verbesserten, ist nicht verbürgt. Wahrscheinlich war der Lehrer selber ein armer Schlucker. Die Zeiten wurden mit der Dauer des Krieges ja nicht besser, jedenfalls nicht für die kleinen Leute.

Einmal waren sowohl der Vorratsschrank als auch der Geldbeutel endgültig leer und Marie wollte nicht schon wieder bei Lina borgen gehen. Da fiel ihr ein »falscher Zahn« in die Hände, den sie noch von Babett im Nachtkästchen hatte. Den schlug sie für 20 Pfennig los, kaufte davon zwei Wecken und einen halben Liter Milch, ging heim und kochte ihren Kindern davon eine Milchsuppe.

Wenn Marie nach dem Mittagessen aus dem Haus musste, schnitt sie für jedes der Kinder ein dünnes Scheibchen Brot herunter, bestrich sie ganz dünn, wie mit dem Pinsel, mit Marmelade und legte sie oben auf die »Schanz«, wie sie das Tellerbord in der Küche nannten. »Um vier Uhr dürft ihr euch das holen und essen!«, wies sie die Kinder an. Die waren nun aber beim Mittagessen schon nicht satt geworden. Hunger tut richtig weh, besonders Kindern. Ob sie jetzt die aufgetragenen Küchenarbeiten erledigten, ob sie Schulaufgaben machten oder spielten, immer wieder ging ihr Blick zum Küchenfenster hinaus, von dem man genau auf die Kirchturmuhr der Erlöserkirche schauen konnte.

❖ ❖ ❖

»Einmal«, erzählt Hilde, »waren wir uns einig, dass Tante Marie es ja nicht wissen kann, wenn wir uns die Brote vorher nehmen. Albert stieg also auf den Stuhl und reichte jedem seine Scheibe. Wir kauten noch, als Tante Marie hereinkam, weil sie etwas vergessen hatte. Da hat sie uns gleich alle drei der Reihe nach tüchtig durchgewalkt. Später gab es auf Lebensmittelmarken auch Päckchensuppen. Wenn Tante Marie die gekocht hat, sind oben lauter kleine, weiße Würmchen herumgeschwommen. Na ja, sie waren ja wenigstens gekocht. Tante Marie ist in die Küche rausgegangen und hat gesagt: ›Esst nur, ich habe noch zu tun!‹ Was hätte sie auch machen sollen? Sie konnte es nicht mit ansehen, wie wir die Dinger löffelten.

In den Ferien waren wir oft in Dettingen bei der Ahne und dem Ehle, vor dem wir einen Heidenrespekt hatten. Er war so ernst und streng, aber ich weiß, er hat uns auch lieb gehabt, auf seine Art eben, waren wir doch die Kinder seiner Babe, auf die er immer stolz war. Wir fuhren mit dem Zug bis Herbrechtingen. Dort bestiegen wir die Postkutsche und fuhren nach Dettingen, wo uns die Ahne am Postamt erwartete, hatte sie doch schon den Postillion gehört, als er am Dorfeingang ins Horn blies. Da ging es uns dann gut. Wir konnten uns wieder richtig satt essen! Für uns Stadtkinder gab es da immer viel Neues und Interessantes. Wir durften beim Onkel Usenbenz mit dem Kuhfuhrwerk mitfahren, manchmal sogar auf dem Garbenwagen oben drauf.

Nur die Urahne, die Mutter vom Ehle, die damals so gegen die Heirat ihres Hansjörg mit der Ahne gewesen war, die war recht giftig und hat uns alle nicht leiden können. Wir sie aber auch nicht, weil sie schon arg verwirrt im Kopf war. Oh, was haben wir die geärgert! Sie war ja schon über 80 Jahre und konnte uns nichts mehr tun. Wir waren nämlich schneller. Sie wohnte noch beim Ehle in der Krausengasse, bis sie 1916 starb.

Das mit den Päckchensuppen haben wir übrigens der Ahne mal erzählt. Von da an hat sie uns manchmal ein Breimehl geschickt, mit dem man so genannten ›häbernen Brei‹ kocht. Breimehl ist ähnlich wie Grieß, entsteht beim Mahlen und wird dann geröstet. Wir haben ihr dafür die Päckchensuppen geschickt. Ich weiß nicht, vielleicht hat sie die verfüttert.

Die Martha war ja noch ganz klein. Der musste Albert immer ihr Breile kochen, wenn Tante Marie außer Haus war. Wenn es angebrannt war, kratze Albert hinterher das Angebrannte aus dem Topf und aß es. Später sagte Martha oft: ›Das ist doch kein Wunder, dass aus mir nichts geworden ist. Der Albert hat ja jeden Tag extra meinen Brei anbrennen lassen, damit er etwas zum Auskratzen hatte!‹ Gell, heute lacht man darüber. Aber als Kind leidet man schon darunter, wenn man ständig Hunger hat. Oh, waren wir arm!

Einmal kam mein Albert vom Austragen heim und erzählte, ihm sei ein alter Mann begegnet, der habe gefragt: ›Buele, hast du Hunger?‹ Da habe er genickt und der Mann habe gesagt: ›Da, hast du Brotmarken!‹ Der hat die Brotmarken nicht mehr alle gebraucht. Alte Leute essen ja nicht mehr so viel. So hat der Albert eine Hand voll Brotmarken heimgebracht! Und dann hat's Brot gegeben und Kohlrüben, denn wenn man im Konsum zwei Brotmarken abgab, dann gab es einen Laib Brot und eine Kohlrübe, die war so groß wie das Brot. Oh, die Rüben gingen ja noch! Aber später gab es nur noch Kohlrübenschnitzel, boah!

Die waren geraspelt und getrocknet. Also, das war so scheußlich, dass man trotz des argen Hungers die Dinger kaum essen konnte. Das war eine schlimme Zeit! Ich weiß gar nicht, wie die Tante Marie das alles geschafft hat. Ist doch gut, wenn man als Kind noch so sorglos sein kann.

Wir waren 15 Kinder im Haus Nummer 7 und wir haben jeden Tag miteinander gespielt: Tänzerles, Reigen, mit Reifen und mit Bohnen. Bälle gab's kaum. Aus Winden, die an einem Bretterzaun wuchsen, haben wir Kränze und Armbänder und Halsketten geflochten und dann Hochzeit gespielt. Dazu haben wir unsere Ärmelschürzen verkehrt herum angezogen und wie feine Kleider vorne geknöpft. Einer von den Buben musste immer als Bräutigam herhalten. Das war schön.

Einmal hatten wir ein ganz besonderes Erlebnis: Da kam die Hofdame der Königin zu einem Besuch ins Waisenhaus. Sie kam in einem Auto, ihr zu Füßen ein wunderbarer, weißer Hund. Wir Kinder aus der Tunzhofer Straße standen sozusagen Spalier, wenn auch in respektvollem Abstand auf der anderen Straßenseite. Aber immerhin, wir waren dabei!

Ich kann mich nicht entsinnen, dass wir viel gestritten hätten. Wir waren gottlob fast alle gleich ›reich‹. Ich muss sagen, trotz Krieg, Hunger und Armut: Wir hatten eine schöne Kindheit!«

\* \* \*

# Auf ein frohes Wiedersehn

Die Anerkennung als Mutter gelang Marie bei aller Fürsorge nicht sogleich. Wenn jemand Hilde fragte, wo ihre Mama sei und damit ihre jetzige Mama meinte, antwortete sie treuherzig: »Meiner Mamme ihr Leib liegt auf dem Pragfriedhof und ihre Seele ist beim lieben Gott im Himmel.« Zu Marie sagten die Kinder trotz aller Ermahnungen noch lange »Tante Marie«, bis die ihnen schließlich zornig androhte: »Wenn ihr jetzt nicht endlich Mama zu mir sagt, hau ich euch den Popo voll!« Das war keine leere Drohung, schließlich war auch sie eine Usenbenz. Anna war schon zu groß, sie hat zeitlebens nicht Mama zu ihr sagen können. Wenn sie ungehorsam waren, bekamen sie immer wieder einmal zu hören: »Warum seid ihr so undankbar? Wenn ich nicht bei euch geblieben wäre, wärt ihr alle miteinander dort drüben im Waisenhaus!« Oft wusste sie sich nur mit Strenge, mit Strafen und Schlägen zu helfen. Sie hatte es nicht einfach, so allein mit den Fünfen.

Der Gefreite Gottlieb Lang bekam nur einmal im Jahr Heimaturlaub, obwohl es doch nicht allzu weit war vom Elsass nach Stuttgart. Dann hörte er sich an, mit welchen Problemen des Alltags sich seine junge Frau herumschlagen musste, dass sie tapfer »an der Heimatfront kämpfte«, wie man das wachsende Elend im Reich heroisierend umschrieb. Dass nachts immer wieder sämtliche Hausbewohner bei Kerzenlicht vor den feindlichen Luftangriffen in den Keller flüchten mussten. Doch wie glücklich war er jedes Mal, seine Kinder und Marie, Michel und Lina gesund in die Arme schließen zu können, zu sehen, welchen Fortschritt die Kinder machten, wieder in seinem Bett zu schlafen, einen gemeinsamen Spaziergang durch den Kräherwald und in die Anlagen zu genießen.

Sein erster Gang aber führte ihn stets zum Pragfriedhof hinauf, wo er seiner geliebten Babett jedes Mal ein Sträußchen brachte. Dann setzte er sich auf die Grabeinfassung und ließ die Jahre mit ihr in der Erinnerung wieder lebendig werden. Und wenn keiner in der Nähe war, unterhielt er sich halblaut mit Babett. Er sprach mit ihr über ihr früheres, gemeinsames Leben, über die Kinder, über Marie, den nicht enden wollenden Krieg in Frankreich und über sein jetziges Leben – so ganz ohne sie. Daheim setzte er sich mit dem Rücken zu den andern an seine Zither und spielte die alten Weisen. Sie konnten ihn dazu leise summen hören.

\* \* \*

» Wenn Papa auf Urlaub kam, war das natürlich immer eine Festzeit für uns alle. Bei seinem Urlaub 1916 hab ich ihm von meiner Einschulung an Ostern erzählt. Ich hatte einen schwarzen Schulranzen, hinten drauf waren zwei goldene Buchstaben: H L. Und ich hatte eine Griffeldose bekommen, auch schwarz, mit einem Bild von Schneewittchen in seinem Glassarg obendrauf, und die Zwerge standen um den Sarg in ganz bunter Kleidung. Diese Dose war ein Gedicht, sag ich euch!

Im Sommer 1917 war er sogar über meinen achten Geburtstag da. Da hat er mir zwei Pfirsiche gekauft, das war ja was ganz Besonderes. Die hab ich dann im Treppenhaus ganz alleine und heimlich aufgegessen. Da hat Tante Marie mich als ganz wüste Egoistin hingestellt.

Ich hab Papa von der Schule erzählt. Von Fräulein Schieber, wie streng die zu uns war, wie sie uns ein einziges Mal aber ans Fenster gelassen hat. Das war im März 1917, als der Graf Zeppelin auf dem Pragfriedhof beerdigt wurde. Da durften wir alle am Fenster zusehen, wie der große Zeppelin über dem Friedhof kreiste und einen Kranz abwarf. Jedenfalls hat das halt Fräulein Schieber selber auch sehen wollen, daher die Vergünstigung.«

❊ ❊ ❊

Der Vater stillte auch gerne die Neugier der Kinder und gab die eine oder andere Episode von der Front zum Besten, aber das Prahlen lag dem Gottlieb ganz und gar nicht. Und er verschwieg, dass er aus einem unsäglich größeren Elend kam, als sie es kannten, dass es bei ihnen im Landwehr-Infanterieregiment 121 nicht der Edelzwicker war, der da spritzte, sondern der Schlamm, die Granatfetzen und das Blut der Kameraden. Dass sie in den Schützengräben ihres Frontabschnitts monatelang weder vor- noch zurückkamen und dass er keinen rechten Sinn in diesem Krieg mehr sehen konnte, der doch nur auf ihrem Rücken ausgetragen wurde, ohne dass sie wussten, zu wessen Nutzen. Das behielt er lieber für sich.

Man hatte ihm weder Gelegenheit gegeben, von seinem Bruder Schorsch Abschied zu nehmen, mit dem ihn zeitlebens so viel verbunden hatte. Noch hatte er Heimaturlaub bekommen, um zusammen mit Michel den Vater zu beerdigen, der an Weihnachten 1916 in Eichach zu Grabe getragen wurde. Der war an Kehlkopfkrebs einen herben Tod gestorben. Ins kirchliche Sterberegister trug der Ohrnberger Pfarrer ein: »Starb am 22. 12. 1916 abends 5 Uhr. Veteran von 1870, 3 Söhne und 2 Schwiegersöhne im Feld, 2 in Garnison, einer gefallen! Ein wehrhaftes Geschlecht!« Von des alten Mannes Verlassenheit hat er nichts eingetragen.

Nach dem Urlaub zerriss es dem braven Gottlieb bei jedem Abschied fast das Herz, wenn er seine Lieben am Bahnsteig winkend kleiner und immer kleiner werden sah und nicht wusste, ob sie für ihn jemals auch wieder größer werden würden. Diese Sorge verschlimmerte sich noch, als seine Kompanie weit nach Osten, noch hinter die ukrainisch-russische Grenze verlegt wurde. Als Belohnung, Trost oder als Ansporn, wer weiß das schon, hatte man ihm vorher noch das Eiserne Kreuz II. Klasse verliehen. Das bedeutete einige Tage Sonderurlaub.

Es beruhigte ihn dann etwas, als er am breiten Don-Fluss keine kämpfende Front mehr vorfand, sondern als

Besatzungssoldat in die russische Großstadt Rostow abkommandiert wurde, wo es relativ friedlich zuging.
Gleich nach der russischen Oktoberrevolution hatten die
neuen Moskauer Herren, die Bolschewiken, bereits im
Dezember 1917 die Kampfhandlungen eingestellt und im
März 1918 den Frieden von Brest-Litowsk mit Deutschland und seinen Verbündeten geschlossen. So schrieb
Gottlieb seinen Angehörigen, sie bräuchten daheim nun
nicht mehr so besorgt zu sein. Marie konnte wieder etwas
ruhiger schlafen.

Im Mai 1918 war er wieder einmal voller Erwartung
auf Heimaturlaub nach Stuttgart gekommen. Wenn auch
die Wiedersehensfreude wie immer groß war, gab es zuerst einmal kein fröhliches In-die-Arme-Schließen und
Herumtollen und spazieren gehen: Seine Frau lag mit
schmerzhaftem Gelenkrheumatismus im Bett, seine Kinder hatten sämtlich die Masern – bis auf die 17-jährige
Anna, die ja schon in Stellung war.

Lina unten tat, was sie konnte, hatte aber ein Jahr zuvor einen Sohn bekommen und konnte sich nicht mehr so
intensiv wie früher um »die da oben« kümmern. Marie
klagte nicht nur über ihre Schmerzen, sondern auch über
mangelnde Lebensmittelkarten und ihre liebe Not mit
den Kindern. Diese wiederum heulten dem Papa die Ohren voll, dass sie den ganzen Winter über Hunger gehabt
hätten und wie eklig die ewigen Rübenschnitzel schmeck-
ten. Ihm selber war in diesen Tagen auch nicht ganz wohl,
er fühlte sich, als ob eine Grippe im Anmarsch wäre.

Gottlieb machte mit Michels Vermittlung den Versuch, bei der Militärverwaltung im Ministerium eine Urlaubsverlängerung zu erwirken. Dort trug er persönlich seine Begründung leise vor, wurde aber von einem jungen, schneidigen Militärarzt in hohen, glänzenden Lackstiefeln kurz abgefertigt: »Die Kinder des Landwehrregiments bekommen keine Masern mehr, Gefreiter Lang! Urlaubsverlängerung – abgelehnt!«

Anfang Juni standen seine Lieben wieder winkend am Bahnsteig. Von Gottliebs Einheit in Rostow aber fehlte bei seinem Eintreffen schon eine ganze Reihe, zahlreiche Kameraden lagen im Lazarett. Eine Cholera-Epidemie, so erfuhr er, griff immer verheerender um sich, wütete besonders in den Mannschaftsquartieren der deutschen Besatzer. Vielleicht sei die Krankheit durch Fisch ins Lager gekommen, den sie aus dem Don gefangen hatten. Sechs Wochen später setzten auch beim Gefreiten Gottlieb Lang Krämpfe ein und nicht enden wollender, wässriger Brechdurchfall. Im Dämmerzustand sah er eine ganze Nacht hindurch seine Familie am Bahnsteig winken und klein, kleiner und immer kleiner werden. Bei Tagesanbruch am Donnerstag, dem 14. August 1918, erlag er der Krankheit und wurde sogleich vor den Toren der Stadt am Don begraben.

✣ ✣ ✣

Hilde hält das Foto von Papas Grab lange in ihrer zitternden, faltigen Hand, länger als die Bilder zuvor: »Der Kamerad, der hier an Papas Grab steht, hat uns dieses Bild geschickt. Er hat berichtet, Papa habe in seinen letzten Stunden immer nur gebarmt: ›Oh, mein armes Weib! Oh, meine armen Kinderle!‹ Man sieht hier einen Perlenkranz an Papas Grabkreuz hängen, den hatte Tante Marie nach Rostow geschickt. Da hinten liegen reihenweise die deutschen Soldaten, die an dieser Cholera-Epidemie gestorben sind wie die Fliegen. Der Kamerad schrieb, die Perlen hätten nach ein paar Tagen spielende Russenkinder alle abgezupft. Ich war sehr empört darüber und habe verlangt, man müsse sie dafür verhauen.

Dote Rosine wurde wieder als Botin zum Ehle und zur Ahne nach Dettingen geschickt, man hatte damals noch kein Telefon. In Stuttgart berichtete sie, der Ehle habe bitterlich geweint: ›Gell, erst hat man den Gottlieb nicht haben wollen, und jetzt hat man ihn doch sehr lieb gehabt.‹

Gottliebs ältester Bruder, der Onkel Karl, war ein feinsinniger Mensch, den hat Papas Tod arg mitgenommen. Er hat ein schönes Gedicht geschrieben und als Nachruf in der ›Württemberger Zeitung‹ veröffentlicht. Ich weiß noch gut, wie Tante Marie geweint hat, als sie die Zeitung mit Papas Todesanzeige austragen musste. Wartet mal, die hab ich auch hier drin.« Hilde zieht nach kurzem Suchen einen vergilbten Zeitungsausschnitt hervor: »Hier, lesen müsst ihr es selber. Meine Augen können die kleine Schrift nicht mehr entziffern.«

# Nachruf

Wie zogst du aus beim Anbeginn des Krieges,
So mutig, wie ein tapfrer Held,
Nun liegt dein Haupt als totes, müdes,
Zum letzten Schlaf entrückt von dieser Welt.

Beim letzten Urlaub, es war im schönen Mai,
Wie glücklich weiltest du im Kreis der Deinen,
Ahntest nicht, dass es das letztemal wohl sei,
Jetzt müssen wir so traurig dich beweinen.

Kein feindlich Blei hat dürfen dich verwunden,
Du warst beschützt von einer höhern Macht,
Nach wen'gen schweren Leidensstunden
Hat der Tod ein schnelles Ende dir gemacht.

Wir, deine Lieben, hier zu Hause,
Wir glaubten fest, du seist an sichrem Platz,
Nun aber plötzlich kam nach kurzer Pause
Die Nachricht, dass du ausgekämpft schon hast.

Viele hundert Meilen von deinen Lieben du getrennt,
Liegst du begraben wohl in fremder Erde,
Wo niemand deinen teuren Namen kennt,
Schläfst du, bis Gott dich auferwecken werde.

So manchen Kampf hast du schon ausgekämpfet,
bist angekommen dort an jenem Ziel,
Wo alles Erdenleid auf ewig ist gedämpfet,
Dort warten deiner Angehörigen viel.

Wir aber, die so schmerzlich dich beklagen,
Uns war es nicht vergönnt, an deinem Grab zu stehn,
Doch mutlos dürfen wir ja nicht verzagen,
Wir hoffen auf ein frohes Wiedersehn.

*Gewidmet von seinen Brüdern Karl und Michael.*

»Das ist wieder typisch Onkel Michel!«, Hilde zieht die Mundwinkel herunter. »Onkel Karl hat dieses schöne Gedicht gemacht und der Michel setzt seinen Namen mit darunter. Immer musste er sich in den Vordergrund spielen!«

❋ ❋ ❋

# Vielleicht schaffen sie es

Drei Monate später war der Erste Weltkrieg zu Ende. Er sei einer der schrecklichsten Kriege aller Zeiten gewesen, hieß es jetzt. Aber ist für die gequälten Menschen, für die betroffenen Familien nicht immer der Krieg der schrecklichste, den sie gerade durchleiden? Was bedeuten für den Einzelnen die Angaben von Tonnen an verschossener Munition, die Auflistung der zerstörten Bauwerke, der verletzten, verkrüppelten und getöteten Menschen? Selbst die ungeheuerlichsten Zahlen über Zerstörung, Leiden und Tod vermögen den individuellen Schmerz weder zu steigern noch zu relativieren. Kann man »schrecklich« überhaupt steigern? Gibt es einen Superlativ von »barbarisch«? So bedeutend eine solche Aussage wie »einer der schrecklichsten Kriege aller Zeiten« für Historiker, Politiker oder Militärs auch sein mag, für jeden einzelnen geschundenen Betroffenen ist sie belanglos. Geschichte, von unten betrachtet, wie hier zum Beispiel aus Hildes Perspektive, die ist wahrhaftig, heute sagen wir authentisch. Dabei muss sie nicht zwangsläufig die großen Zusammenhänge außer Acht lassen, durchaus nicht.

Wie lange doch vier Jahre sein können! Von der Kriegsbegeisterung des Sommers 1914 war längst nichts mehr geblieben. Wie unvorstellbar weit lag sie zurück! Die Männer draußen und die Menschen daheim waren durch Not und Leid zermürbt worden. Unter dem Motto »Friede, Freiheit und Brot!« meuterten als Erste die Matrosen der kaiserlichen Kriegsmarine. In Berlin rief der Sozialdemokrat Philipp Scheidemann am 9. November 1918 aus einem Fenster des Reichstagsgebäudes die »Deutsche Republik« aus, zwei Stunden später proklamierte ein paar Straßen weiter der Kommunist Karl Liebknecht vom Balkon des Berliner Stadtschlosses die »Freie Sozialistische Republik« nach sowjetischem Vorbild. Der deutsche Kaiser Wilhelm II. ging nach Holland und half damit wohl einen Bürgerkrieg vermeiden. Der junge Habsburger Kaiser Karl I. begab sich in die Schweiz. Wilhelms württembergischer Namensvetter, König Wilhelm II., so beliebt er auch bei seinen Schwaben war, musste ebenfalls gehen – er aber nicht ins Ausland, sondern nur nach Bebenhausen. Die Monarchien brachen wie Kartenhäuser zusammen. Die Herren hatten endgültig abgewirtschaftet. Zu den Geburtswehen der später so genannten »Weimarer Republik« gehörten schwere politische Unruhen, teilweise mit bewaffneten Straßenkämpfen.

\* \* \*

»In der Stadt war Krawall«, erzählt Hilde. »Uns Kindern wurde eingeschärft, die Tunzhofer Straße nicht zu verlassen, sonst würden die bösen Männer uns totschießen. So durften wir nicht mehr in unsere geliebten Anlagen und unsere Rotznasen durch die Gitterstäbe stecken, um nach dem König Ausschau zu halten, nicht mehr an den Schlossteich mit den weißen Schwänen und nicht mehr zum Bahnhof, wo wir gerne zuschauten, wie die Lokomotiven auf der großen Drehscheibe gedreht wurden. Außerdem bekamen wir am Sonntag an unsere Hüte und weißen Kleider jetzt statt der rosa Schleifen schwarze Schärpen, wegen Papa. Tante Marie weinte viel. Ach, es war alles so traurig und so anders in jenem Herbst.«

❊ ❊ ❊

Keiner wusste Ende 1918, wie es nun weitergehen sollte, nicht die Großen und die Mächtigen und noch weniger die kleinen Leute.

Als Friedrich Gottlieb Lang, den seine Geschwister immer noch »Fritzle« nannten, fröstelnd im Schnee am Grab seiner Eltern in Eichach stand, trauerte er nicht nur um sie und um seine gefallenen Brüder Schorsch und Gottlieb, er trauerte auch vier verlorenen Jahren seiner Jugend nach, gestohlenen Jahren. Die hatte er größtenteils in Lothringen an der mörderischen Westfront zugebracht, in der Hölle von Verdun und in den ersten großen Materialschlachten der Geschichte, an der Somme im Sommer 1916. So manchen lieben Kameraden hatten sie dort lassen müssen.

Er war nun 22 Jahre alt. Bevor man ihn zum Militär geholt hatte, war er hier in Eichach und in Forchtenberg fünf Jahre Bauernknecht gewesen. Da hatte er sich ein Sparbuch angelegt. Viel war nicht angespart, aber er hatte es zu Beginn des Krieges der Schwester Katharine in Verwahrung gegeben für den Fall, dass ihm etwas zustoße. Da der Fritz nun gar niemand hatte, der ihm etwas geschickt hätte, ließ ihm die Schwester ab und zu ein Feldpostpäckchen zukommen. Weil ihr Mann es so verlangte, bezahlte sie das von dem Sparbuch. Alle vier Weihnachten und zu seinen Geburtstagen machte sie ihm mit ein paar guten Zigarren eine zusätzliche Freude. Und so war das Sparbüchle leer geworden.

Jetzt stand der Fritz recht verlassen da im matschigen Schnee von Eichach. Seine Eltern waren tot, ein rechtes Zuhause hatte er nicht mehr, Geld schon gar nicht. Die Schwester und der Schwager konnten ihn nicht brauchen, als Knecht fand er jetzt vor Weihnachten keinen Bauern. Es gab so viele, die heimgekehrt waren und nun Arbeit suchten. Was sollte er tun? Er selbst wusste es nicht, der Vater sagte es ihm nicht mehr. – Er würde Michel fragen. Ja, der Michel wusste immer Rat. Er würde nach Stuttgart fahren.

Als er den Sperrholzkoffer mit seinen wenigen Habseligkeiten aus dem nasskalten Eichach hinaustrug, konnte er nicht wissen, dass dies ein Abschied für immer werden würde. Ja, vor vier Jahren, als er in den Krieg befohlen wurde, da hatte er solche Gedanken in sich getragen, da hatte er sich noch einmal umgeschaut, heute nicht. Es kam ihm einfach nicht in den Sinn, innezuhalten, sich umzudrehen und einen letzten Blick über seine hohenloher Heimat schweifen zu lassen. Das trübe Wetter war auch nicht danach.

In der Tunzhofer Straße in Stuttgart konnte Fritz sich wieder einmal richtig satt essen. Es gab nicht nur reichlich, nein, es gab auch Köstlichkeiten, die er lange nicht mehr genossen hatte. Dazu stand eine Flasche Wein auf dem Tisch. Michel stieß mit dem Bruder auf das Wiedersehen an und lachte: »Gell, Fritzle, das ist nicht der saure Ohrnberger, den man in Eichach trinkt! Nein, das hier ist ein guter Mosel!« Nach Tisch gab es für jeden eine echte Havanna. Die leistete sich selbst der Michel nur an Weihnachten.

Im weiteren Verlauf dieses »Herrenabends«, wie Michel sich ausdrückte – Lina war zu Marie hinauf gegangen –, legte Michel seinem Bruder dar, wie sonnenklar doch seine Situation auf eine ganz bestimmte Lösung hinauslaufe: »Du willst von mir einen Rat? Dann hör mir jetzt gut zu, Fritz. Lass mich ausreden, ich mach es kurz! Also, pass auf!« Michel setzte energisch seine linke Faust auf die Tischplatte und stellte dabei den Daumen in die Höhe: »Punkt eins: Hier unten sitzst du, allein, ohne Geld, und du weißt nicht wohin und wie es weitergehen soll.« Der Zeigefinger schnellte hervor: »Punkt zwei: Da oben sitzt Marie, auch allein, ohne Geld, aber mit fünf Kindern, und sie weiß nicht, wie es weitergehen soll.« Fritz wollte etwas sagen, aber Michel schnitt ihm sogleich das Wort ab: »Lass mich ausreden! Jetzt kommt die moralische Seite, und die ist ausnahmsweise auch einmal logisch.« Der Mittelfinger fuhr heraus: »Punkt drei: Marie hat sich verpflichtet gefühlt, nach dem Tod ihrer Schwester Babett für sie einzuspringen und hat die Verantwortung für den Mann und seine Kinder übernommen. Und daraus folgt nun Punkt vier: Du bist jetzt genauso verpflichtet, nach dem Tod unsres Bruders für ihn einzuspringen und die Verantwortung für seine Frau und ihre Kinder zu übernehmen! So, mein Lieber«, Michel schlug die Hand mit gespreizten Fingern auf das Damasttischtuch, »das ist die Lösung aller eurer Probleme auf einen Schlag, wenn du mich fragst. Und du hast mich gefragt!« Es dauerte noch lange, bis die Brüder ihre leeren Gläser in die Küche stellten.

Über dieses Gespräch hat der Fritz nie ein Sterbenswörtchen verloren, auch nicht Marie gegenüber. Was er freilich nicht ahnte – und was auch er nie erfahren hat: Einen Stock höher lief zur selben Stunde das gleiche Gespräch ab! Nicht ganz das gleiche, denn unter Frauen geht das nicht mit Faust und Daumen und erstens, zweitens, drittens. Aber das Ergebnis, das Ergebnis war dann doch das gleiche.

Am nächsten Tag fragte Michel beim Frühstück: »Und, Fritz, wo willst du jetzt hin?« Der Jüngere musterte das Honigbrot auf seinem Teller, zog die Schultern hoch und ließ sie wieder fallen. Michel wusste wieder Rat: »Ab der nächsten Woche arbeitest du bei mir. Dann wird man sehen.« Michel hatte gleich in der Nachbarschaft zur Tunzhofer Straße, in der Mönchhalde, einem kinderlosen Ehepaar ihre Gärtnerei abgekauft. Zu günstigen Konditionen, wie sich bald herausstellen sollte. Auf dem Gelände unterhalb des geräumigen Wohnhauses errichtete er eine Produktionshalle für seine Kistenfabrikation. Er musste einen

Arbeiter nach dem anderen einstellen, denn das Geschäft entwickelte sich hervorragend.

Im Mai starb in Dettingen der Ehle. Er war vor bald zehn Jahren schon an einer bösen Geschwulst operiert worden. Diese war wieder gewachsen. Beide Fäuste hatte er seiner Frau entgegengestreckt: »Solch eine Geschwulst hab ich im Leib, sagt der Doktor. Ich muss sie noch einmal operieren lassen.« Aber es war zu spät gewesen. In Heidenheim war er gestorben. Die Ahne litt sehr darunter, fühlte sich in ihrem Häusle in der Krausengasse jetzt mutterseelenallein und hatte nächtens Angst. Hörte den zornigen Ehle umgehen. Lief zu den Bäumen hinaus, die er doch einst gepflanzt hatte und rief »Vater! Vater!« hinauf. Sie brauchte dringend jemand, der um sie war. Onkel Usenbenz konnte nicht Tag für Tag bei ihr vorbeischauen.

Über Weihnachten besuchte Marie mit den Kindern die Ahne in Dettingen. Sie sah, wie es um ihre verwitwete Mutter stand, dass diese die trüben Wintertage und die langen Nächte kaum mehr aushalten konnte und machte sich große Sorgen. Marie sprach mehrmals mit der Mutter und mit ihrem Bruder Johannes über die Situation. Dabei brachte sie auch ihre eigenen Pläne zur Sprache. Berichtete über das, was sie mit Lina und mit Schwager Fritz in Stuttgart beredet hatte. Bald war allen klar, dass Fritz sich nun tatsächlich der Marie und ihrer Kinder annehmen sollte und es das Beste wäre, wenn die ganze Familie das Häusle des verstorbenen Ehle übernehmen würde. So wäre auch für die Ahne gesorgt. Michels Feststellung: »Das ist die Lösung aller eurer Probleme auf einen Schlag«, wurde wahr.

Jetzt musste nur noch für die Ahne gesorgt werden, für die Zeit, die man brauchen würde, bis alles so weit war, ein paar Monate höchstens. Auch da fand sich eine Lösung. Am 7. Januar 1920 sollte die Heimreise nach Stuttgart angetreten werden. Die vielen Feiertage waren vorüber, die Ferien gingen zu Ende. Taschen und Körbe waren gepackt. Die zehnjährige Hilde hatte schon ihr Hütchen auf und fragte, wann die Postkutsche zum Bahnhof nach Herbrechtingen gehe. Da sagte man ihr, das dauere noch. Sie solle doch in der Zwischenzeit noch schnell einen Besuch bei der Tante Kathrine machen, denn die habe heute Geburtstag, und vor lauter Aufbruchstimmung sei man jetzt gar nicht dazu gekommen, ihr zu gratulieren. Sie solle schön grüßen und ausrichten, die anderen kämen nach. Hilde kam das etwas sonderbar vor, aber sie dachte sich nichts weiter dabei, gehorchte und ging allein zu Onkel Usenbenz und Tante Kathrine, seiner Frau. Tantes ofenwarmer Hefezopf hatte außen Mandelsplitter und innen Rosinen und die frische Milch war lecker, aber als lange keiner kam, bekam das Kind Herzklopfen, verabschiedete sich hastig, sie wolle doch die Postkutsche nicht versäumen, habe man das Hornsignal nicht schon gehört? Ganz außer Atem kam das Mädchen in die Krausengasse ...

Hilde riss sich den Hut vom Kopf, warf ihren Muff aus Kaninchenpelz auf den Boden und trampelte darauf herum. Sie tobte und schrie, stampfte mit den Stiefeln auf, sie weinte und ging mit Fäusten auf die Ahne los, die flink die Haustür verriegelt hatte. Die kleine Frau umklammerte das schluchzende Kind, das ganz außer sich war, redete beruhigend auf das Mädchen ein, streichelte die festen, braunen Haare, wischte mit der Schürze das nasse Gesicht, hob Hut und Muff vom Fußboden auf und zog das Kind zu sich auf die Küchenbank. Es sei doch nur für ein paar Wochen und sie solle es gut haben bei ihr. Sie würden es sich gemütlich machen, sie beide. Hilde würde eine eigene Kammer bekommen, ganz für sich allein, sie dürfe der Ahne beim Kochen helfen, jeden Tag den Onkel Usenbenz besuchen, gleich morgen mit dem Nachbarn Stänglesbauern Pferdeschlitten fahren …

So war die Ahne nun nicht mehr allein im Haus. Was galt schon das Heimweh eines zehnjährigen Kindes, seine Sehnsucht nach der Tunzhofer Straße, nach seiner Familie, den Freundinnen, die das Mädchen nie mehr wiedersehen sollte – das alles musste man nicht allzu wichtig nehmen. Denn wenn sie sich auch ganz erbärmlich fühlte, wie verkauft, von aller Welt verlassen und schmählich verraten, sie war doch nur ein Kind. »Zeit heilt!«, tröstete die Ahne, wenn Hilde beim Nachtgebet die Tränen wieder nicht zurückhalten konnte. Und tatsächlich klappte das schließlich doch ganz gut mit den beiden. Sie hatten sich schon immer sehr gemocht. Dennoch steht fest: Hier haben die Erwachsenen ein Problem auf Kosten eines unschuldigen Kindes gelöst. Hier wurde das kindliche Urvertrauen tief verletzt. Und es blieben Narben fürs Leben.

Es war in den nächsten Monaten nicht recht klar, wer da jetzt auf wen aufpasste. Aber der Ahne ging es nun besser. Als Hilde erfuhr, Tante Marie habe sich in Stuttgart mit Onkel Fritz verlobt, da war sie erneut tief enttäuscht von ihr. Wie konnte die nur so schnell ihren geliebten Papa vergessen haben? Er war doch erst ein halbes Jahr tot. Jeden Abend schloss das Kind ihn noch immer in sein Nachtgebet ein. Und jetzt wurde auch er von Tante Marie verraten.

In den großen Ferien im Sommer 1920 zogen die Langs am Morgen unter Wehmut und Tränen aus der Tunzhofer Straße in Stuttgart aus und am Abend voll Zuversicht und guter Vorsätze in der Krausengasse in Dettingen ein. Es brauchte nur einen kleinen Möbelwagen, den stellte ihnen noch die Firma Paul von Maur. Am Montag, dem 6. September waren sie auf dem Dettinger Rathaus, am Tag danach gingen Fritz und Marie eingehakt die hundert Meter zur Kirche hinüber und ließen sich vom Pfarrer Mayser trauen. Der Trautext stammte aus dem Psalm 37: »Befiehl dem Herrn deine Wege und hoffe auf ihn, er wird's wohl machen und wird deine Gerechtigkeit heraufführen wie das Licht und dein Recht wie den Mittag.«

Für den 24-jährigen Fritz war es das erste Mal, für die sechs Jahre ältere Marie das zweite Mal, für die 20-jährige Anna, die als kleines Mädchen schon bei der verspäteten Hochzeit von Mamme und Papa dabei gewesen war, gewissermaßen das dritte Mal. Es war keine große Hochzeit, aber sie war doch etwas außergewöhnlich, denn es hatte in

Dettingen noch nicht allzu oft eine Hochzeit gegeben, bei der das Brautpaar seine fünf Kinder dabeihatte. Trauzeuge war natürlich Onkel Michel, wer sonst? Hätte es damals schon weibliche Trauzeugen gegeben, es wäre wohl Tante Lina gewesen.

Die Ahne hatte Recht behalten: »Zeit heilt.« Wenn auch Narben bleiben mochten. Hilde konnte inzwischen das Gute an der Sache sehen. Erst habe sie ihre Mutter, dann ihren Vater verloren, plapperte sie beim Hochzeitsessen, aber trotz alledem sei sie kein Waisenkind geblieben. Solch ein Glück könne doch wahrhaftig nur ein Sonntagskind haben! Und später, als Erwachsene, hat sie im Bekanntenkreis oft augenzwinkernd die Rätselfrage gestellt: »Wie kann das sein: Ich war bei zwei Hochzeiten meiner Eltern dabei und bin doch kein uneheliches Kind?«

Auch bei dieser Hochzeit konnte das zögerliche Beschnuppern der neuen Verwandtschaft entfallen, wie es sonst bei solchen Anlässen stattfindet. Man kannte sich nun schon, war auch gar nicht mehr verwundert, dass beim Mittagsmahl im Gasthaus »Zum scharfen Eck« die Hohenloher ein fröhliches Palaver abhielten, während die Älbler doch lieber an ihrem Grundsatz »Beim Esse schwätzt mer nix!« festhielten. Das war bei den beiden vorangegangenen Hochzeiten doch genauso gewesen. Es wurde allerdings festgestellt, dass inzwischen einige fehlten: Der Opa Lang aus Eichach war nicht mehr, die Brüder Schorsch und Gottlieb Lang im Krieg geblieben, Urahne Usenbenz fehlte ebenso wie ihr Sohn, der hagestolze Ehle, der sie um keine drei Jahre überlebt hat. Erinnerungen wurden wieder lebendig.

Bevor man am Abend auseinander ging, wurde ausgiebig gemeinsam gesungen, das kannte man gar nicht anders. »Wisst ihr noch, was wir beim letzten Mal als Abschluss gesungen haben?«, rief der Bräutigam. »Das könnte schon fast unsre Familienhymne sein.« – »Drunten im Unterland!«, rief einer zurück. Fritz schloss die Augen, wie es alle Langs beim Singen taten, legte den Kopf in den Nacken und begann mit seiner hellen, immer etwas heiser klingenden Stimme voll Inbrunst zu singen. Die Gesellschaft stimmte kräftig ein. Ob es wohl jemand beobachtet hat, wie dem Fritz beim Refrain »Schlehen im Oberland, Trauben im Unterland« Tränen unter den geschlossenen Lidern hervorquollen?

Fritz und Marie hatten nun also eine Heimat gefunden. Sie hatten sogar ein eigenes Haus. Gut, es war ein zu kleines Haus und es war ein altes Haus, aber es war ihr eigenes. Und da waren als Rückhalt ja immer noch die 40 000 Mark, die der Ehle gespart hatte und die nach seinem Tod auf die Ahne geschrieben worden waren. Zugegeben, in den wirtschaftlich und politisch schwierigen Zeiten nach dem Krieg hatte das Geld etwas eingebüßt, aber eine beruhigende Rücklage war es nach wie vor. Es lag nun in ihrer Hand, aus diesen Gegebenheiten etwas zu machen. Dazu waren sie auch fest entschlossen. Fritz hatte gleich in der Dettinger Ziegelei Bihr gegenüber vom Onkel Usenbenz einen Arbeitsplatz gefunden, wechselte bald in die Wolldeckenfabrik Zoeppritz in Heidenheim und fand später einen dauerhaften Arbeitsplatz bei der Firma Ploucquet. Das sollte der Familie ein gesichertes Einkommen gewährleisten. Ihr Plan war, sich daheim nach und nach zusätzlich einen kleinen landwirtschaftlichen Nebenerwerbsbetrieb aufzubauen. Die Räumlichkeiten dazu waren ja vorhanden, und Fritz, der kannte sich aus in der Landwirtschaft. Wer weiß, vielleicht schafften sie es sogar, eines Tages ganz davon leben zu können? Das war sein Traum.

Fritz tat sich am Anfang schwer. Zwar war Dettingen ein bäuerlich geprägtes Dorf, wie es ihm schon aus seiner hohenloher Heimat vertraut war, aber es lebte doch ein ganz anderer Menschenschlag hier oben »auf der rauen Alb«. »Hält's der Schwabe mit dem Brechen, ist der Hohenloher eher für das Biegen«, sagte einmal der Bächlinger Pfarrer und Schriftsteller Rudolf Schlauch, der beiderlei Landsleute gut kannte. Überhaupt wurde hier oben nicht viel geredet, so manches blieb unausgesprochen, man wusste auch so Bescheid. Wenn nicht, konnte man allerdings schnell der Dumme sein. Fritz musste erst lernen, dass wortkarg hier nicht gleich unhöflich oder schlecht gelaunt bedeutete wie in seiner Heimat. »D Sproch isch wie d Leit und d Leit sinn wie's Land«, stellte er fest. »Dohanne isch's kalt und wiindich und die Äcker voll Staa, und dahaam wächst der Wei.« Es gab selten Fremde in Dettingen. Da fiel so einer mit seinem weichen, singenden Dialekt gegenüber der hier üblichen harten, etwas polternden Sprechweise schon auf, ganz abgesehen von den vielen Bezeichnungen für Tätigkeiten und Gerätschaften, die er wie eine Fremdsprache erst lernen musste. So hatte er zum Beispiel bei seiner Hochzeit mitbekommen, wie ein Kind allzu wählerisch beim Essen, also »näschich« war. Das tadelten seine Eltern hier als »schtrialig«. Kartoffeln, die Fritz als »Eebiere« bezeichnete, hießen hier »Grombiere« und Jauche ist auf der Alb eben »Soich« und nicht »Gille«. Wenn ihn in Eichach einer zum Pflügen aufs Feld hatte fahren sehen, rief er: »Sou, Fritz, gehsch zackern?« In Dettingen sagte der Nachbar: »Gatt mr ge äckere?«

Zum Glück konnte er immer Marie fragen, wenn er etwas nicht verstand, die gebürtige Dettingerin. In geselliger Runde erklärte er gerne lachend, wo er herkomme: »Vun do, wo mer secht: Do kumme s widder, die Kreizdunnerwetter mit ihre Gailich un Wächelich un Fännelich obe druff, un die Laafer, die laafe hintedrei.« Die neuen Wörter lernte er bald verstehen und benutzte sie ganz selbstverständlich, aber bis an sein Lebensende hörte man ihm an, dass er kein waschechter Älbler war. Auch in das seit Generationen gewachsene Beziehungsgeflecht des Dorfes war er nie ganz eingebunden. Da blieb er ausgeschlossen. Grund dafür war aber nicht nur seine Herkunft, darüber wird noch zu reden sein. Dennoch fühlte er sich hier bald recht wohl. Hier war jetzt seine Heimat. Hier hatte er eine Aufgabe. Hier hatte er ein Ziel. Seine hohenloher Heimat hat er zeitlebens nie mehr aufgesucht, wenn er auch gerne von ihr erzählte. Wenn er Verwandte traf und sie fragten: »Sag, Fritz, wie geht's dir jetzt in Dettingen?«, dann wischte er sich noch nach vielen Jahren immer wieder mal mit dem Handrücken über die Augen, wenn er antwortete: »Gut. Mir geht's hier gut.«

Sie wussten, dass sie sich viel vorgenommen hatten, der Fritz und die Marie. Allerdings hatten sie nicht mit solcher Art Anfangsschwierigkeiten gerechnet, die sich auftaten, als sie gleich im Herbst damit beginnen wollten, das erste, gepachtete Äckerle zu bestellen: Ihnen war schon klar gewesen, dass die Flächen und das Vieh auf Maries Bruder Johannes, den »Onkel Usenbenz« übergegangen waren. Von ihren Besuchen her wusste Marie aber, dass im elterlichen Haus noch jede Menge landwirtschaftliches Gerät vorhanden war, mit dem sich von Beginn an gut würde schaffen lassen.

Als Onkel Usenbenz jedoch erfuhr, die Marie werde bei der Ahne einziehen und Fritz und die Kinder mitbringen, fiel ihm wieder ein, dass zu dem »Sächle« der Eltern, das vor Jahren auf ihn überschrieben worden war, eigentlich auch sämtliches Inventar gehörte. So geschah es, dass er zeitig vor dem Einzug der Langs zur Stelle war und der Ahne und der Hilde sagte, nun komme er doch endlich dazu, alles abzuholen, was ihm gehöre. Das habe er ja nun wirklich lange genug vor sich hergeschoben.

Bei ihrem Einzug teilte er der Schwester freundlich mit, ihr zuliebe habe er rechtzeitig alles gründlich aufgeräumt – er sagte »ausgemistet« –, für Ordnung gesorgt und sauber gemacht und ihnen diese Heidenarbeit gerne abgenommen. Sie hätten doch sicher auch so noch genug zu tun mit dem

Umzug und dem Einrichten. Sie seien ihm dafür auch wirklich nichts schuldig, er habe das für Gotteslohn getan.

\* \* \*

Hilde ist heute noch verbittert, 80 Jahre danach: »Als die aus Stuttgart kamen, da war alles weg, alles. Da war kein Schubkarren und keine Gabel, kein Rechen und keine Schaufel, kein Dreschflegel, kein Korb, keine Hacke, keine Beißzange und kein Hammer mehr im Haus, nicht einmal mehr einen Nagel hat der dagelassen! Der Onkel Usenbenz, der dann so arg fromm wurde, der hat restlos alles geholt, was zu holen war! – Ja, das sind halt so Sachen.

So fingen der Fritz und die Marie bei null an und bauten sich eine Existenz auf. Oh, mussten die schaffen! Ihr macht euch ja keine Vorstellung. Die haben sich geschunden, das wäre heute fast verboten. In der Bibel im ersten Buch Mose steht: ›Verflucht sei der Acker! Mit Mühsal sollst du dich von ihm nähren dein Leben lang. Dornen und Disteln soll er dir tragen. Im Schweiße deines Angesichts sollst du dein Brot essen.‹ Genau so war's bei denen. Das Futter und das Heu haben sie mit dem Handkarren heimgefahren, er vorne, sie hinten. Ihr erstes Äckerle haben sie mit einem geliehenen Pflug umgepflügt, die Egge haben sie selber gezogen und ihr erstes Tier im Stall war eine Ziege, von der haben wir Kinder die Milch bekommen. So klein mussten die anfangen.

Es dauerte über ein Jahrzehnt, bis sie ihren ersten Acker kaufen konnten, vom alten Stüber, dem Wirt vom »Scharfen Eck«, der keine Söhne hatte. Da waren sie richtig stolz. Da hatten sie auch gerade beim Juden Heide in Langenau ihre erste Kuh gekauft, die »Scheck«. Und dann bekam der Fritz einmal eine Vorladung aufs Rathaus, da stand, ›Friedrich Lang, Arbeiter und Landwirt‹. Oh, da ist er gewachsen! Er war stolz darauf, dass er jetzt auch anerkannt wird.«

❊ ❊ ❊

# Tausend Mark vom Schultheißen

Die Neunzigjährige sucht vergeblich in ihrer Schatulle: »Nein, ein Klassenfoto aus meiner Schulzeit hab ich nicht. Zu uns kam schon jedes Jahr oder alle zwei Jahre der Schulfotograf, aber wir waren ja so arm, dass wir für so etwas kein Geld hatten. Wenn die anderen ihre Bilder bestellt haben, habe ich mich nicht einmal getraut, daheim zu fragen, ob ich mir für ein paar Groschen auch eins bestellen dürfe. Ich wusste, das war einfach nicht drin.

Als ich im Januar nach Dettingen kam, war ich in der vierten Klasse. Denkt nicht, die ist von der Großstadt aufs Dorf gekommen, in der Stadt war die Schule modern und in Dettingen rückständig! Bei mir war es genau umgekehrt. In der Prag-Schule waren wir in der vierten Klasse über 70 Kinder, lauter Mädchen. Unsere Lehrerin, die wir von der ersten bis zur vierten Klasse hatten, war Fräulein Schieber, mit Vornamen Martha. Sie war eine Schwester der Dichterin Anna Schieber. Fräulein Schieber konnte mich nicht leiden, glaub ich. Ich hieß dort ›Hilde, die wilde‹. Jeden Tag habe ich von ihr mindestens einmal Tatzen bekommen. Meistens weil ich geschwätzt hab. Tatzen – das sind Schläge mit einem Rohrstock auf die flache Hand. Wenn mich daheim Tante Marie fragte: ›Hast du heut wieder eine Tatze bekommen?‹ und ich nickte, ging sie gleich den Patscher holen und ich bekam noch mal Dresche. Für was das gut sein sollte, weiß ich heut noch nicht.

In Dettingen war das aber anders. Hier staunte ich nicht schlecht, dass die Kinder von der vierten, fünften und sechsten Klasse alle zusammen in einer Schulstube saßen, obwohl wir doch Unterschiedliches lernen mussten. In der Unterklasse saßen die vom ersten bis dritten Schuljahr und in der Oberklasse die Großen, also die Siebtklässler, die zusätzlich beim Pfarrer Konfirmandenunterricht hatten. Und immer Buben und Mädchen zusammen. Wir im vierten Schuljahr waren zwölf Buben und dreizehn Mädchen und sagten im Scherz immer, eine von uns kriegt einmal keinen Mann. Aber wir haben dann doch alle einen gekriegt!

Neben mir in der Bank saß die Lindenmaiers Marie. Die war in der Sitz- und Rangordnung jahrelang die Vierte der Klasse und ich die Dritte. Die Freundschaft mit der hat gehalten. Später habe ich übrigens erfahren, dass wir eigentlich Cousinen waren, denn es war ein offenes Geheimnis im Dorf, dass Marie die uneheliche Tochter von Onkel Usenbenz war.

Der Unterricht hier war ganz anders als in Stuttgart. Die Dettinger waren schon viel weiter im Stoff, als ich kam. Ich glaube, in Stuttgart dauerte die Schulzeit damals schon acht Jahre und in Dettingen noch sieben. Die mussten also schneller machen. Da hatte ich es am Anfang schwer mitzukommen. In der vierten Klasse hatten wir den Lehrer Theilacker, das war ein ganz Junger. Ich glaube, wir waren seine erste Schulklasse. Zu dem bin ich sehr gerne in die

Schule gegangen. Das war schon was anderes als in Stuttgart! Der hat mich gemocht. Von ihm habe ich keine einzige Tatze bekommen.

Ab der fünften Klasse hatten wir den Lehrer Degeler, ein gütiger, gerechter, alter Lehrer. Bei dem hat man viel gelernt. Ich glaube, ich hab in Dettingen überhaupt nie mehr eine Tatze bekommen. Obwohl es das auch in Dettingen gab. Das war halt damals so. Die Mädchen bekamen Tatzen, für die Buben gab's Hosenspanner, die müssen noch viel schmerzhafter gewesen sein. Der Hauptunterschied war, dass die Mädchen hinterher leise weinten – laut heulen hieß gleich noch zwei Tatzen extra –, aber die Buben gingen mit zusammengekniffenen Lippen an ihren Platz zurück. Und wir bewunderten die tapferen Kerle, die auf dem Weg zur Bank lächelten, als ob es ihnen nichts ausgemacht hätte. Aber wenn der Lehrer das sah, hieß es: ›Was, du grinst auch noch?‹, und sie bekamen gleich noch mal. Die Zahl der Schläge war geregelt, je nach Vergehen, und beim Schlagen wurde laut mitgezählt.

Ich galt gleich als etwas Besonderes, weil ich von Stuttgart kam, schon allein wegen meiner Kleidung und meiner anderen Aussprache. Ich weiß noch, wie sie mich gefragt haben: ›Wo wohnst du denn?‹ Ich habe geantwortet: ›Bei der Ahne.‹ Da haben die gelacht, weil ich dieses schwäbische ›Ah‹ durch die Nase nicht richtig aussprechen konnte, und sie haben das Wort ›Ahne‹ mit mir geübt. Auch mein Name Hildegard war etwas Besonderes. Dort hießen doch alle Anna, Marie oder Katrin. Mit den Namen tat ich mich am Anfang sowieso schwer, weil die alle auf der Straße anders hießen als in der Schule. Das habe ich lange nicht begriffen. Da hatte doch jede Familie einen Hausnamen.

Leider gab es jetzt auch keine weißen Kleider, keine Hüte mit rosa Schleifen, keine Pelzchen und keinen Muff mehr. Einmal ging ich mit meiner Puppe im Arm zu einer Freundin. Das wurde mir sofort strengstens verboten: ›So etwas macht man hier nicht!‹ Aber mit der Zeit lernte ich alles und fühlte mich dann auch dazugehörig, übrigens bis heute.«

* * *

So also sah nun die Situation der Familie Lang bei ihrem Neubeginn in Dettingen im Herbst 1920 aus: Fritz arbeitete in der Fabrik und plagte sich am Feierabend, an den Wochenenden und an seinen Urlaubstagen in der Landwirtschaft. Marie hatte den Haushalt, vier Kinder und die Ahne zu versorgen und schaffte jede freie Minute draußen mit. Martha war sechs und würde an Ostern in die Schule kommen. Hilde war elf und ging in die fünfte Klasse, Erwin mit zwölf in die siebte. Albert war jetzt 14. Er wollte so gerne Lehrer werden, besuchte auch kurz ein Lehrerseminar und lernte schon Geige spielen. Doch die Eltern konnten diese Ausbildung beim besten Willen nicht bezahlen. Wo hätten sie das Geld hernehmen sollen? Aber er war halt besonders begabt, zu begabt für einen Bauernknecht. So durfte er dann immerhin bei der Plüschtierfirma Steiff im nahen

Giengen eine kaufmännische Lehre machen. Onkel Michel hatte das eingefädelt. Anna, die Älteste, war in Stuttgart geblieben, wo sie in Stellung war.

Ein Jahr darauf, im September 1921, bekam Marie ihr zweites Kind, für den Fritz war es das erste. Es war ein gesundes Mädchen, das sie Lina Rosine tauften. Jetzt hatte Hilde drei Schwestern – oder waren es etwa zwei? Oder gar nur eine? Wenn man es genau nimmt, war Anna ihre einzige »richtige« Schwester, weil sie beide die gleichen Eltern hatten, Martha war eine Halbschwester, denn sie hatte zwar den selben Vater, aber ihre Mutter war ja Hildes Tante Marie. Die kleine Lina war nun eigentlich ihre Doppel-Cousine, weil Linas Vater der Bruder von Hildes Vater und Linas Mutter zugleich die Schwester von Hildes Mutter war. Oh, war das immer schwierig zu erklären, wenn es jemand ganz genau wissen wollte! Es gelang auch nur selten bei diesen verzwickten Verwandtschaftsverhältnissen.

Im Jahr 1921 muss es auch gewesen sein, meint Hilde, als von Heidenheim nach Gerstetten eine Kraftpostlinie eingerichtet wurde. Für den Tag, als zum letzten Mal die vierspännige Postkutsche nach Dettingen kam, hatten sich die Herren von der Oberpostdirektion in Stuttgart etwas Besonderes einfallen lassen, was diesem historischen Ereignis angemessen sein sollte: Eine leibhaftige Opernsängerin in einem prächtigen historischen Kostüm fuhr mit einigen Honoratioren in der Kutsche mit und bot an jeder Posthaltestelle eine Gesangsnummer dar.

So stand sie dann auch in Dettingen nach der Ansprache des Schultheißen oben auf dem Kutschbock, hielt sich mit einer Hand fest, weil die Pferde etwas unruhig waren, und begann mit schöner, klarer Stimme und ausdrucksvollem Vibrato die erste Strophe von »Hoch auf dem gelben Wagen« zu singen. Ihr Publikum verfiel auch nach und nach in ehrfurchtsvolles Schweigen, das auch die zweite Strophe über anhielt.

Als die Diva die dritte Strophe »Flöten hör ich und Geigen, lustiges Bassgebrumm ...« anstimmte, wurde es aber einem, der die hohe Kunst gepflegten Belcantos offenbar weniger zu würdigen wusste, dann doch zu bunt: »Wann hältsch jetzt du da drobe dei schreiige Gosch, dei schreiige?«, brüllte er roh zum Kutschbock hinauf. Die Umstehenden zischelten, sein Nebenmann versetzte ihm einen Ellbogenstoß, manch einer konnte sich das Lachen schier gar nicht verkneifen.

Vom nächsten Tag an wurde Dettingen täglich von einem dieser modernen, knatternden, gummibereiften Omnibusse angefahren. Die Bevölkerung gewöhnte sich bald an das fanfarengleiche Hupsignal, das der Fahrer am Ortseingang ertönen ließ. So war nun auch auf der Heidenheimer Alb die Postkutschenzeit zu Ende.

Im gleichen Jahr, mit zwölf, wie es üblich war, schickte man Hilde nachmittags als Kindermädchen zum Boschbauern. Das hat sie anderthalb Jahre gemacht und sie sagt, sie habe es gerne getan, die seien gut zu ihr gewesen und sie habe viel gelernt. »Stellt euch vor«, lacht Hilde heute, »das kleine Bauernbüble, das ich damals gehütet habe, ist heute schon längst ein pensionierter Lehrer!«

Im Herbst 1922 wechselte sie und ging für eineinhalb Jahre zum Seiler Pflug. Dort half sie sowohl im Haushalt und in der kleinen Landwirtschaft als auch in der Werkstatt beim Drehen der Hanfseile. »Mädchen für alles«, sagt sie. Nach ihrer Konfirmation wohnte sie auch dort. Sie hatte sich eingelebt in Dettingen. Hier war sie jetzt zu Hause. Ihr Verstand sagte ihr: »So ist es gut, jetzt kannst du zufrieden sein.« Wenn es da nur in ihrem Herzen nicht so laut rumort hätte: »Aber dieses hast du verloren und jenes fehlt dir noch zu deinem Glück!«

* * *

Am 8. April 1923 wurde ich konfirmiert.« Hilde hält ihr Konfirmationsfoto in der Hand. »Kurz vor meiner Konfirmation ist bei uns ein weiteres Kind geboren. Hätte Fritzle heißen sollen, ist aber tot geboren. Ich glaube nicht, dass es noch getauft wurde. Ich seh ihn noch im Bettle liegen: Er hatte richtige Polster auf den Händchen und solche Backen!« Hilde bläst die Backen auf. »Stellt euch vor, der war sechs Wochen über die Zeit und die Hebamme hat das nicht gemerkt! Die hatte man schon sechs Wochen vorher geholt. Aber als die Wehen wieder vergingen, ist die nach Hause gegangen. Bei der Geburt hat man dann den Arzt holen müssen, den Gynäkologen Walz aus Heidenheim. Der hat die Hebamme angeschrien, weil sie diesen Fehler gemacht hat. Aber es war schon zu spät. Tante Marie hat mir später erzählt, sie sei vor lauter Schmerzen die Wand hochgegangen. Dr. Walz riet ihr: ›Sie sollten eigentlich kein Kind mehr bekommen. Das geht beim nächsten wieder so.‹«

* * *

Während des Jahres 1923 begann die Inflation im Deutschland der Weimarer Republik zu »galoppieren«, wie man sagte. Der verlorene Krieg und die aus dem Versailler Vertrag resultierenden Reparationsleistungen an die Siegermächte hatten das Wirtschaftsleben im Deutschen Reich zerrüttet. Seit 1921 drehte sich die Geldentwertungs-Spirale immer schneller. 1923 konnte die jährliche Reparationsrate an die Alliierten vom bankrotten Staat nicht mehr aufgebracht werden, worauf Frankreich das industriell bedeutende Ruhrgebiet als Faustpfand militärisch besetzte.

Zu Hildes Konfirmation gab es vom Schultheißen Hermann – der Bürgermeister wurde damals noch Schultheiß genannt – als Konfirmationsgeschenk für jeden einen Briefumschlag mit tausend Mark. Da bekam aber ein Gemeindearbeiter schon 500 Mark auf die Stunde. Die Freude wich bei den Konfirmanden daher auch schon bald der Enttäuschung, denn wer sich nicht sofort mit dem Geld einen kleinen Wunsch erfüllte, hatte schon wenig später nichts mehr davon.

Die Geldentwertung nahm schließlich wahnwitzige Formen an. Marie musste sofort einkaufen gehen, wenn Fritz freitags seinen Lohn ausbezahlt bekam, weil das Geld bis zum nächsten Tag vielleicht nur noch die Hälfte wert war. Erwin erzählte zu Hause zum Entsetzen der Mutter Marie, er habe auf dem Heimweg einen Tausendmarkschein liegen sehen, sich aber nicht einmal danach gebückt. Eine Schachtel Zündhölzer kostete da schon 20 000 Mark. Im Herbst ging Hilde mit dem Lohn, den sie für einen ganzen, harten Tag an der Dreschmaschine bekommen hatte, zum Kaufmann Buchbinder und musste erfahren, dass es für die Schufterei gerade noch ein Paar Schnürsenkel gab.

Im November 1923, auf dem Höhepunkt der Inflation, musste ein Brief mit 80 Milliarden Mark Porto freigemacht werden. Zu diesem Zeitpunkt waren bereits sämtliche Geldvermögen der Deutschen vernichtet. Das traf die kleinen Leute besonders hart, da sie in der Regel keine Sachvermögen oder Immobilien besaßen, sondern die ganzen Jahre ihr Erspartes auf die Bank getragen hatten. Wer allerdings Schulden hatte und die vorzeitig tilgen durfte, der war jetzt fein heraus.

Unwillkürlich muss man hier wieder an den Onkel Michel in Stuttgart denken, der sich doch vor wenigen Jahren mit dem Aufbau seiner Kistenfabrik hoch verschuldet hatte. War er wieder einmal schlauer gewesen als die anderen? Aber man darf ihm nicht Unrecht tun, das hatte schließlich niemand voraussehen können. Der Michel hat halt einfach wieder Glück gehabt, das Glück des Tüchtigen.

Jetzt waren die stolzen 40 000 Mark des Ehle in kürzester Zeit wertlos geworden, die vermeintlich sichere Rücklage war dahin. »Der Herr hat's gegeben, der Herr hat's genommen ...«, tröstete die Ahne. 6000 Mark immerhin hatte sie den Jungen vor drei Jahren gegeben, damit sie das Häusle aufstocken konnten, das für eine so große Familie zu eng geworden war. Nun reute es Fritz und Marie, dass sie sich gescheut hatten, die Ahne um Geld für ein paar Stück Vieh oder Äckerle zu bitten. Aber wer hatte so etwas nie Dagewesenes ahnen können! »Komm, Fritz«, meinte Marie schließlich, »wir sind noch jung, wir sind gesund und jeder hat zwei Händ' zum Schaffen!«

Nicht nur bei Sammlern von Briefmarken oder Banknoten haben diese Jahre noch eine besondere Bedeutung. Im Bewusstsein alter Leute ist die Katastrophe dieser Inflation bis heute leidvoll lebendig geblieben. Hilde hat noch immer nicht die Angst verloren, nach 75 Jahren nicht, »dass wieder einmal das Geld verreckt«, wie sie sagt.

# Der Herr führt seine Heiligen

Das Jahr 1923 war für Hildes Familie ein bedeutsames Jahr. Es war besonders ereignisreich, um nicht zu sagen turbulent. Neben den politischen Wirren im Nachkriegsdeutschland, der verheerenden Inflation und der wirtschaftlichen Not war es das Jahr, in dem Marie am 20. März ihre so schmerzhafte Totgeburt hatte, in dem Hilde eine Woche danach aus der Schule entlassen wurde, in dem sie am Sonntag nach Ostern konfirmiert wurde und dann zum Seiler zog. Diesen 8. April 1923, ihre Konfirmation, bezeichnet sie in ihren Berichten heute noch als das Ende ihrer Kindheit.

Aber es hatte noch ein weiteres Ereignis stattgefunden, eines das die Familie künftig stark prägen sollte: Anfang März 1923 fand in der Kirche eine groß angekündigte Evangelisation statt. Der Dettinger Pfarrer Mayser, der hier schon seit über 20 Jahren seinen Dienst versah, war gar nicht begeistert von dieser Veranstaltung, die da von außen in seine Gemeinde hereingetragen wurde. Für ihn war das eher ein großes Theater, dem er sich jedoch schwerlich entziehen konnte. Abend für Abend versammelte sich in diesen zehn Tagen eine wachsende Schar von Zuhörern in der Kirche, um dem jungen Bruder Müller, der heuer zum ersten Mal aus Gschwend heraufgekommen war, bei seinen

Bibellesungen und Predigten, die er mit der Rhetorik eines religiösen Eiferers vortrug, zuzuhören. An den beiden Sonntagen übernahm er auch den Gottesdienst.

Pfarrer durfte sich der Herr Müller nicht nennen, dazu hatte er weder die Ausbildung noch die Anerkennung durch die württembergischen Kirchenoberen. Er gehörte der Altpietistischen Gemeinschaft an und nannte sich Gemeinschaftspfleger. Die Altpietisten sind eine strenggläubige Gruppierung innerhalb der evangelischen Kirche, die sich der Erweckungsbewegung des 19. Jahrhunderts verbunden fühlt. Vor allem in Württemberg verstehen sich pietistische Gruppierungen meist als »harter Kern« einer Kirchengemeinde und können so je nach Mitgliederstärke dem Pfarrer das Leben schwer machen. Nicht nur in Dettingen hat im 20. Jahrhundert so mancher Pfarrer vor diesen Eiferern die Segel gestrichen und um seine Versetzung nachgesucht. Pietisten sind im Protestantismus das, was wir heute bei anderen Religionen »Fundamentalisten« nennen. Sie verlangen, dass man die Bibel wörtlich nimmt, und widersetzen sich allen liberalen und aufklärerischen Bestrebungen der Amtskirche, die biblische Botschaft eher sinngemäß auszulegen und der sich wandelnden Welt anzupassen. Wissenschaftliche Erkenntnisse wie beispielsweise die von der Evolution wischen sie einfach mit ihren Bibelzitaten vom Tisch, und so hat für sie Gott die Welt eben tatsächlich in sechs Tagen erschaffen.

Als die Evangelisation in die nächste Gemeinde weiterzog, protokollierte Pfarrer Mayser: »Diese mit ziemlich viel

Geräusch ins Werk gesetzte Sache bewirkte eine starke Mehrung der Gemeinschaft, war aber alles andere, nur nicht nüchtern.« Zahlreiche Gemeindmitglieder fühlten sich durch Bruder Müller »erweckt« und gaben sich fortan als zum »rechten Glauben« bekehrt. Sie besuchten von nun an sonntagabends nach der Arbeit im Stall die Bibelstunden beim Boschbauern. Wenn sich auch bei dem einen oder anderen die Flamme der Erweckung nur als ein Strohfeuer entpuppte, so war doch die Mitgliederzahl der Altpietistischen Gemeinschaft in Dettingen so stark angestiegen, dass die Wohnstube des Boschbauern für »die Stund«, wie die Bibelstunde kurz genannt wird, viel zu eng wurde. Die »Stundenleute« suchten nach einer Lösung, spendeten fleißig, ein jeder nach seinen Möglichkeiten, halfen zusammen und bauten bald schon ein eigenes Gemeinschaftshaus, in dem seit 1926 bis auf den heutigen Tag »die Stund« abgehalten wird. Übrigens hat jener Bruder Müller noch jahrzehntelang seine Evangelisationen in Dettingen abgehalten, die letzte Anfang der sechziger Jahre.

Onkel Usenbenz und seine Schwester Marie zählten ebenfalls zu den Bekehrten, die man im Dorf spöttisch »die Heiligen« nannte. Manchmal fiel es aber auch wirklich schwer, sie für voll zu nehmen, etwa wenn sie beim Tod der Boschbäuerin allen Ernstes behaupteten, man habe in jener Nacht einen leuchtend hellen Schein vom Haus der Verstorbenen zum Himmel aufsteigen sehen. Marie und ihr Bruder mögen vom Ehle und der Ahne, die schon immer dazugehört hatten, vorbelastet gewesen sein.

Tja, und der Fritz, der machte halt notgedrungen mit. Was blieb ihm anderes übrig? Das bedeutete für ihn freilich auch, dass er nun erst recht keinen Anschluss im Dorf finden konnte, wenigstens nicht außerhalb der Gemeinschaft der Stundenleute, auf die sich seine Kontakte zu beschränken hatten.

So gern er – wie alle Langs – auch sang, er durfte als Stundenmann auf gar keinen Fall in den örtlichen Gesangverein gehen, denn das war ein viel zu »weltlicher« Verein. Gesungen wurde nur noch zu Gottes Lob. Die Zither seines Bruders, die sie aus der Tunzhofer Straße mitgebracht hatten, wurde nur noch selten benutzt. Stattdessen setzte sich Fritz jeden Sonntag, wenn er von der Kirche kam, ans Harmonium und spielte die Lieder des Gottesdienstes nach.

Zu Vereinsfeiern ging man grundsätzlich nicht, schon gar nicht, wenn dort auch noch getanzt wurde. Nein, das wäre Sünde gewesen! Auch den Kindern waren solche Veranstaltungen verboten. An Fastnacht, am 1. Mai, den Sonnwendfeiern, der Kirchweih und ähnlichen Anlässen weltlichen Vergnügens wurden sie zu Hause behalten. Dafür hatten nach der Konfirmation die Töchter in den »Jungfrauenverein« und die Söhne in den »Jünglingsverein« zu gehen, die – getrennten – Jugendorganisationen der Altpietisten. Bis zur Heirat konnte man dorthin gehen. Auch Hilde und Erwin gehörten jahrelang dazu.

Die streng an der Bibel ausgerichtete Denkungsart der Altpietisten rückt diese für einen Außenstehenden leicht in die Nähe von lebensverneinenden Misanthropen, obwohl ihre Motivation ihrem eigenen Verständnis nach eine völlig andere ist: Sie wollen ein »gottgefälliges« Leben führen. Bei der Ahne und dem Ehle hatte man es schon gesehen, und jetzt zeigte auch Marie und in ihrem Schlepptau der Fritz diese Neigung, hinter jedem Vergnügen und jedem Ausdruck von Lebensfreude Sünde und Gottlosigkeit zu wittern. Es herrschte eine Prüderie, eine Körperfeindlichkeit, die jede intime Regung zum Tabu werden ließ. Hilde wundert sich heute: »Ich möcht bloß wissen, wo die alle ihre vielen Kinder her hatten!« Gefühlsregungen, Übermut, Temperamentsausbrüche waren höchst verdächtig und wurden sofort gerügt, in der Regel mit einem Bibelzitat garniert.

Als die erste Ziege, mit der die Langs in Dettingen angefangen hatten, immer weniger Milch gab und verkauft werden musste, gab es Tränen, als der Käufer sie am Strick vom Hof zog. Prompt kam von der Ahne der Tadel: »In der Bibel steht: Einem haarigen Fuß sollst du nicht nachweinen!« Zog ein Gewitter herauf, erklärte Marie den Kindern, dass der liebe Gott jetzt zornig sei. Dann musste die Familie sofort mit Essen aufhören, denn: »In der Bibel steht: Den Esser wird Gott strafen!« Besonders die aufgeweckte Hilde und ihre Schwester Martha, die sogar noch lauter und herzhafter lachen konnte, bekamen bei ihren Albernheiten immer wieder einen gehörigen Dämpfer: »Oh, Mädle, passt bloß auf: Jedes Lachen wird euch einmal als Tränen zurückkommen!« Das schlechte Gewissen sitzt den Pietisten als ständiger Be-

gleiter im Nacken. Den Kindern wird es von klein auf ein-
geimpft. Noch heute kann Hilde nicht unbeschwert genießen. Hinter ihr fallen noch immer die dunklen Schatten
der Schuldgefühle an die Wand.

Täglich sprachen die Langs miteinander ein mehrere
Seiten langes Abendgebet, auswendig, in dem es hieß:

> Herr, du wirst so manches finden,
> So dir nicht gefallen hat.
> Freilich bin ich voller Sünden
> In Gedanken, Wort und Tat.
> Und von morgens bis jetzund
> Pflegen Herze, Hand und Mund
> So geschwinde oft zu fehlen,
> Dass ich's selber nicht kann zählen ...

Sie fürchteten selbst im Schlaf noch die Sünde:

> Heil'ge mir auch das Gemüte,
> Dass der Schlaf nicht sündlich sei.
> Decke mich mit deiner Güte,
> Herr, dein Engel steh mir bei ...

Soll nicht Religion dem Menschen in dieser Welt Sinn und
Orientierung gewähren, ihn stärken und ihm notfalls eine
Stütze sein, auf die er sich im Leben verlassen kann? Der
Fundamentalismus pervertiert diese Aufgabe von Religion
ins Gegenteil: Perfide schlägt er seine Gläubigen erst mit

der einen Hand zu Krüppeln, um ihnen hernach mit der anderen seine Lehre als Krücke anzubieten. Das Selbstvertrauen wird erst gebrochen, um dann Gottvertrauen einzuüben. Das Gute im Menschen, so wird gelehrt, erwächst nur aus der Gnade Gottes, denn aus sich heraus ist der Mensch durch und durch schlecht und sündig. Irdische Lebensfreude ist nur erlaubt, wenn sie zur Vorfreude auf das jenseitige Leben sublimiert wird.

Diese Denkungsart mag es in allen Bevölkerungsschichten geben, aber gerade bei den Ärmsten und Geschundenen fallen solche Methoden auf besonders fruchtbaren Boden. Wer bei allem Fleiß und Anstand und trotz aller Rechtschaffenheit vom Leben nichts zu erwarten hat als Mühsal, Unfreiheit und materielle Not, der richtet seine Hoffnung leicht auf eine jenseitige Gerechtigkeit. Anders wäre ein solches Leben kaum zu ertragen. Eine Alternative dazu ist politische Radikalisierung, die nicht bis zum Jüngsten Tag warten, sondern sich hier und jetzt Gerechtigkeit selbst erkämpfen will. Davon gab es in diesen Jahren ebenfalls reichlich, allerdings eher unter der Arbeiterschaft in den Städten.

Angesichts dieser evangelischen Strenggläubigkeit war es für die Familie Lang in Dettingen ein Tiefschlag, dass die älteste Tochter Anna in Stuttgart im Dezember 1924 den Julius Stephani ehelichte, denn der war doch wirklich und wahrhaftig ein Katholischer! Als Anna mit dieser Zumutung vor Marie trat, war die so aufgebracht, dass sie der 24-Jährigen links und rechts ein paar schallende Ohr-

feigen verpasste – eine Usenbenz eben. Klar, dass man diese »Mischehe« allgemein missbilligte und gerne verhindert
hätte, aber sie konnten ihre Mundwinkel noch so verächt-
lich nach unten ziehen, Anna ließ sich von Tante Marie
keine Vorschriften mehr machen, schon gar nicht von ihrem Onkel Fritz, der schließlich nur vier Jahre älter war als
sie selbst und sich gefälligst nicht als ihr Vater aufspielen
sollte! Die Abneigung zwischen den beiden war unver-
hohlen und durchaus gegenseitig. Zu fremd waren sie sich
geworden. Anna war für Dettinger Verhältnisse schon
eine vornehme Städterin mit ihrem gepflegten Äußeren
und einer ständig zur Schau getragenen leichten Nervosi-
tät auf ihren feinen Gesichtszügen. Manche hielten sie für
reizbar und arrogant. Ihre Kleidung zeigte unverkennbar
die modischen Züge der zwanziger Jahre, obwohl sie sich
bei ihren Besuchen in Dettingen besondere Zurückhaltung
auferlegte, damit dort nicht allzu deutlich die Nase ge-
rümpft wurde.

Anna und Jul waren im Herbst mutig zu einem An-
trittsbesuch nach Dettingen gekommen und hatten das Zu-
geständnis gemacht, sie würden sich evangelisch trauen lassen, obwohl das für Jul die Exkommunikation bedeutete.
»Und eure Kinder, wie sollen die dann getauft werden?«,
wollte Tante Marie wissen. Jul zeigte sich vernünftig: »Da
die Erziehung hauptsächlich Sache der Mutter sein wird,
werden wir unsere Kinder nach deren Konfession taufen
lassen und nicht nach der meinen.« Den Segen der Dettinger erhofften Anna und Jul dennoch vergebens. Funda-

mentalisten und Kompromisse – das ging noch nie zusammen. Eine Einladung zur Hochzeit wurde rundweg ausgeschlagen. »Da geht man nicht auch noch hin!«, hieß es.

Anna ließ sich natürlich nicht umstimmen. »Eher fällt ein Stern vom Himmel!«, rief sie trotzig und stampfte mit ihren schwarzen Pumps auf. Hilde jedoch, die war erst 15, die konnte sich beim besten Willen noch nicht über die Weisungen ihrer Eltern hinwegsetzen, so gerne sie auch an der Hochzeit ihrer einzigen »richtigen« Schwester teilgenommen hätte. Jul und Hilde waren sich gleich sympathisch gewesen. Auch hätte sie bei dieser Gelegenheit wieder einmal ihre alte Heimatstadt gesehen. Anna hatte ihr schon erzählt, dass sie bei ihrer Ankunft jetzt am neuen, modernen, großen Stuttgarter Hauptbahnhof aussteigen müsse, der alte in der Bolzstraße beim Schlossplatz sei diesen Sommer geschlossen worden. Und aufpassen müsse man jetzt auf den Straßen, denn alle paar Minuten käme ein Auto vorbei. Sie würde staunen! Aber für Hilde hieß es kategorisch: »Du bleibst da!« Das Einzige, was sie tun konnte, war, heimlich eine Karte zu schicken.

Ach, das war dann eine sehr kleine Hochzeit! Von Langs Seite waren nur Onkel Michel und Tante Lina gekommen, Lina sogar als Annas Trauzeugin. Das war neuerdings möglich. Seit 1919 gab es in Deutschland das Wahlrecht für Frauen und das zog weitere gesellschaftliche Veränderungen nach sich. Tante Lina, die selbstbewusste, moderne Frau griff solche Neuerungen begeistert auf. Jul brachte einen Arbeitskollegen vom »Stuttgarter

Tagblatt« als Trauzeugen mit. Von Seiten des Bräutigams war nämlich überhaupt niemand zugegen, denn auch Julius Stephanis Verwandtschaft im fränkischen Stimpfach nahe Crailsheim boykottierte die Hochzeit, weil er »eine Lutherische« heiratete und weil er sich zu allem Unglück auch noch evangelisch trauen ließ! Es dauerte geraume Zeit, bis die Verwandten beider Seiten ihre Vorbehalte nach und nach aufgaben. Ganz gelang ihnen das freilich nie.

Im Jahr darauf durften Erwin und Hilde ein paar Tage nach Stuttgart, Onkel Michel und Tante Lina besuchen. Die hatten gerne Besuch in ihrem großen, gastfreundlichen Haus. Jedes Mal, wenn Hilde kam, fragte Onkel Michel: »Und? Was hat die Fahrkarte gekostet?« Dann steckte er ihr das Fahrgeld zu, immer großzügig aufgerundet. Albert, der seine kaufmännische Lehre bei Steiff in Giengen mit Bravour abgeschlossen hatte, war auf Vermittlung Onkel Michels in die aufstrebende Allianz Versicherungsgesellschaft nach Stuttgart gewechselt und wohnte in Michels und Linas Haus in der Mönchhalde. Er gehörte dort zur Familie.

Ein richtiger junger Herr war er geworden! Er trug jetzt eine Brille. In seinem Zimmer stand ein ganzes Bord voller Bücher. Sogar ein englisches Wörterbuch entdeckten die Geschwister. »Ja, sag«, rief Hilde, »das alte, abgegriffene Struwwelpeter-Buch hast du immer noch!« – »Freilich, das war doch mein allererstes eigenes Buch«, meinte Albert nachdenklich. »Pass auf, irgendwann les' ich das mal meinen Kindern vor.«

Hilde und Erwin hörten bewundernd zu, wie ihr Albert mit Onkel und Tante über die Vorgänge im unruhigen Deutschland diskutierte. Sie verstanden allerdings nicht ganz, was er meinte, wenn er die These verfocht, »das System« sei schwach, von subversiven Elementen ausgehöhlt und müsse durch eine starke politische Kraft abgelöst werden. Aber sie konnten in solchen Augenblicken wieder die Usenbenzen-Ader an seiner Stirn blau anschwellen sehen. Da waren sie lieber still.

Natürlich haben die drei da auch ihre Schwester Anna und Schwager Jul besucht, mit dem sie sich glänzend verstanden. Und das, so feixten sie auf dem Heimweg, obwohl er doch katholisch war. Er war Schriftsetzer beim »Stuttgarter Tagblatt«. Das war für die Dettinger Geschwister etwas ganz Neues, und sie fragten ihn gehörig über seine Tätigkeit aus. Sie hatten viel zu erzählen, als sie auf die Alb zurückkamen.

Am Freitag, dem 19. Februar 1926 wurde Hildes Bruder Erwin, der Sensible, 18 Jahre alt. Geburtstage wurden nie groß gefeiert, immerhin sang die Familie dem Geburtstagskind aber nach der Morgenandacht ein Lied. Es war auch nicht üblich, Geschenke zu machen. Aber Hilde, die Magd beim Neubauern war, hatte natürlich daran gedacht und wollte ihrem Bruder, wenn sie übers Wochenende heim konnte, doch etwas Besonderes mitbringen und ihm mit einer Apfelsine eine Freude machen. Die hatte sie schon beim Kaufmann Buchbinder von ihrem Taschengeld gekauft.

Erwin war an diesem Tag mit dem Fahrrad unterwegs gewesen. Er hatte sich nach einer neuen Stelle als Knecht umgesehen und sollte sich bei einem Bauern in der Umgebung vorstellen. Schon auf dem Hinweg war er mit seinem Fahrrad in einen Regenschauer geraten und völlig durchnässt worden. Es war erst Februar, und so war er schließlich schlotternd und hustend daheim angekommen. Weil er von schwächlicher Konstitution war und oft kränkelte, schickte ihn Tante Marie nach dem gemeinsamen Abendgebet gleich ins Bett. In der Nacht bekam er hohes Fieber und Schüttelfrost. Man würde am Samstag wohl nach Doktor Bernhardt schicken müssen, der in Herbrechtingen wohnte. Er hatte zwar ein Auto, aber um ihn zu holen, musste erst jemand die Stunde Fußmarsch zu ihm unternehmen. Hilde sollte das machen.

Als Marie am frühen Morgen, bevor sie in den Stall ging, nach Erwin schaute und ihn fragte, ob es ihm besser gehe, gab er keine Antwort. Seine Stirn glühte, er atmete flach, streckte immer wieder die Hand aus und flüsterte etwas. Marie beugte sich über ihn und hörte: »Mamme.« Das wunderte sie, denn Erwin sagte sonst immer »Mutter« zu ihr. Das war das Fieber. Marie legte ihm ein kühlendes Tuch auf die Stirn. Er war nicht wachzubekommen.

Um sieben in der Früh hörte Erwin zum Entsetzen von Marie und Fritz auf zu atmen. Der rasch hinzugerufene Dettinger Heilpraktiker Dr. Kenntner konnte nicht mehr helfen. Er besah sich den blau angelaufenen Rücken des Toten und schloss auf eine Lungenembolie. Als wenig später die alarmierte Hilde eintraf, stand sie fassungslos an Erwins Totenbett. Marie kniete sich mit ihr hin und betete laut einen Vers des pietistischen Theologen und Dichters Philipp Spitta:

Nimm hin, was dein ist, Gott, nimm's hin!
Ich will mich drum nicht grämen;
Was von dir kommt, ist mir Gewinn,
Dein Geben und dein Nehmen.
Ich lege auf dem Brandaltar
Das Liebste dir zum Opfer dar,
Ein Stück von meinem Herzen.
Es kam von dir und blieb auch dein
Und soll nun dein auf ewig sein;
Hilf du es mir verschmerzen.
Amen.

»Amen«, sagte auch Hilde und stand auf. Mit einer hilflosen Geste drückte sie vorsichtig eine Kuhle in Erwins Deckbett und legte behutsam die Apfelsine hinein, die sie ihm zum Geburtstag hatte schenken wollen. Sie schlug die Hände vors Gesicht und rannte hinaus.

Am nächsten Tag standen Anna und Albert weinend am Bett ihres toten Bruders. Anna schaute ihn lange an und sagte dann laut: »Jetzt hat Mamme unseren Erwin doch zu sich geholt – nach 13 Jahren!« Marie stand daneben und starrte Anna entsetzt an: »Anna, wie kannst du so etwas sagen!« Sie schaute auf ihre bloßen Arme hinunter:

Sie hatte eine Gänsehaut, dabei war es warm in der Schlafkammer.

Pfarrer Mayser sprach an Erwins Grab über den 4. Psalm, Vers 4: »Erkennet doch, dass der Herr seine Heiligen wunderbar führet; der Herr höret, wenn ich ihn anrufe.« Ob es ihm damit wohl gelang, bei den Angehörigen des jungen Mannes den Schleier aus Tränen und Trauer zu durchdringen? Natürlich war bei den Trauergästen dieses ominöse Versprechen der Babett ein Thema. Bis auf den heutigen Tag wird in der Verwandtschaft hinter vorgehaltener Hand diese Geschichte vom Zu-sich-Holen erzählt.

Im Mai konnte die Nachricht aus Stuttgart, Anna und Jul hätten einen gesunden Sohn Peter bekommen, die Trauer im Hause Lang ein wenig mildern. Als aber im Juli Marie ihr viertes Kind zur Welt bringen sollte, drängte die Sorge um die Gesundheit der Mutter alles andere in den Hintergrund. Nach der schlimmen Totgeburt vor drei Jahren hatte sie der Arzt schon vor den Risiken einer erneuten Schwangerschaft gewarnt. Jetzt riet er den Eltern eindringlich zu einer Entbindung durch Kaiserschnitt – für einfache Leute damals noch eine ganz außergewöhnliche Maßnahme.

Am 11. Juli 1926 schien es so weit zu sein, denn bei Marie setzten die Wehen ein. Es war ein Sonntagvormittag. Ihr Mann hatte gerade in die Kirche gehen wollen. Nun ging er stattdessen zum Nachbarn Stänglesbauer hinüber und bat ihn um die Kutsche und zwei Pferde. Damit brachte der brave Fritz seine wimmernde Frau gerade noch rechtzeitig

ins eine gute Stunde entfernte Heidenheimer Krankenhaus. Dort hoben Dr. Walz und seine Helferinnen einen
gesunden Jungen ans Licht, aber bei der Mutter kam es zu
lebensbedrohenden Komplikationen. Deshalb konnte sie
nicht mit ihrem Söhnchen nach Hause. In der Krausengasse bangten und beteten sie Tag für Tag um das Leben der
Mutter. Das Kind wurde derweil gemeinsam von der Ahne
und Anna versorgt, die man Hilfe suchend nach Dettingen
gerufen hatte. Jul in Stuttgart musste so lange allein zurechtkommen. Welch ein Glücksfall, dass Anna neben ihrem zwei Monate alten Peter auch noch das Neugeborene
stillen konnte! Keiner kam offensichtlich zu kurz, denn
beide gediehen prächtig.

Erst am 28. August, nach sieben Wochen qualvoller
Ungewissheit, konnte Marie wieder heimkehren. Der Junge wurde Friedrich – nach dem Vater – und Erwin – im
Angedenken an den kürzlich verstorbenen Bruder – genannt. Friedrich Erwin war wohl der erste Spross der Sip-
pen Lang und Usenbenz, der in einer Klinik zur Welt kam.
Marie erholte sich langsam und wurde schließlich wieder
ganz gesund, doch für sie stand fest: Sie würde diese Strapazen nicht noch einmal auf sich nehmen können.

Das sollte aber noch nicht alles gewesen sein in diesem
denkwürdigen Jahr 1926: In der Vorweihnachtszeit ging es
mit dem Gesundheitszustand der Ahne Besorgnis erre-
gend bergab. Sie hatte schon seit längerer Zeit Schwindel-
anfälle und konnte kaum noch außer Haus. Der Arzt kon-
statierte Arterienverkalkung des Herzens. Der Blutdruck

schlug Kapriolen. Geistig war die alte Frau aber noch ganz auf der Höhe. Sie wusste zuletzt genau, wie es um sie stand. Am Abend des 8. Dezember verschlechterte sich ihr Zustand bedenklich. Marie und Johannes, der Onkel Usenbenz, kamen an das Sterbelager ihrer Mutter und umsorgten sie. Ihr fester Glaube half ihr in ihrer letzten Nacht über alle Ängste und Nöte des Sterbens hinweg. Die Ahne betete auswendig einen Liedvers nach dem anderen herunter. Die 17-jährige Hilde, die Lieblingsenkelin, wachte die ganze Nacht bei ihr. »Ahne«, bat sie gegen Morgen, »wenn du unseren Erwin siehst, gell, grüß ihn von mir!« Mit fester Stimme betete die Siebzigjährige noch alle Strophen des Liedes: »Ich will streben nach dem Leben, wo ich selig bin ...«. Dann sanken ihre gefalteten Hände auf die Bettdecke und sie schlief ermattet ein.

Die Ahne wurde auf dem Friedhof neben ihren Mann, den Ehle, gebettet. Der zeigte sich ein letztes Mal widerspenstig und nur schwer zugänglich: Der Boden über ihm war steinhart gefroren, »bockelhart« sagt man im Schwäbischen. Bockelhart, so war auch der Ehle zeitlebens gewesen. Die Geschwister Albert und Anna reisten zum zweiten Mal in diesem Jahr von Stuttgart zu einer Beerdigung nach Dettingen hinauf. Anna hatte Ehemann Jul mitgebracht und auch ihr Söhnchen Peter. Das Leben ging weiter.

# Mit diesem Lausbuben da

Hilde, die wilde« hatte man das laute Kind aus der Tunzhofer Straße einst genannt. Als dieses temperamentvolle, lebenslustige Großstadtmädchen mit seiner auffälligen Sprechweise und den unmöglichen Kleidern und Gewohnheiten in Dettingen hereinschneite, nannte man sie auch hier bald so. Inzwischen war sie 18, längst angepasst und heimisch im Dorf, eine tüchtige Schafferin in Haus und Hof, nicht mehr ganz so laut, aber immer noch temperamentvoll und strotzend vor Lebensfreude. Jetzt sahen ihr immer häufiger die Burschen des Dorfes nach und dachten bei sich: »Hilde, i will de!«

Einer davon war der Häberles Ernst. Hilde war zwischen zwei Anstellungen für ein halbes Jahr im Haushalt ihres Onkel Usenbenz »im Flügel« beschäftigt. Schräg gegenüber befand sich damals noch die Ziegelei Bihr. Dort hatte Ernst Häberle nach der Schule eine Ausbildung als Ziegler absolviert. Natürlich kannten die beiden sich schon flüchtig aus der Schule, wenn er auch zwei Jahre älter war als sie und deshalb nicht in die gleiche Klasse gegangen war. Jetzt war er im Jünglingsverein, sie im Jungfrauenverein, auch da kam man schon ab und zu einmal zusammen. Seit Hilde »im Flügel« arbeitete und wohnte, liefen sich die beiden nun öfter über den Weg, nicht immer rein zufällig. Wenn Ernst Feierabend hatte und sich mit seinem Fahrrad auf den Heimweg machte, kam er beim Usenbenz vorbei. Da ergab sich hin und wieder die Gelegenheit zu einem kleinen Schwatz mit der hübschen Hilde. Bald traute er sich sogar, sein Fahrrad an den Gartenzaun zu lehnen und zu der Hilde ans ebenerdige Fenster zu kommen. »Aber nicht weiter!«, versichert die Neunzigjährige heute noch mit strenger Miene und mit einem Zeigefinger wie ein Ausrufezeichen. Ihr Vetter Hans spielte immer gerne den Komplizen. Er meldete Hilde rechtzeitig, wenn der Ernst im Anmarsch war, und stand Schmiere, bis er wieder auf seinem Fahrrad saß, denn der sittenstrenge Onkel Usenbenz hätte ein Techtelmechtel natürlich niemals geduldet. Schließlich wusste er ja am besten, wohin das führen kann.

Ernst stammte wie Hilde aus kleinen Verhältnissen. Die Häberles waren »rechte Leut«, wie man so sagt, waren wie die Usenbenzen seit Jahrhunderten auf der Gerstetter Alb zwischen Ulm und Heidenheim ansässig. In beiden Linien, so weit man sie zurückverfolgen kann, finden sich bis ins 16. Jahrhundert stets kleine Bauern und Handwerker. Selten liest man einmal »Schultheiß« oder »Branntweinbrenner«, was ja wohl auch nur Nebenberufe waren. Neben den Baumwarten bei den Usenbenzen finden sich in beiden Ahnentafeln immer wieder Weber. Auf der Schwäbischen Alb wurde noch bis ins 20. Jahrhundert hinein viel Flachs und Schafwolle erzeugt. Beide Rohstoffe wurden in die größeren Manufakturen in die Täler am Albrand geliefert, wo Wasserkraft zur Weiterverarbeitung in größerem Stil vorhanden war. Noch heute gibt es dort Textilindustrie.

Einen Teil der Wolle und des Flachses verarbeiteten die Bewohner der Albdörfer aber traditionell selbst. Vor allem in den Wintermonaten surrten die Spinnräder und klapperten die Webstühle in den niederen Wohnstuben, man schaffte sowohl für den Eigenbedarf als auch in Lohnarbeit für die großen Firmen. Mit der Aufstellung der riesigen, mit Motorkraft betriebenen mechanischen Webstühle und Spinnmaschinen gegen Ende des 19. Jahrhunderts verloren die Heimarbeiter aber diese Verdienstquelle.

Häufig findet sich in den alten Urkunden auch die Berufsbezeichnung »Söldner« oder »Seldner«. Nein, das sind keine Soldaten, sondern Leute, die bei größeren Bauern im Sold standen, die auf deren Höfen vor allem im Sommerhalbjahr Tagelöhnerarbeit verrichteten und daheim eine »Söld« betrieben, eine kleine Landwirtschaft mit Ziegen oder ein bis zwei Kühen, größtenteils auf gepachteten Flächen. Nicht selten übten sie außerdem einen handwerklichen Beruf aus. Von dem Verdienst als Tagelöhner allein konnten sie nicht leben, obwohl auch die Frau und die Kinder kräftig mit anpacken mussten. Der größte Teil der Entlohnung erfolgte in Naturalien: eine Kanne Milch, ein Hafen Schmalz, ein Korb Kartoffeln oder ein Säckchen Mehl. Höher angesiedelt in der dörflichen Hierarchie waren die Ochsenbauern. Die konnten schon fast von ihrer Landwirtschaft leben und führten bereits die Berufsbezeichnung »Bauer« oder später sogar »Ökonom«. Außerdem gab es noch die Gäulbauern mit einem Stall voll Vieh, die meist recht wohlhabend waren. Diese wirtschafteten mit Pferden und großen Fuhrwerken, reisten im Landauer oder in der Chaise und winters im Pferdeschlitten. Bei denen fanden die Söldner während der Saison Arbeit.

Diese »Klassenunterschiede« wurden ernst genommen, zumal beim Heiraten. Hatte etwa die Himmelsmacht Liebe die Absichten eines Bauernsohnes in Richtung einer Söldnertochter gelenkt, wurde das von der Familie des Bauern durchaus als Irrweg angesehen. Mit allen Mitteln versuchte man, diese Mesalliance zu verhindern. Ernst Häberles Schwägerin beschrieb ihren Weg einmal so: »Wir sind immer abgestiegen. Meine Großmutter war Bäuerin, meine Mutter ist von einem Bauernhof auf einen Ochsenbauern gegangen und ich bin von einem Ochsenbauern auf eine Söld gegangen.« Damit meinte sie das Elternhaus von Ernst Häberle.

Jahrhundertelang hatten sich die Familien Häberle und Usenbenz, genauso wie die Familie Lang in Hohenlohe, in solch einem engen räumlichen und sozialen Rahmen bewegt. Selten war es einem gelungen auszubrechen. Im 20. Jahrhundert aber lösten sich diese Strukturen allmählich auf. Beispiele sind Onkel Michel, der in Stuttgart eine florierende Kistenfabrikation betrieb, Hildes Bruder Albert, der gerade als Versicherungskaufmann nach Hamburg versetzt wurde, Ernst Häberle, der Ziegelmeister werden wollte und deshalb ins Sächsische zog, und auch sein Bruder Wilhelm, der in Basel studierte, um als Missionar nach Afrika zu gehen. Die Postkutschenzeit war auch im übertragenen Sinn endgültig vorbei.

Ernst Häberles Vater Albrecht hatte auch eine Söld und war nebenher Schuhmacher, so wie sein Vater Söldner und Weber gewesen war. Dieser Georg Häberle stammte aus dem benachbarten Heuchlingen und hatte 1859 eine geborene Haug in Dettingen geheiratet, weshalb dieser Häberle-Zweig zur Unterscheidung von den übrigen in Dettingen ansässigen Häberle-Familien nun »Haugehäberle« genannt wurde.

Albrecht, der Schuhmacher, ehelichte 1893 die Margaretha, die auch Häberle hieß. Da sie aus Dettingen stammte, Albrechts Väter aber aus Heuchlingen, ging man davon aus, dass trotz Namensgleichheit keine verwandtschaftlichen Verbindungen bestünden, ist Häberle doch im Schwäbischen ein häufiger Name. An den Ahnentafeln kann man freilich ablesen, dass es fünf Generationen zurück doch einen gemeinsamen Urahnen gab, den Dettinger Schultheißen Johann Martin Häberlen. Aber der hatte von 1702 bis 1772 gelebt, und selbst wenn man es gewusst hätte, das zählte nicht mehr.

Mit seiner Frau Margaretha hat Albrecht Häberle elf Kinder großgezogen und alle sind sie rechtschaffene Männer und Frauen geworden. Das zwölfte und letzte Kind ist bald nach der Geburt gestorben. Da ging es in dem kleinen Söldnerhäuschen am Ende des Dorfes sicherlich ähnlich eng zu wie damals bei den Langs in den zwei Zimmern in der Tunzhofer Straße. Mitten in der Wohnstube stand auch noch »die Schuhbruck«, der Arbeitsplatz des Schuhmachers. Der älteste Sohn Fritz ist als knapp 22-jähriger Soldat 1916 in Frankreich gefallen. Die übrigen Häberlesbuben erschreckten neue Bekannte immer wieder einmal mit der Aussage: »Wir sind fünf Brüder und jeder von uns hat fünf Schwestern.« Sie trieben gern ihre Späße. Darin waren sie sich ähnlich.

Auch äußerlich konnte man die Häberle-Brüder von weitem erkennen: Sie waren alle zeitlebens von hagerer Gestalt, trugen eine natürliche Haartolle über der Stirn und stellten beim Gehen geschäftig die Ellbogen nach außen, was ihnen etwas Zupackendes verlieh. Den Haugehäberles sagte man Schlagfertigkeit und einen besonders trockenen Humor nach, zuweilen aber auch eine harte, wortkarge, eigenbrötlerische Art, die bis ins Verschrobene gehen konnte. Wohl wegen Letzterem hörte Ernst es gar nicht gern, wenn jemand zu ihm sagte: »Bist schon ein rechter Haugehäberle!« Für ihn war das schon an der Grenze zum Schimpfwort. Doch erzählte Ernst von seinem Vater, dem Schuhmachermeister, wie der einmal mit dem Ledermesser abgerutscht sei und sich eine klaffende Wunde beigebracht habe. Da habe er zur Schusterahle gegriffen und sich die Wunde selbst mit Pechdraht zugenäht. »Ein echter Häberle halt«, meinte Ernst da nicht ohne Stolz. Übrigens: Pechdraht nannten die Schuhmacher damals ihren Zwirn, den sie vor dem Vernähen mehrfach über einen Klumpen Pech zogen, damit er geschmeidig und zugleich haltbarer wurde.

Ein »echter Häberle«, das bedeutete für Ernst Zähigkeit, Härte auch gegen sich selbst, Disziplin, Anständigkeit und Pflichterfüllung. Diese Tugenden hatte er von seinen Eltern übernommen und hielt sie zeitlebens hoch.

Ein Söldner wollte Ernst aber nicht sein. Am Dienstag nach Ostern, dem 3. April 1923, fing er in der Ziegelei Bihr an zu arbeiten. Zu Hause hatte man das anfangs gar nicht gerne gesehen. Arbeiter standen auf dem Land in der sozialen Rangfolge noch unter den Söldnern. Aber der Ernst war von dieser interessanten Arbeit nun einmal hellauf begeistert, und so meinten die Eltern schließlich: »Dann geh halt nüber zu deim Dreck. Da lernst du wenigstens, wie man schafft.« Es war eine kleine Ziegelei mit nur wenigen Beschäftigten. Im Lauf der Jahre durchlief Ernst sämtliche Stationen der Herstellung von Ziegelsteinen, von der Lehmgrube über den Mischer, das Sumpfhaus, den Kollergang, die Presse mit der Schneidvorrichtung und die Freiluft-Trockengestelle bis zum Brennofen. Er war zu einem qualifizierten Facharbeiter ausgebildet worden.

Nach sechs Jahren konnte er hier nichts mehr lernen. Er hatte sich aber in den Kopf gesetzt, nicht als Arbeiter stehen zu bleiben. Er hatte den Ehrgeiz, Meister werden zu wollen wie sein Vater. Das hatte er seinem anderthalb Jahre älteren Bruder Wilhelm anvertraut. Mit ihm erörterte er auch die Möglichkeiten, wie er dieses Ziel erreichen könnte. Zwar gab es Fachschulen, an denen man nach zwei Jahren die Meisterprüfung ablegen konnte, aber erstens hätte Ernst die Mittel dafür wohl nicht aufbringen können und zweitens war die wirtschaftliche Lage in Deutschland Ende der zwanziger Jahre so prekär, dass Ernst befürchten musste, nach seinem Fachschulabschluss keine Stelle mehr finden zu können. Es standen bereits Heerscharen von Arbeitslosen auf der Straße.

Deshalb entschied er sich für den zweiten, den längeren Weg, die berufliche Höherqualifikation. Von seinem Lohn kaufte er sich zu diesem Zweck mehrere Bände Fachliteratur. Schon lange nahm er sich jeden Monat die Branchenzeitschrift »Der Ziegler« aus der Firma mit nach Hause und studierte sie ausgiebig. Jetzt suchte er auch den Anzeigenteil nach passenden Stellenangeboten durch. Wilhelm half ihm bei der Abfassung der Bewerbungsschreiben. Der von Natur etwas zögerliche Ernst nahm gerne Wilhelms Hilfe in Anspruch und suchte zeitlebens dessen Rat. Ernst meinte: »Schreib du lieber, du kannst das besser. Guck dir doch bloß meine dicken Finger an!« Bald wurden auch entferntere Firmen angeschrieben. Als schließlich eine Zusage aus Naumburg an der Saale eintraf, zuckte Ernst doch kurz zusammen: »So weit weg?« Aber Wilhelm riet ihm zu, die Chance beim Schopf zu packen. So kam es, dass Ernst im Frühjahr 1928 seine Fachbücher mit in den Koffer packte und die Reise nach Mitteldeutschland antrat. Wieder erfuhr Ernst keine große Unterstützung von den Eltern. »Dann geh halt«, meinte seine Mutter schließlich, den Tränen nahe, »und stoß sie dir in der Fremde ab, deine Hörner!«

Die Ziegeleien waren damals in aller Regel so genannte Sommerziegeleien. Der Lehm in den Lehmgruben wurde mit dem Spaten gestochen und die frischen Ziegel wurden im Freien in überdachte Trockengestelle gestapelt. Frost ließ beides nicht zu, weshalb man die Produktion in den Wintermonaten herunterfahren oder ganz einstellen musste. Bis in den Spätherbst hinein wurden Lehmziegel, die »Rohlinge«, auf Vorrat hergestellt, also bewusst viel mehr, als man sofort hätte brennen können. Wenn sie gut durchgetrocknet waren, konnte ihnen der Frost nichts mehr anhaben. Solange dieser Vorrat reichte, konnten in den Wintermonaten diese Ziegel nach und nach gebrannt werden. Im Frühjahr dann, wenn die Bautätigkeit wieder einsetzte, war der Lagerplatz mit den zwei Meter hohen Stapeln fertiger Ziegelsteine gut gefüllt. Für die Belegschaft bedeutete diese Arbeitsweise, dass ein kleiner Stamm von Beschäftigten das ganze Jahr über in der Ziegelei arbeitete und in jedem Frühjahr zahlreiche Saisonarbeiter eingestellt wurden, die man dann im Herbst wieder nach Hause schickte.

Knapp ein Jahr verbrachte Ernst in Naumburg und sammelte dort neue Erfahrungen. Beruflich brachte ihn dieses Jahr ein gutes Stück voran, aber auch persönlich machte er so fern der schwäbischen Heimat, getrennt von Familie und Freunden, ganz neue Erfahrungen. Natürlich wechselte so mancher Brief von Naumburg nach Dettingen und umgekehrt. Das ging dann doch, trotz seiner »dicken Finger«. Er schilderte der Hilde die Landschaft und zitierte das Lied, das sie schon in der Schule gesungen und auswendig gelernt hatten und das Hilde auch mit neunzig noch hersagen kann: »An der Saale hellem Strande stehen

Burgen stolz und kühn ...« Ob er auch die dritte Strophe zitiert hat, ist nicht überliefert:

> Droben winken holde Augen,
> Freundlich lacht manch roter Mund.
> Wand'rer schaut wohl in die Ferne,
> Schaut in holder Augen Sterne,
> Herz ist heiter und gesund.

Es hätte zu seinen Späßen gepasst. Er beschrieb den beeindruckenden Naumburger Dom, den er immer wieder aufsuchte. So ein erhabenes Bauwerk, solche Kunstwerke hatte er noch nie gesehen. Er erzählte, wie die Leute hier sprachen und wie sie lebten. Von seiner Arbeit erfuhr Hilde indessen nicht viel.

Sie wäre ja so gerne nach Naumburg gefahren, um mit eigenen Augen zu sehen, wo ihr Ernst lebte. Sie träumte davon, sich von ihm »an der Saale hellem Strande« spazieren führen zu lassen. Aber den Gedanken konnte sie sich aus dem Kopf schlagen. Nie und nimmer hätte sie die Erlaubnis dazu bekommen. Schon allein die Briefschreiberei war der Marie und dem Fritz ein Dorn im Auge, als sie durch einen dummen Zufall dahinter kamen: »Was sollen die Leute von uns denken?« Beim Neubauern, wo Hilde Magd war, hatte jemand geplaudert.

Hilde ihrerseits schrieb Ernst, was es in Dettingen Neues gab. Nicht immer waren es gute Nachrichten. Im September 1928 etwa berichtete sie von ihrem 14-jährigen Vetter Hans Usenbenz, dem lieben Kerl, der im vorigen Jahr immer Schmiere für sie gestanden hatte. Er war mit dem Ochsenfuhrwerk unterwegs, als ihnen ein Auto entgegenkam. Weil die Tiere dies damals noch nicht so gewohnt waren, wurden sie unruhig. Hans sprang vom Wagen, um sie zu beruhigen. Dabei blieb er mit dem Fuß hängen. Man sah nicht viel und daheim sagte er nur, er habe sich ein bisschen wehgetan. Er hörte aber gar nicht auf zu humpeln, und als er es nach zwei Wochen vor Schmerzen kaum mehr aushalten konnte, ließ ihn der Doktor sofort nach Heidenheim ins Krankenhaus bringen. Dort wurde eine »eitrige, innere Entzündung im Bein«, wie Hilde sich ausdrückte, festgestellt. Am nächsten Tag war der Junge tot. »Will es denn um mich herum gar kein Ende nehmen mit dem Sterben?«, klagte Hilde.

Ab Oktober musste Ernst seine Briefe mit einer neuen Adresse versehen: Hilde war nach Stuttgart in Stellung gekommen. Nach ihren Beschäftigungen beim Boschbauern als Kindermädchen, beim Seiler als Mädchen für alles und den drei Jahren beim Neubauern als Magd in der Landwirtschaft sollte sie jetzt bei einer Metzgerfamilie die Hauswirtschaft kennen lernen. Obwohl sie nun doch wieder in ihrer alten Heimat war, hat sie keine so guten Erinnerungen an diese Zeit, sagt Hilde. Trotzdem genoss sie es, in der Mönchhalde ab und zu Onkel Michel und Tante Lina besuchen zu können. Auch die Besuche bei Anna und Jul waren jedes Mal eine große Freude. Die hatten im Jahr zuvor ihr zweites Kind bekommen, Anneliese. Hilde war ganz besonders stolz darauf, dass sie erneut – wie schon bei Peter – zur Patentante auserkoren wurde. Heute noch haben die beiden ein herzliches Verhältnis zueinander und es vergeht seit Jahren keine Woche, in der Anneliese aus Stuttgart nicht entweder ihre Patentante in Murrhardt besucht oder ihr wenigstens schreibt. Natürlich ist sie auch heute, an Tante Hildes 90. Geburtstag, ihr Gast gewesen. Der zweite Pate war übrigens Albert. Kein Stephani war bereit gewesen, für eine Lutherische die Patenschaft zu übernehmen.

So war Hilde also nun in ihre Geburtsstadt zurückgekehrt, ging wieder die Wege ihrer Kindheit und bestaunte die Veränderungen einer sich wandelnden Zeit. Sie vermisste gleich beim Verlassen des Bahnhofsgebäudes das Königstor am Eingang zur Königstraße. Das war inzwischen abgerissen worden, weil immer mehr Autos in die Innenstadt drängten. Die schmiedeeisernen Eingangstore zum Schlosspark, durch die sie und ihre Freundinnen noch vor zehn Jahren nach dem König Ausschau gehalten hatten, standen nun für jedermann weit offen. Immer weiter wurde in die Weinberge und die Obsthänge am einstigen Stadtrand hinaufgebaut. Die im Vorjahr errichtete Weißenhof-Siedlung demonstrierte modernste deutsche Architektur. Zu Hunderttausenden kamen Besucher aus aller Welt, sie zu sehen. Stadtgespräch im Herbst 1928 war der gerade eingeweihte Tagblatt-Turm. Damit hatte die Großstadt Stuttgart nun auch ihren ersten »Wolkenkratzer«. So vieles hatte sich verändert. Aber die Pferdefuhrwerke mit dem

Schriftzug »Paul von Maur«, die gab es vereinzelt immer noch, manche noch bis 1958. Hilde schaute ihnen mit einem Gefühl von Wehmut nach und es war ihr, als säße auf dem Kutschbock ihr geliebter Papa, knalle mit der Geißel und mache »brr!«. Neu war allerdings, dass die Pferde jetzt an ihren Hinterteilen Taschen aus Segeltuch umgebunden hatten, in die die Rossbollen hineinfallen sollten. Darüber musste Hilde lachen.

Sie war zwar wieder in Stuttgart, aber bei ihrer Herrschaft hat es ihr gar nicht gefallen. Viel Arbeit, wenig Freizeit, schlechte Bezahlung war Hilde ja gewohnt, sie kannte nichts anderes. Hier allerdings wurde sie menschlich miserabel behandelt, was ihr den Aufenthalt verleidete. Sie fühlte sich ausgenützt. So blieb Hilde nicht einmal zwei Jahre und verließ dann Stuttgart endgültig. Sie betont heute noch stolz: »Ich bin eine gebürtige Stuttgarterin.«

* * *

Die Jubilarin zieht eine alte Ansichtskarte von Schwäbisch Gmünd hervor: »Ach ja, meine nächste Stelle war, glaube ich, dann bei Studienrats in Schwäbisch Gmünd. Dort arbeitete ich im Haushalt der ›gnädigen Frau‹, wie ich sie anreden musste. Oh, die haben mich schlecht behandelt! Ich durfte nicht mit der Familie im Zimmer essen, sondern bekam mein Essen auf einen Teller geschöpft, musste damit in die Küche gehen und dort alleine essen. Beim ersten Mal ging ich mit meinem leeren Teller noch einmal ins Zimmer, weil ich noch Hunger hatte. Ich wollte noch etwas nachfassen. Oh, haben die mich alle ausgelacht! Der Herr Studienrat, die gnädige Frau und die beiden Kinder – was haben die gelacht. Kommt da diese Bauerntrampel einfach mit ihrem leeren Teller herein und will noch was! Bekommen habe ich natürlich nichts mehr. Nie mehr habe ich es gewagt, um etwas mehr Essen zu bitten.

Einmal wurde ich in den Keller geschickt, da ermahnte mich die gnädige Frau: ›Im Keller steht ein Regal mit Äpfeln. Wage es nicht, einen davon zu nehmen, ich rieche es nämlich, wenn du einen Apfel gegessen hast!‹ Mein Bruder Albert schickte mir einmal ein Päckchen mit einem Laib Kommissbrot und einer Dauerwurst, weil er wusste, dass ich nicht genug zu essen bekam. Und da rief die gnädige Frau: ›Hildegard, zeig, was kaust du da?‹

Nach etwa anderthalb Jahren haben die dann in Heidenheim ein Haus gebaut und sind im Sommer 1931 umgezogen. Mich haben sie entlassen, denn nun konnten sie sich kein Dienstmädchen mehr leisten.«

\* \* \*

So war Hilde vom Regen in die Traufe gekommen. Auch die Auswirkungen der Weltwirtschaftskrise waren bedrückend und schlugen von der New Yorker Börse durch bis hinunter zu einem Dienstmädchen aus Dettingen. Nicht nur, dass die Bezahlung schlecht war, plötzlich ging auch wieder das Gerücht um, eine zweite Inflation stehe unmittelbar bevor. Als im Juli 1931 die Finanzkrise in Deutschland durch eine Notverordnung der Reichsregierung zur zeitweiligen Schließung der Banken und Sparkassen führte, fürchteten Hilde und Marie um ihre Ersparnisse. Gemeinsam liefen sie auf die Sparkasse und hoben schnell noch eine größere Summe von ihren Sparbüchern ab. Von diesem Geld kaufte sich jede noch am selben Tag beim Schlosser und Händler Osswald in Dettingen eine gute »Anker«-Nähmaschine. Das war nun ein Prachtstück in Hildes Aussteuer. Das Geld war gut angelegt, wenn auch die befürchtete Geldentwertung dann doch nicht eintraf.

Es gab durchaus auch Lichtblicke in dieser Zeit. Ereignisse, die der Hilde immer wieder das Gefühl gaben, trotz aller Bedrückungen wahrhaftig ein glückliches Sonntagskind zu sein. Ein solches Ereignis war ihre Verlobung mit Ernst am zweiten Weihnachtstag 1930. Noch ein halbes Jahr zuvor hatte Marie sie angeschrien: »Was fällt euch Rotzlöffeln eigentlich ein?«, als Hilde ihr mit den Plänen kam, die sie und Ernst schmiedeten. »Ihr seid doch noch viel zu jung für so etwas, was willst du Arschwisch mit diesem Lausbuben da!« Es hatte nicht viel gefehlt, dann hätte auch Hilde eine Tracht Prügel bezogen wie die Anna ein paar Jahre zuvor. Dabei waren Hilde und Ernst doch alt genug; sie würden, wenn sie heirateten, Mitte 20 sein. Ernst hatte seine Ausbildung abgeschlossen und schon jetzt ein ganz schönes Sparbuch beieinander. Hilde hatte alle Sparten einer Hausfrau und Mutter kennen gelernt. Sie hatte jede übrige Mark in ihre Aussteuer gesteckt und konnte ihren Schrank ohne Scheu jedem öffnen. So waren durchaus die Voraussetzungen geschaffen, einen eigenen Haushalt auf die Beine zu stellen. Aber der Usenbenzen Marie konnte es so leicht keiner recht machen.

Umso größer war Hildes und Ernsts Glück an jenem zweiten Weihnachtsfeiertag, als sie alle miteinander bei Langs in der Krausengasse in der Stube saßen und Verlobung feierten. Wilhelm, der da schon studierte, wie sie das nannten, hielt eine etwas verkrampfte Ansprache an die Versammelten, in der er das Wort Ver-lo-bung zerpflückte und zu deuten versuchte. Es wird wohl eine seiner ersten Reden gewesen sein, die er zu halten hatte. Ernst hatte ihn darum gebeten und die anderen Häberle hatten zugestimmt. Wer, außer dem Wilhelm, konnte schon eine Rede halten?

Wilhelm hatte nach der Volksschule Schreiner gelernt. Sein Meister war nicht nur Möbel-, sondern auch Sargschreiner und nahm Wilhelm jedes Mal mit, wenn es eine Leiche einzusargen galt. Dem Wilhelm graute vor diesen Einsätzen sehr. Er wechselte in eine Fabrik. Bald darauf erzählte er seinen Eltern »etwas von diesem Befehl, den ich erhalten habe und bei dem es nur eines gibt, nämlich in restlosem Gehorsam ihn auszuführen«: Er wollte, er musste plötzlich Missionar werden.

Über die Pietistische Gemeinschaft, zu der auch die Häberles zählten, hatte Wilhelm Kontakt zur Basler Mission bekommen. Diese Organisation setzte sich im 19. Jahrhundert etwa paritätisch aus der so genannten »Basler Elite« und württembergischen Pietisten zusammen. Inzwischen gaben dort fast ausschließlich die Pietisten den Ton an. Sie warben in Württemberg junge Männer an, vorzugsweise aus dem bäuerlichen Milieu und mit einer abgeschlossenen handwerklichen Berufsausbildung, um sie im Missionsseminar in Basel theologisch und fremdsprachlich auf einen Missionseinsatz vorzubereiten. Vornehmlich in Afrika wirkten dann diese Missionare bei der einheimischen Bevölkerung auf dem Land in erster Linie als Prediger des Christentums, aber auch als Fachleute für moderne landwirtschaftliche Arbeitsweisen und handwerkliche Eigeninitiative. Heute nennt man das Entwicklungshilfe. Das, so fühlte es Wilhelm, das war sein Weg, und niemand konnte ihn davon abbringen: »Der Befehl ist gegeben, er steht fest. Nach diesem Befehl muss auf alle Fälle gehandelt werden!«

Nach seiner Ausbildung – oder dem Studium, wie das hieß – wurde Wilhelm 1934 als Missionar nach Kamerun entsandt. Dort, in der ehemaligen deutschen Kolonie, missionierten die Basler schon seit 1903. Nach dem Zweiten Weltkrieg und der Gefangenschaft ging er noch einmal, bis 1965, nach Ghana und Kamerun. Über seine Einsätze in Afrika veröffentlichte er vier Bücher.

Danach wurde er in der so genannten Inneren Mission eingesetzt, zeigte in ganz Württemberg Lichtbildervorträge über Afrika, hielt Evangelisationen, Bibelstunden und Gottesdienste ab. Wilhelms Studium, seine Englischkenntnisse und erst recht dann sein Einsatz als Missionar in Übersee führten innerhalb der Häberle-Verwandtschaft zu einem gehörigen Prestigegewinn für ihn. Vor allem die Geschwister schauten zeitlebens zu ihm auf. Sein Wort hatte Gewicht. Manche sagen, sein Rat wurde vor jeder wichtigen Entscheidung eingeholt, andere behaupten, Wilhelm habe sich überall eingemischt und für die gesamte Verwandtschaft ungefragt den Vormund und Patriarchen gespielt. Solche Clan-Chefs sind in großen Familienverbänden häufig zu beobachten. Ihnen begegnen je nach Sichtweise Respekt und Bewunderung oder Neid und Ablehnung. Hier drängt sich eine Parallele zu Onkel Michel auf.

# Wenn du heiratest

Ernst war zur großen Freude seiner Eltern – und wohl auch seiner Hilde – inzwischen heimgekehrt. Die Ziegelei Bihr existierte nicht mehr. In Dettingen gab es draußen vor dem Dorf in Richtung Hausen eine weitere Ziegelei, die übrigens heute noch besteht. Sie gehörte der Familie Rall. Herr Rall hatte in Giengen an der Brenz eine zweite Ziegelei, ein Klinkerwerk. Klinker werden hergestellt wie Ziegelsteine, aber statt bei 800° C bei etwa 1050° C – man sagt »schärfer« – gebrannt. Dadurch werden sie wesentlich härter, wasserundurchlässig und bekommen eine dunkelrote bis violette Farbe. Sie werden für Mauern verwendet, die unverputzt bleiben. Nicht jeder Lehm ist dafür geeignet. In Giengen wurden nur Klinker gebrannt, in Dettingen nur Ziegel. Herr Rall hatte Ernst als Brenner im Klinkerwerk Giengen eingestellt. Diese ganz andere Art zu brennen hatte Ernst in seiner Berufserfahrung noch gefehlt.

Nach einem Jahr Bewährung erkannte sein Chef, was der neue Mann leistete und bot ihm die vakante Meisterstelle in seiner Dettinger Ziegelei an. Ernst bat sich Bedenkzeit aus. Die Entscheidung fiel ihm nicht leicht. Einerseits war er nun am Ziel, andererseits befürchtete er, dass es ihm in seinem Heimatort, wo jeder ihn noch als Bub der Haugehäberle vor Augen hatte, an Autorität und Durchsetzungsfähigkeit bei der Belegschaft fehlen würde. Das konnte weder für die Arbeiter, noch für den Chef und am allerwenigsten für ihn selbst gut sein. Diese Bedenken musste auch Herr Rall schweren Herzens anerkennen und seinen guten Mann im Frühjahr 1930 wieder ziehen lassen.

Der fand in der Zeitschrift »Ziegler« eine Meisterstelle. Die traf der Stellenbeschreibung nach genau seinen Geschmack. Dass sie noch weiter weg lag als Naumburg, störte ihn schon nicht mehr. Erst suchte er in Wilhelms Atlas, wo Werbig wohl genau liegen mochte. Aber er konnte es nicht finden. Allerdings war die Kreisstadt Jüterbog verzeichnet, und die lag im preußischen Brandenburg, etwa 60 Kilometer südlich von Berlin. Diesmal schrieb er die Bewerbung selbst, Wilhelm weilte in Basel. Schon bald trat Ernst in Werbig seine erste Meisterstelle an. Er packte diese neue Aufgabe mit Schwung an, änderte schon bald einige Arbeitsabläufe in der Firma und setzte in seinem ersten Jahr gleich mehrere neue Ideen um. Dort legte sich Ernst auch seine erste Prinz-Heinrich-Mütze zu, die er fortan bei der Arbeit aufhatte. Dazu trug er stets anthrazitfarbene Arbeitskleidung, nicht blau wie die Arbeiter. Das signalisierte jedem wie eine Uniform: Der hier ist der Meister! Als er in seinem ersten Weihnachtsurlaub nach Dettingen kam, merkte man ihm an, dass er von seiner neuen Aufgabe befriedigt war. Er sprach mehr über seine Erfolge als über die Schwierigkeiten, die es durchaus auch gab.

Bei der Verlobungsfeier unterhielt er sich lange mit Wilhelm über seinen neuen Wirkungskreis. Der Bruder

144

wurde neugierig und die beiden vereinbarten, dass er im kommenden Jahr Ernst besuchen würde. Wilhelm kam dann auch tatsächlich zu seinem Bruder nach Werbig. Er bewältigte die weite Strecke mit dem Fahrrad. Einem Rad – damals noch ohne Gangschaltung –, das er sich von Bruder Albrecht ausgeliehen hatte. Als armer Student hätte er sich die weite Bahnfahrt nicht leisten können. Als Wilhelm nach einer anstrengenden Woche in den Hof der Ziegelei einbog und gleich den erstbesten Arbeiter nach einem Herrn Häberle fragte, meinte dieser: »Ach, Se meenen woll den Meester!«

Ernst und Wilhelm verbrachten ein paar frohe Tage zusammen. Sie erhielten auch Einladungen, zum Beispiel in die Familie des Gemeindepfarrers, wo sie durch ihr Schwäbeln einen Abend lang für Belustigung sorgten. Das Pfarrerstöchterlein bettelte so lange, bis die Anwesenden von den Brüdern eine einführende Lehrstunde in den schwäbischen Dialekt erteilt bekamen. Als die guten Leute erfuhren, »saumäßig« sei im Schwäbischen eine durchaus positive Beschreibung, brachen sie lachend den Sprachunterricht ab. Zum Abschied versicherten Ernst und Wilhelm dem Herrn Pastor und seiner Frau, es habe ihnen »saumäßig gefallen«. Pfarrers revanchierten sich und wünschten den beiden Schwaben noch ein paar »saumäßig schöne« Tage und Wilhelm eine »saumäßig gute« Heimkehr.

Übers Wochenende radelten Ernst und Wilhelm ins nahe Berlin, mitten hinein in diese mondäne, brodelnde europäische Metropole, die den jungen Männern aus Dettingen fast den Atem raubte. Man konnte angesichts der luxuriösen Schaufensterauslagen und der lässig flanierenden Faulenzer ringsum geradezu vergessen, wie viel Not und Elend es sonst im Reich gab. Der Potsdamer Platz im Herzen Berlins galt damals als der verkehrsreichste Platz Europas. So viele Autos auf einmal hatte Wilhelm noch nie gesehen, darunter Marken, die er nicht einmal vom Hörensagen kannte. Dazu elektrische Straßenbahnen und S-Bahnen, Fahrräder und immer wieder Kutschen. Und mitten in diesem lauten, stinkenden Chaos stand auf einem Podest seelenruhig ein Polizist mit Tschako, weißen Stulpen und Trillerpfeife, um Ordnung in das Getümmel zu bringen. Das gelang ihm sogar scheinbar mühelos, weil selbst die Fahrer der größten Limousinen willig seinen Armbewegungen folgten.

Ernst war nicht zum ersten Mal dort und konnte Fremdenführer spielen. Da hatte Wilhelm viel zu erzählen, als er wieder auf die Alb zurückkehrte. Für die Rückfahrt nahm er allerdings den Zug: Der Ernst hatte dem armen Studenten die Fahrkarte spendiert. »Diese Tage, vor allem die zwei Häberle in Berlin, werd' ich mein Lebtag nicht vergessen!«, schloss Wilhelm daheim seinen Bericht.

Für das Jahr 1932 hatte sich Ernst beruflich noch einiges vorgenommen. Die Produktion war noch lange nicht so effektiv, wie sie seiner Meinung nach hätte sein können. Außerdem lag er seinem Chef schon seit längerem mit einer Idee in den Ohren, die ihnen eine nahezu ganzjährige

Ziegelproduktion ermöglichen würde: Er wollte die Trockengestelle, die im Freien standen und von denen jedes einzelne eine knappe Überdachung gegen den Regen trug, zusammenrücken und mit einer großen, geschlossenen Halle überbauen. Diese Halle könnte ganzjährig mit der ohnehin vorhandenen Abwärme des großen Brennofens beheizt werden, schlug Ernst vor, sodass man das ganze Jahr hindurch kontinuierlich und mit der kompletten Belegschaft durcharbeiten könnte. Für die Lehmgrube gab es inzwischen Bagger mit Dieselmotoren, die auch bei Frost Lehm abbauen konnten. Aber wie so manches Mal fehlte es Ernst an Durchsetzungsvermögen und Überzeugungskraft. Dem Chef leuchteten die Argumente seines tüchtigen Meisters durchaus ein. »Aber Sie wissen, Herr Häberle, die Zeiten sind schlecht, wir haben bald sechs Millionen Arbeitslose im Reich. Es wird momentan einfach zu wenig gebaut. Die Wirtschaft kriselt seit Jahren ebenso wie die Politik, bei der keiner weiß, wie das Durcheinander noch enden soll.« Ungünstige Voraussetzungen also für eine so große Investition.

Wie schlecht es um die Firma wirklich stand, sagte er nicht. Aber als Meister Häberle eines Montagmorgens im Trockenschuppen seinen Kontrollgang machte, fand er seinen Chef, der sich dort am Wochenende erhängt hatte. Ernst sah in der Folge dieses tragischen Vorfalls keine Basis mehr für eine erfolgreiche und befriedigende Weiterarbeit. Das bedauerte er sehr, hatte sich seine Arbeit im ersten Jahr doch so gut angelassen. Aber die neuen Besitzer waren sich nicht einig, wie die Firma nun weitergeführt werden sollte. Es war nicht einmal sicher, ob sie überhaupt bestehen bliebe.

So schwang er sich eines Sonntags nach dem Frühstück auf sein Fahrrad und fuhr die 20 Kilometer ins sächsische Schweinitz hinüber. In der dortigen Ziegelei, so hatte er gehört, werde ein Meister gesucht. Ernst kannte zwar die Konkurrenz aus Schweinitz, war aber selbst noch nie dort gewesen. Nun wollte er sich persönlich einen Eindruck von dieser Firma verschaffen. Wie er nun sein Rad an den Werkszaun gelehnt hatte und das Firmengelände in Augenschein nahm, kam er mit einem Mann ins Gespräch, der offensichtlich auch vom Fach war. Nach kurzer Zeit stellte sich heraus, dass Ernst auf Herrn Jahn, den Besitzer der Ziegelei getroffen war. Dieser bat den Besucher herein. Ganz unverhofft war so aus der informellen Besichtigungstour ein regelrechtes Einstellungsgespräch geworden. Die beiden fanden auch gleich Gefallen aneinander. Zum Abschied meinte Herr Jahn: »Was, Herr Häberle, das wär' so ein gefundenes Fressen am Sonntagmorgen schon? Sie hören von mir.« Kurz darauf hielt Ernst den positiven Bescheid aus Schweinitz in Händen und fand so im Frühjahr 1932 einen neuen Wirkungskreis. Schweinitz an der Elster hatte zwar nur 1300 Einwohner, war aber damals Kreisstadt in der preußischen »Provinz Sachsen«. Heute gehört es zur Stadt Jessen im Landkreis Wittenberg im Bundesland Sachsen-Anhalt. Ernst fühlte sich bald wohl im Städtchen und in der Firma und knüpfte erste Kontakte. Da war zum Beispiel der Arbeitskollege Richard Kluge, der als Schlosser in der Ziegelei arbeitete. Er war ungefähr in Ernsts Alter, schon verheiratet und hatte eine Tochter. Die Kluges waren gerade dabei, sich ein Zweifamilienhaus zu bauen. Richard fragte Ernst, ob er nicht mit seiner zukünftigen Frau in die zweite Wohnung einziehen wolle. In der Winterpause würde sie fertig werden.

Ernst war sehr froh über dieses Angebot und wollte gerne zugreifen. Deshalb schrieb er in Briefen an Wilhelm, an Hilde und an seine Eltern, er würde es für richtig halten, die Heirat auf den nächsten Weihnachtsurlaub vorzuziehen. Über Weihnachten hatte er immer zwei, drei Wochen Urlaub, weil es da auf der Ziegelei wenig zu tun gab. So wurde es dann auch gemacht.

Am 24. Dezember 1932, am Vormittag des Heiligen Abends, ging Ernst mit seiner Hilde auf das Rathaus in Dettingen und bestellte das Aufgebot, das der Bürgermeister Schüfer freundlicherweise noch am selben Tag in den Schaukasten am Rathaus hängte und gleichzeitig nach Schweinitz schickte, an den Wohnort des Bräutigams. In diesem amtlichen Dokument war übrigens als Staatsangehörigkeit der Brautleute »Württemberg« eingetragen.

Ernst und Hilde hatten ausreichend Zeit, die nun fälligen Einladungsbesuche vorzunehmen. Ernst hatte Urlaub und Hilde war seit kurzem ohne Anstellung. Nach ihrer Zeit in Schwäbisch Gmünd war sie im Herbst 1931 im Haushalt des Dettinger Ziegeleibesitzers Rall untergekommen. Die hatten schon ein Putzmädchen, ein Kindermädchen und eine »Stütze der Hausfrau« in Diensten. Hilde als vierte Kraft kam nun in die Küche und hat dort, wie sie sagt »vollends das Kochen gelernt.« Nach einem Jahr sollte das Personal wieder reduziert werden. Hilde erinnert sich: »Bevor wir geheiratet haben, wurde mir gekündigt. Eins der vier Mädchen sollte entlassen werden und das war dann ich. ›Ich kann jetzt nicht gut eine andere entlassen, denn du gehst ja doch, wenn du demnächst heiratest‹, meinte Frau Rall.«

* * *

»Am Samstag, dem 7. Januar 1933, haben wir in Dettingen geheiratet. Nach der kirchlichen Trauung gingen wir ins Gasthaus ›Zum Hirsch‹. Leider kann ich euch keine Fotos von unserer Hochzeit zeigen, denn Albert, der einen Fotoapparat gehabt hätte, war vor kurzem von der Allianz nach Hamburg versetzt worden und bekam noch keinen Urlaub. Aber Tante Lina und Onkel Michel waren aus Stuttgart gekommen, zusammen mit Anna, Jul und den Kindern. Onkel Michel hatte zwar schon ein Auto, aber mitten im Winter hatten sie doch lieber die Bahn genommen. Auch ein weiterer Bruder von Papa, Onkel Christian, war dabei. ›Das freut mich ganz besonders, dass du gekommen bist‹, sagte ich, ›da hättest du in diesen schlechten Zeiten doch nicht auch noch ein Geschenk mitbringen brauchen.‹ ›Ach Hilde, ich hab doch die Fahrt umsonst!‹, lachte Onkel Christian. Er war nämlich bei der

Bahn beschäftigt. Selbstverständlich waren auch Martha, Lina und der kleine Erwin unter den Hochzeitsgästen.

Ja, und natürlich war der Onkel Usenbenz mit seiner Frau da, der war unser Trauzeuge. Das waren normalerweise ja die Väter der Brautleute, aber meiner ... Ernsts Vater konnte auch nicht Trauzeuge sein. Er war damals schon schwer krank. Er litt an Schüttellähmung, heute sagt man dazu Parkinson. Er konnte überhaupt nicht an der Hochzeit teilnehmen, sondern musste zu Hause bleiben. Dafür war dann Wilhelm unser zweiter Trauzeuge. Der sorgte auch für eine kleine Sensation, denn er hatte von der Missionsschule in Basel einen afrikanischen Gast mitgebracht, einen ganz schwarzen, wie ihn Dettingen wohl noch nicht gesehen hatte. Er hieß Christian Baëta. Davon erzählen sie noch heute. Nach dem Mittagessen wollte ich gerne zum Fotografen fahren, ein Brautbild machen lassen. Aber Wilhelm war dagegen. Er meinte, das könnten wir Vater Häberle nicht antun. Wir müssten jetzt ihm unsere Aufwartung machen. So haben wir nun kein einziges Foto vom Tag unserer Hochzeit, nicht einmal ein Brautbild.

Als ich dann in Ernsts Elternhaus draußen in der Herdgasse vor Vater Häberle stand, fasste Mutter Häberle mich bei den Schultern und drehte mich um: ›Da guck her, Vater, hat sie nicht einen schönen Schleier? Und wenigstens der ist weiß!‹ Ich hatte nämlich ganz in Weiß heiraten wollen, aber der Fritz war strikt dagegen, weil ihm das zu modisch war. Damals war auf dem Land noch schwarz üblich.

Wenn ich in Weiß heirate, hat er zornig gesagt, dann kommt er gar nicht auf meine Hochzeit.

In der Woche nach unserer Hochzeit musste Ernst wieder nach Schweinitz zurück. Sein Urlaub war um. Aber unsere künftige Wohnung war noch nicht ganz fertig. Deshalb blieb ich noch vier Wochen in Dettingen. Am Samstag, dem 4. Februar 1933 kam ich dann nach Schweinitz. Ernst holte mich auf dem Bahnhof in Wittenberg ab, wo ich zum letzten Mal umsteigen musste, mit einem Sträußchen Maiglöckchen in der Hand. Das hat sicher viel Geld gekostet im Februar. Die letzte Strecke bis nach Schweinitz sind wir zusammen gefahren. Als wir dann in Berge Nummer 22 ankamen, ging Ernst mit mir in den ersten Stock hinauf und zeigte mir unsere neue Wohnung.

Gleich am nächsten Tag fuhren wir in die Nachbarstadt Jessen und kauften dort unsere ersten Möbel. Damals konnte man auch am Sonntag einkaufen gehen. Auch die Wanduhr hier, ein Regulator, für die uns die Eltern Häberle 50 Mark gegeben hatten, haben wir in Jessen gekauft. 50 Mark war damals viel Geld. Da an der Wand hängt sie! Es ist eines der ganz wenigen Stücke, das wir später noch retten konnten. Es ist eine ›Junghans‹-Uhr, früher sagte man dazu Regulator. Sie geht und schlägt auch nach 66 Jahren noch! Nur vor zwei Jahren musste sie einmal überholt werden. Die Sachen, die wir in Dettingen hatten, Möbel, meine Aussteuer und der Hausrat, kamen später als Fracht. Darunter war auch ein schöner, weißer Schrank von der Ahne. Ja, und so haben wir uns dann dort eingerichtet.«

Hilde sucht noch etwas in ihrer Schatztruhe: »Guck, da hab ich's! Nach einem Vierteljahr haben wir nämlich noch einmal unsere Hochzeitskleider angezogen und haben beim Fotografen in Jessen nachträglich dieses Bild hier machen lassen. Jetzt hatten wir doch auch ein Brautbild. Das wollte ich unbedingt.«

✿ ✿ ✿

# So viel Anfang war nie

In die vier Wochen zwischen der Hochzeit und Hildes Einzug in Schweinitz fiel ein politisches Ereignis, dessen Tragweite den Jungvermählten gar nicht bewusst war – sie hatten jetzt schließlich etwas anderes im Kopf als Politik: Am 30. Januar 1933 war Adolf Hitler vom Reichspräsidenten von Hindenburg zum Reichskanzler berufen worden und hatte am Tag darauf als erste Amtshandlung den Reichstag aufgelöst, den er wie einst schon Kaiser Wilhelm »eine Quasselbude« nannte. Die Deutschen hofften, die lähmende Wirtschaftskrise könne nun überwunden werden, das Heer von über sechs Millionen Arbeitslosen und weiteren Millionen Wohlfahrtsempfängern würde bald wieder in Lohn und Brot kommen, die Schlangen vor den öffentlichen Suppenküchen kürzer werden und die Politik fände endlich aus ihrer Sackgasse, in die sie sich in den letzten Jahren immer tiefer hineinmanövriert hatte. Immerhin war das bereits die dritte Auflösung des Reichstages innerhalb von sechs Monaten.

Am Tag nach dem Reichstagsbrand vom 27. Februar setzte Reichspräsident von Hindenburg mit der »Verordnung zum Schutz von Volk und Staat« die demokratischen Freiheiten außer Kraft. Hitler war dann schon im März 1933 mit dem »Ermächtigungsgesetz« innenpolitisch an seinem ersten, großen Ziel: Deutschland folgte der »nationalsozialistischen Bewegung«, wurde zum »Führerstaat« und hatte für die nächsten zwölf Jahre eine knechtende Diktatur. Schnell war für die politischen Gegner das erste Konzentrationslager eingerichtet. Wohin die Reise ging, wissen wir heute, die Mehrheit der Bevölkerung hoffte damals aber nach den schlechten Erfahrungen mit der Weimarer Demokratie optimistisch auf Besserung ihrer Lebensverhältnisse.

So wurden diese dreißiger Jahre zunächst auch für Ernst und Hilde in mehrfacher Hinsicht Jahre des Aufbruchs und der Hoffnung. Ernst sah für sich berufliches Neuland, er konnte in seiner jetzigen Firma gleichzeitig hinzulernen und mitgestalten, versuchte eigene Vorstellungen zu verwirklichen. Wirtschaftlich ging es im Deutschen Reich tatsächlich schon bald aufwärts und politisch schien sich die Lage zunächst zu stabilisieren. Nach dem Rheinland war auch das Saarland wieder »ins Reich zurückgekehrt«. Spätestens mit der Veranstaltung der Olympischen Spiele, als sich im Sommer 1936 die Jugend der Welt in Berlin traf, waren viele wieder stolz auf ihr Vaterland.

Hilde erlebte zum ersten Mal wenigstens ansatzweise das befreiende Gefühl von Eigenverantwortung und Selbstbestimmung. Ansatzweise deshalb, weil sie nicht das Selbstbewusstsein und die Souveränität beispielsweise einer Lina Lang hatte. In den Dettinger Verhältnissen, aus denen die jungen Eheleute kamen, ging es eher noch zu, wie es damals auf einem Blatt des Neukirchener Kalenders zu lesen stand: »Es verleidet dem Mann das Heim, wenn die Frau es verlottern läßt, nicht putzt, nicht flickt, schlecht und unpünktlich kocht und ihm die Ohren immer mit den gleichen Klagen füllt. Gewiß, manche Frau hat es nicht leicht, aber sie klage es dem HERRN, nehme von ihm Kraft und zeige dem Mann ein freundliches Gesicht und Heim, dann ist sie Sonnenschein!«

Hilde bekam während ihrer gesamten Ehe ihr wöchentliches Haushaltsgeld zugeteilt und musste für jedes Kleidungsstück, jeden Friseurbesuch und für jede Anschaffung um Geld bitten. Sie hat in all ihren Ehejahren nicht gewusst, was ihr Mann verdient, nie Zugang zu einem Konto gehabt und nur Vermutungen über die finanzielle Lage der Familie anstellen können. Aber da waren die Häberles kein Einzelfall, das war noch durchaus üblich in der Mitte des 20. Jahrhunderts. Es war, zumindest bei den einfachen Leuten, die Regel.

Dennoch erlebte Hilde jetzt ein neues Gefühl von Freiheit und Selbstständigkeit, das sie aufatmen ließ. Noch keine zwei Jahre war es her, da hatte sie in demütigender Weise den Mund aufmachen müssen um zu zeigen, dass sie nichts Gestohlenes kaute. Jetzt zogen die Arbeiter die Mütze und sagten »Frau Meister« zu ihr. Statt des Kopftuches trug sie jetzt einen großkrempigen Hut und ihr Sonntagsmantel hatte einen Pelzkragen. Die beiden Eheleute richteten sich nach und nach ein, wirtschafteten sparsam und konnten sich nun Dinge leisten, die sie noch vor wenigen Jahren für Luxus gehalten hatten. Einen Kühlschrank zum Beispiel.

»Da musste man seitlich Wasser und Salz einfüllen«, erinnert sich Hilde.

Oder auch so bescheidene Dinge wie einen einfachen Fotoapparat. Hilde hatte schon lange irgendeine Kamera haben wollen. Die Firma Agfa hatte sich in diesen Jahren einen Werbeschachzug einfallen lassen, um den Verkauf ihrer Filme und Fotopapiere zu fördern. Jeder, der in einem Fotogeschäft Markstücke mit dem Prägezeichen A, G, F und noch einmal A auf den Ladentisch legte, bekam dafür, für nur vier Mark also, eine einfache 6 x 9-Kamera, eine Agfa-Box. Mit der konnte man tatsächlich ganz ordentliche Bilder machen. Das war Hildes Geburtstagsgeschenk für Ernst. Dass sie sich damit listigerweise zugleich selbst eine große Freude machte, darüber hat er oft gewitzelt. Von nun an wurde also auf ihren Ausflügen auch noch geknipst! Eine Anzahl dieser Negative ruht übrigens heute noch ganz unten in Hildes Blechkiste.

Sie unternahmen an Ernsts freien Tagen viel miteinander, radelten das malerische Elstertal ab, picknickten im landschaftlich so reizvollen Fläming mit seinen weiten Kiefernwäldern oder rollten hinüber über die Elbe in die urige Dübener Heide. Sie besuchten einen Gottesdienst an Martin Luthers langjähriger Wirkungsstätte, in der berühmten Schlosskirche zu Wittenberg, an deren Portal der Reformator seine 95 Thesen genagelt haben soll. Sie besichtigten die sehenswerten Städtchen Jessen, Herzberg und natürlich Jüterbog. Dort blieb Ernst an einem der drei Backstein-Stadttore stehen und zeigte hinauf. Hilde sah über dem Torbogen eine hölzerne Keule hängen, das frühere Zeichen der Halsgerichtsbarkeit von Jüterbog. Darunter stand auf einem blauen Schild:

> Wer seinen Kindern giebt das Brodt
> und leidet nachmals selber Noth,
> den schlag man mit der Keule todt.

Hilde lachte: »Dann müssen wir es eben einmal besser machen!« Es gab ja so viel zu sehen! Sogar Potsdam und Berlin konnten sie mit den Fahrrädern erreichen. Und alles wurde jetzt natürlich fotografiert. Die beeindruckenden Terrassen von Schloss Sanssouci hat Hilde bis heute nicht vergessen. Sie erzählt, bei ihrem Ausflug dorthin habe sie aber auf der Heimfahrt »schiergar schlapp gemacht, obwohl es keine Berge gab«. Kein Wunder, das müssen etwa 120 Kilometer gewesen sein.

Oh, das Leben hatte auf einmal so viel Neues zu bieten! Der Horizont hatte sich weit hinaus verschoben. Schließlich kündigte sich Anfang 1934 Nachwuchs an. Alles passte, einfach alles. Sie war wieder obenauf, von außen und von innen ganz Sonntagskind. Endlich war sie runter von der Verliererstraße. Die Tunzhofer Straße und die Krausengasse lagen viele hundert Kilometer hinter ihr. So viel Anfang war noch nie gewesen in Hildes Leben. Ihr Verstand sagte ihr: »So ist es gut. Jetzt kannst du zufrieden sein.« Wenn es da nur in ihrem Herzen nicht wieder so laut rumort hätte: »Aber dieses hast du verloren und jenes fehlt dir noch zu deinem Glück!«

Ende Juni 1934 heiratete Hildes Bruder Albert. Er hatte in seiner Stuttgarter Zeit Tante Linas Schwester Emma aus Schwöllbronn kennen gelernt. Die war fast 19 Jahre jünger als Lina und hatte ein oder zwei Jahre in Amerika in einem Pfarrhaushalt verbracht. Tante Marie war auch jetzt wieder gegen die Heirat gewesen: »Unsere Verwandtschaft ist schon kompliziert genug. Da kommt ja alles vollends durcheinander.« Aber sie war auch gegen Jul und gegen Ernst gewesen, später wird sie gegen Marthas Heirat ebenso Einwände erheben wie gegen die ihrer Tochter Lina.

»Lass sie nur!«, sagte Anna zu Albert, dem schon wieder die blaue Stirnader schwoll, »sie meint es gut mit uns. Sie ist halt eine Usenbenz. Die Ahne ist damals gegen Maries Hochzeit mit dem Witwer Gottlieb gewesen, der Ehle hatte nicht gewollt, dass seine Babett einen Soldaten freit, die Urahne hatte zeitlebens etwas gegen ›diese Bosch da‹, die für ihren Hansjörg nicht reich genug war, und wenn man Ahnenforschung betreiben würde, kämen sicherlich jahrhundertelange Einwände gegen sämtliche Schwiegersöhne und Schwiegertöchter der Weltgeschichte zum Vorschein. Das liegt bei denen im Blut. Es gibt Leute, denen kannst du es nie recht machen. Jetzt denk einmal darüber nach, ob du es anderen Leuten recht machen willst oder ob du eine Entscheidung für dein eigenes Leben treffen willst.«

Albert war in die SS eingetreten, die nationalsozialistische Elitetruppe mit besonderen Aufgaben, die von Heinrich Himmler straff geführt wurde. Auf Wunsch seines Hamburger Chefs sei Albert zur SS gegangen, heißt es.

Aber dass er bei seiner Aufnahme die zwei Zentimeter Körpergröße, die ihm am geforderten arischen Gardemaß fehlten, hinzugemogelt hatte, lässt schon vermuten, dass er zu diesem Zeitpunkt ganz persönlich von der »Bewegung« erfasst worden war. Er heiratete seine Emma in der schwarzen Uniform der Waffen-SS. Auf dem Foto sieht man zahlreiche Hochzeitsgäste in SS- und SA-Uniform und die Buben in den Hemden der Hitler-Jugend. Es ist nicht zu übersehen, dass eine neue Zeit angebrochen war.

Gegen Alberts Eintritt in die SS hatten Fritz und Marie nichts einzuwenden. Am Anfang gab es eine eindeutige Zustimmung der Pietisten zur Regierungsübernahme durch die Nationalsozialisten. Auf dem Neukirchener Kalender war die 30 vom 30. Januar 1935 rot gedruckt. Es war der zweite Jahrestag der nationalsozialistischen »Machtergreifung«, und der war zum nationalen Gedenktag geworden. Auf der Vorderseite des Kalenderblattes stand zu lesen: »Die Vorsehung GOTTES, nach der alles nicht von ungefähr, sondern von seiner väterlichen Hand uns zukommt, macht auch die Weltgeschichte. So kündet uns der heutige Tag in der Geschichte unseres deutschen Volkes: das ist vom HERRN geschehen! Heute vor zwei Jahren ging das Hoffen und Harren der Besten unseres Volkes in Erfüllung. GOTT fügte es, daß aus Nacht und Grauen ein neues Morgenrot dem ins Elend und in Knechtschaft versunkenen deutschen Volk leuchtete.«

Die Mehrheit der Deutschen dachte so. Später gingen die Pietisten dann aber doch auf Distanz zu den Nationalsozialisten, die sie allzu plump vor ihren ideologischen Karren spannen und gegen die Juden aufbringen wollten. Das machten sie nicht mit.

Hilde wäre gerne zur Hochzeit ihres Bruders nach Stuttgart gefahren. Aber sie war im achten Monat, da war die Reise zu weit. Im Juni fand Ernst, es sei nun an der Zeit, für ihr erstes Kind einen Stubenwagen zu kaufen. Dazu fuhr er wie immer nach Jessen. Er verabredete sich für den Nachmittag mit Hilde im Gasthaus Kuhn in Schweinitz, da sollte sie auf ihn warten. Als er dort mit seiner neuen Errungenschaft eintraf, wurde der Stubenwagen nicht nur von Hilde, sondern auch von den Wirtsleuten und den Gästen von allen Seiten begutachtet und der Kauf schließlich gutgeheißen. Natürlich wollte die Sache nun auch gebührend begossen werden. Auf dem Heimweg schob der werdende Vater das Ding stolz vor sich her. So hatte er doch etwas, woran er sich festhalten konnte. Aber es war halt ein Stubenwagen und der erwies sich als nicht gerade geländegängig. Hilde berichtet: »Am Weg entlang stand eine lange, duftende Jasminhecke und der Ernst schwupp! – fuhr mit dem Stubenwagen in die Hecke hinein. Als ich den Mann mitsamt dem neuen Stubenwagen wieder herausgezogen hatte, ging es – schwupp! – wieder in die Hecke hinein. Ich sagte: ›Wart, mein Lieber, das erzähl ich später dem Buben!‹ Ha, und dann ist es ein Mädchen geworden!«

Am 24. August 1934 ertönte in Häberles Schlafzimmer der erste Schrei des Neugeborenen. Sie nannten das Mädchen nach der Großmutter Margrete. Die brachte wenige

Tage später im Alter von 65 Jahren noch den Mut auf, in Begleitung ihres Sohnes Wilhelm die weite Reise von Dettingen nach Schweinitz zu unternehmen, um ihre erste Enkeltochter zu sehen. Auf die war sie nicht weniger stolz, als Ernst und Hilde es waren.

Wilhelm, der gerade seine theologische Ausbildung in Basel abgeschlossen hatte, stand vor seinem ersten Missionseinsatz im unendlich fernen Afrika. Wie weit war die Welt doch geworden! Er musste nach Hamburg, um von dort die Schiffsreise nach Kamerun anzutreten. Da lag Schweinitz ja fast an der Strecke. Wilhelm sollte Pate der kleinen Margrete sein, allerdings konnte er nicht bis zum nächsten Sonntag warten, weil er seinen Termin zur Einschiffung einhalten musste. Also wurde mit dem Schweinitzer Pastor eine Haustaufe vereinbart. In Hamburg war Wilhelm dann für eine Nacht Gast bei den Jungvermählten Albert und Emma Lang. Er war schon seit einiger Zeit mit Hildes Bruder befreundet. Die beiden brachten Wilhelm am nächsten Tag zu den Übersee-Landungsbrücken und verabschiedeten ihn in sein großes Abenteuer.

Im Jahr darauf kündigte sich in Schweinitz erneut Nachwuchs an. Am 2. Dezember 1935 brachte Hilde ihr zweites Kind zur Welt, diesmal einen Sohn. Jetzt war Hildes Schwester Martha ins ferne Schweinitz gereist, um sich nützlich zu machen. Sie war damals 21. Schon bald klang ihr übermütiges, quiekendes Lachen, das ihr immer den Atem nahm, durch die Wohnung. »Hör auf!«, flehte Hilde unter Tränen, »bitte hör auf! Mir tut der ganze Unterleib weh.« Ernst schob die Unterlippe vor und blickte missbilligend auf die ausgelassenen Schwestern: Den Langs fehlte es doch an Ernsthaftigkeit, Selbstbeherrschung und Würde, sobald sie unter sich waren. Sie lachten genauso ungeniert laut, wie sie stritten! Beides hatte es bei den Häberles so nie gegeben. Martha blieb sechs Wochen. Sie tauften ihr zweites Kind Hans Wilhelm. Martha war Taufpatin, und in Abwesenheit der ferne Wilhelm.

Im übernächsten Jahr, im Februar 1937, waren sie schließlich zu fünft: Lisa Maria kam zur Welt. Diesmal war zur Unterstützung der Hausfrau Tante Marie zugegen, die sie nun schon »Oma« nannten, obwohl Maries erstes eigenes Kind Martha erst im nächsten Jahr heiraten würde und dann vielleicht »richtige« Enkel zu erwarten waren.

Lisa hatte es etwas eilig. So kam es, dass Ernst am Nachmittag des 13. Februar Oma Marie vom Bahnhof abholte. Sie hatte ihre Taschen noch nicht ausgepackt, da musste er sich schon wieder nach der Hebamme aufs Fahrrad schwingen. Noch am Abend eilte Ernst dann aufs Postamt und ließ ein Telegramm an Opa Fritz in Dettingen los: »Mutter und Lisa gut angekommen!« Der staunte nicht schlecht über diesen Satz.

Als später Hildes Schwester Martha in Ulm ihr erstes Kind erwartete, eilte auch da bereitwillig Oma Marie zu Hilfe, und wie es der Zufall will, traf auch hier das Kind unmittelbar nach Omas Ankunft ein. Das gab zu viel Heiterkeit in der Verwandtschaft Anlass und fortan machte der flotte Spruch die Runde: »Oma rein – Baby raus!« Hilde bekam einen blau-weiß emaillierten Orden, weil sie nun »dem Führer drei Kinder geschenkt« hatte. Die Auszeichnung hieß Mutterkreuz. Hilde hat es noch, aber sie sagt, sie habe es nie getragen.

Ernst war nun schon fast zehn Jahre so weit von zu Hause fort, sechs davon in der Ziegelei Jahn in Schweinitz. Sein Alltag drohte in Routine zu erstarren. Er wurde unruhig, mehr noch: Er wurde unzufrieden. Er wollte nicht sein ganzes Leben hier verbringen und fand, es sei an der Zeit, sich beruflich zu verändern. Sein unstetes Wesen meldete sich also wieder. Er strebte nach Württemberg zurück. Zwar waren sie schon des Öfteren um ein gemütlich wirkendes Häuschen mit Garten herumgeschlichen, das zum Verkauf stand, aber als Ernst den Preis erfuhr, winkte er ab. Jedoch, wenn sie weiter so fleißig sparten, wer weiß, konnten sie sich vielleicht bald im Schwäbischen ein Häuschen bauen. So schrieb Herr Jahn in sein Zeugnis: »Herr Häberle verlässt die Firma auf eigenen Wunsch, da er wieder in seine alte Heimat zurück möchte.«

In Neuenstein bei Öhringen gefiel es der Familie anfangs recht gut. Die Dächer waren wieder ziegelrot statt schiefergrau, die Hauswände wieder verputzt oder malerisch mit Fachwerk geziert statt verklinkert, die Kühe auf den Weiden rotbunt statt schwarzweiß. Das Auge fand bei den Bergen am Horizont einen Halt. Ernst und Hilde konnten wieder schwätzen, wie ihnen der Schnabel gewachsen war, beim Bäcker gab es knusprige Brezeln und herzhafte Laugenwecken, beim Nachbarn ein Glas Most und Verwandtenbesuche würden nun keine halbe Weltreise mehr sein.

Die Familie bezog eine Wohnung in der Mauerstraße, an der »Bleiche«, mit Blick auf das reizvolle Renaissance-Schloss der Fürsten von Hohenlohe-Neuenstein. Die »Bleiche« direkt vor dem Haus war eine Wiese, so groß wie ein halbes Fußballfeld, auf der die Hausfrauen ihre weiße Wäsche zum Bleichen in die Sonne legten. Dort hatten die Kinder viel Platz zum Spielen. In der traditionsreichen Neuensteiner Ziegelei Hettenbach, die übrigens just in Hildes Jubiläumsjahr 1999 abgerissen wurde, trat Ernst im Frühjahr 1938 eine Stelle als Brenner an. Das war eigentlich ein Rückschritt für ihn, man hatte ihm aber binnen Jahresfrist die Stelle des Meisters in Aussicht gestellt. Daraus wurde jedoch nichts, es gab Differenzen. Nicht einmal die Tätigkeit als Brenner entwickelte sich zufriedenstellend für Ernst.

Auch bei den Kindern gab es Schwierigkeiten. Der dreijährige Hans ging nur kurze Zeit in den Kindergarten. Dann kam er eines Tages heulend heim und erzählte, die Kindergärtnerin habe »Hanswurst« zu ihm gesagt. »Man soll ja den Kindern nicht immer gegen die Erzieher oder Lehrer helfen«, meint Hilde heute, »aber da habe ich zu ihm gesagt: ›Hans, da brauchst du nicht mehr hin.‹« Neuenstein erwies sich insgesamt bald als Missgriff.

Das waren aber alles Kleinigkeiten im Vergleich zu der Katastrophe, die am 4. März 1939 über die junge Familie hereinbrach.

✳ ✳ ✳

Hilde fällt es noch nach einem halben Jahrhundert schwer, darüber zu sprechen: »Unsere Lisa war mit ihren zwei Jahren schon sehr weit für ihr Alter. Sie war Vaters Liebling. Man soll ja keinen Liebling haben, wenn man mehrere Kinder hat, aber Lisa hatte er schon besonders gern. Wenn sie am Tisch auf Vaters Schoß saß und das Essen begann, rief sie: ›Jetzt geht los!‹ Sie konnte auch schon einige Kinderliedchen auswendig. Die hatte sie von Margret gelernt. Margret ging damals in Neuenstein in den Kindergarten, und wenn sie heimkam, mussten Hans und Lisa nebeneinander auf dem Sofa sitzen. Margret stellte sich vor sie hin und brachte ihnen die Lieder bei, die sie im Kindergarten gelernt hatte. Dazu dirigierte sie.

Jetzt geht mir immer wieder dieser Frühlingstag durch den Sinn. Mir steht jede Einzelheit vor Augen ... Lisa hatte gefragt: ›Darf ich in die schöne Sonne raus?‹ Ich sagte ja und ging gleich mit, weil ich Milch holen wollte. Lisa setzte sich auf die Haustreppe in die Sonne und sang laut vor sich hin. Der Milchwagen hielt an der Ecke zur Hauptstraße. Ich sagte zu Lisa: ›Bleib schön sitzen!‹, und ging die paar Schritte zum Milchauto hinüber. Da war Lisa schon auf die Straße gelaufen und direkt unter ein Pferdefuhrwerk ... Ein Hinterrad des Mistwagens war über ihr Köpfchen gerollt. Ein Mann hatte noch ›Lisa!‹ gerufen. Er hat berichtet, der Bauer habe die Pferde vorne am Zügel geführt und das Kind auf der anderen Seite nicht sehen können, und dann noch das Rad ... Lisa war sofort tot. Ich hob sie auf, aus ihrem Mund kam Blut, unheimlich viel Blut. Ich glaube, sie hat nachher gar kein Blut mehr gehabt. Der Mann, der ›Lisa!‹ gerufen hatte, war ein Arbeitskollege von Ernst. Den hab ich in die Ziegelei geschickt, Vater zu holen. Der ist dann zu Ernst gelaufen und hat gesagt: ›Meister, Sie sollen heimkommen, die Lisa ist tot.‹

Während ich auf Ernst wartete, habe ich gedacht: ›Wenn er mir jetzt Vorwürfe macht, dann laufe ich hinüber zum Schloss und gehe in den Wassergraben.‹ Aber er hat nichts gesagt. Wir haben danach die Straße abgesucht, ob da ein Ball oder ein Spielzeug oder etwas Glänzendes lag, nach dem Lisa gelaufen sein konnte. Aber wir haben nichts gefunden.

Als Lisa verunglückt war, hat ein Nachbar, der war Gärtner, lauter kleine Schneeglöckchensträußle gemacht und damit rund um das Kind den ganzen Sarg ausgelegt und auch den Deckel. Ich habe immer gesagt: Lisa ist in einem Schneeglöckchenbeet beerdigt worden. Vaters Chefin hat Lisa ein schönes, weißes, seidenes Totenkleidchen machen lassen.

Wir haben Lisa in Dettingen beerdigt. Oma hat bei der Beerdigung gesagt: ›Wieso habt ihr dem Kind so ein teures Kleid angelegt?‹ Und ich habe geantwortet. ›Na, das hat sie halt geschenkt bekommen.‹ Ernst ist dann im Mai von Neuenstein weg.«

* * *

# In Zeiten des Krieges

Das Jahr in Neuenstein war beruflich für Ernst ein verlorenes Jahr und durch den Unglücksfall für die ganze Familie eine Tragödie. Alle wollten sie nichts wie weg. Es war jetzt auch nicht mehr so wichtig, ob in Württemberg oder anderswo. Schon im Mai trat Ernst in Elsdorf im Rheinland eine neue Stelle als Meister bei der Ringofenziegelei Mohren & Wolff KG an. Elsdorf liegt im Kreis Bergheim, etwa in der Mitte zwischen Köln und Aachen. Sobald seine Probezeit um und die Wohnungsfrage geklärt sein würde, sollte die Familie nachkommen.

Über ein Vierteljahr musste Hilde somit noch allein mit den beiden Kindern in Neuenstein ausharren. Nach allem, was geschehen war, hätte sie ihren Ernst gerade jetzt viel lieber bei sich gehabt. Ja, sogar dringend gebraucht hätte sie ihn. Jedes Mal, wenn sie das Haus an der Bleiche verließ, kam sie an jener Stelle vorbei, hatte sie das Bild dieses schrecklichen Unglücks vor Augen, sah sie wieder das Blut, das viele Blut. Das quälte sie Tag und Nacht. Immer wieder holte sie die blonde Locke hervor, die sie von Lisa behalten hatte.

Die polizeiliche Untersuchung hatte ergeben, dass sie ihre Aufsichtspflicht nicht verletzt hatte. Objektiv betrachtet brauche sie sich keine Vorwürfe zu machen, sagten ihr auch die Nachbarn. So ein Unglück habe sie nicht voraussehen können. Ja, objektiv!

Sechs Wochen nach seinem Neubeginn in Elsdorf kam Ernst kurz zu einem Wochenendbesuch nach Neuenstein. Sein Vater in Dettingen war von seinem schweren Leiden erlöst worden, das er so lange klaglos ertragen hatte. Ernst fuhr zum Begräbnis. Erst am 1. September konnte Hilde dann mit Margrete und Hans nach Elsdorf fahren. Ein wahrhaft historisches Datum. An eben diesem 1. September 1939 begann nämlich Adolf Hitler den Zweiten Weltkrieg, indem er der Wehrmacht im Morgengrauen den Überfall auf Polen befahl. Im selben Moment traten all die von langer Hand vorbereiteten Maßnahmen für den Kriegsfall in Kraft. Wie sich nun herausstellte, war das zufällig für lange Zeit die letzte Möglichkeit eines Umzugs gewesen. So hatte Hilde wieder einmal Glück im Unglück gehabt.

※ ※ ※

»Stellt euch vor, schon am Freitag, als wir in Elsdorf ankamen, wurden Lebensmittelkarten und für die anderen Sachen Bezugsscheine ausgegeben. Das war alles vorbereitet. Ab sofort gab es nichts mehr ohne. Auch Reisen und Umzüge waren auf einmal genehmigungspflichtig. Unser Umzug wäre später nicht mehr erlaubt gewesen. ›Um Gottes Willen!‹, sagte Ernst, ›stell dir das vor: Jetzt würdet ihr womöglich in Neuenstein sitzen und ich hier!‹

Weil wir gerade erst nach Elsdorf gekommen waren, hatte ich noch keine Karten. Vorne an der Straße war ein Geschäft, so ein Tante-Emma-Laden, würde man heute sagen. Das vergesse ich dieser Frau dort nicht – vielleicht lebt sie ja gar nicht mehr: Als niemand mehr im Laden war, sagte sie: ›Aber sicher bekommen Sie von mir ein halbes Pfund Butter!‹ Und ein halbes Pfund Butter ohne Marken, das war damals schon was! Wir waren gerade zwei Monate in Elsdorf, da geschah dieses missglückte Attentat auf Hitler im Bürgerbräukeller in München. Da haben wir uns vielleicht geschämt dort unten im Rheinland, als bekannt wurde, dass der Attentäter Elser wie wir aus dem Kreis Heidenheim kam.«

✳ ✳ ✳

Ernst hatte nun also wieder eine Meisterstelle inne. Neben der Betriebsleitung hatte er auch das Firmenbüro zu führen, lernte noch Maschinenschreiben. Weil das alles auf einmal kaum zu schaffen war, half Hilde tatkräftig mit und war bald für sämtliche Lohnabrechnungen und für den Telefondienst zuständig. Der Chef, Herr Mohren, musste sich aus gesundheitlichen Gründen aus dem Alltagsgeschäft weitgehend zurückziehen. Zwischen ihm und seinem Meister entwickelte sich schnell ein ausgesprochenes Vertrauensverhältnis, das bis in den privaten Bereich reichte. Wenn Frau Mohren Haushaltsgeld brauchte, schickte sie ihr Mann zu seinem Meister. Und der hatte die Weisung: »Meester, keine Mark ohne Unterschrift! Wissense, meine Frau kann nicht mit Geld umgehen.« Sie hatten einen geistig behinderten Sohn, dazu die fortschreitende Erkrankung ihres Mannes, da folgte sie nur allzu oft der rheinischen Devise: »Hast du Kummer mit die Deinen, trink dich einen!«

Herr Mohren zitierte Ernst auch schon mal ans Krankenbett. Dann konnte es passieren, dass er zu seiner Frau sagte: »Ich muss auf den Topf. Geh raus! Der Meester ist ja hier.« Auch an seinem Ende wollte Mohren seinen »Meester« bei sich haben. Als der Priester kam um ihm die Beichte abzunehmen und die letzte Ölung zu geben, ging Ernst vor die Tür. Hinterher sagte Mohren zum Priester: »Da draußen steht einer. Sagen Sie zu dem, er soll wieder reinkommen!« So blieb Ernst bis zum Schluss die rechte Hand seines Chefs. Nach dessen Tod führte er die Firma mit Hilfe von Mohrens Kompagnon Hoch weiter. Die Witwe war dazu nicht in der Lage.

Im Mai 1941 war Ernsts Schwester Ursula, die alle Ursche nannten, von Dettingen nach Elsdorf gekommen. Sie wurde dort gebraucht, denn es stand wieder ein freudiges Ereignis ins Haus. Das Bübchen, das am 13. Mai zur Welt kam, wurde Walter getauft. Nachbarin Billa Klütsch, eine waschechte Rheinländerin, beugte sich über den Stubenwagen: »Wat sagen Sie? Walter soll der heißen? – Och Jott, dat arm Jöngsje, noch so klein und schon so ne schwere Name!«

Ursche war, wie ihre Schwester, die Hebamme Rösle, ledig geblieben. Die beiden wohnten in Dettingen mit ihrer Mutter zusammen. Ursche war schon 40, aber sie war zum ersten Mal in ihrem Leben von zu Hause fort und dann gleich so weit! Sie bekam prompt fürchterliches Heimweh, vor allem die Mutter fehlte ihr sehr. Hilde nennt sie heute noch eine »Bähmulle«, das ist die schwäbische Bezeichnung für einen zaghaften, überängstlichen Menschen. Das ist aber ungerecht, denn Hilde wusste nicht, dass Heimweh eine regelrechte Krankheit sein kann und nicht bloß Zimperlichkeit.

Wenn man Hildes Lebensweg bis nach Elsdorf rückblickend betrachtet, bestand er nur aus Wechsel. Wechsel von Orten, Wechsel von Tätigkeiten und Wechsel von ihr nahe stehenden Personen. Das sollte noch eine Weile so weitergehen. Weder zu einem Ort, so gerne sie dort auch war, noch zu einer Person, so lieb sie ihr auch sein mochte, konnte sich da eine so ausschließliche Bindung entwickeln, wie das in 40 stetigen Jahren in dem ehernen Dreieck Ursche–Mutter–Dettingen geschehen war. So durfte Ursche dann vorzeitig die Heimreise antreten, als sie nicht mehr unbedingt gebraucht wurde. Die siebenjährige Margrete, die bereits in die Schule ging, konnte der Mutter ja auch schon etwas zur Hand gehen.

Noch in seinem ersten Lebensjahr erkrankte Walter an einer Lungenentzündung. Hilde dachte gleich an ihre Mutter und war in großer Sorge. Aber im März 1942 schrieb Ernst an seine Lieben in Dettingen: »Es ging gut vorüber und nun ist er wieder gesund. Seine dicken Backen sind auch wieder da, Appetit gut, also keine Sorgen mehr. Er hat jetzt sechs Zähne und beißt damit allerhand klein. Jetzt übt er das Laufen. Ich habe ihm ein feines Bett gemacht. Margret geht fleißig zur Schule und macht uns da gar keine Arbeit. Sie lernt sehr gut und leicht, ist ja auch groß genug und kennt das Wort schüchtern kaum vom Hörensagen. Soldat bin ich immer noch nicht.« Er schrieb auch von ihren Nöten mit der Versorgung und bedankte sich für sein Geburtstagspaket aus der Heimat: »Es geht in diesen Zeiten nichts über eine Abstammung vom Lande, denn ein Säckle Mehl ist uns zur Zeit eine große Hilfe und Freude. Hans meint: Wenn Göring wüßte, was er für einen Hunger hat, dann gäbe er uns bestimmt mehr Brot. Ich meine: Er täte es, wenn er's hätte.«

»Ja, von wegen!«, schimpfte Hilde, als sie das las. »Der Fettsack weiß doch gar nicht, was Hunger ist!« Ihr Mann zeigte mit dem Kinn auf die Kinder und warf ihr einen warnenden Blick zu.

Das Schreiben datiert vom 7. März. Da hatte sich Lisas Todestag eben zum dritten Mal gejährt. Hilde hatte wieder die blonde Locke hervorgeholt, die sie in einem silbernen Modell des Ulmer Münsters aufbewahrte. Ernsts Brief war wohl noch unterwegs nach Dettingen, da erhielt Hilde Post mit schwarzem Rand. Sie ahnte gleich, was das bedeutete. Sie saßen gerade beim Mittagessen, Hilde hatte Walter auf dem Schoß und fütterte ihn. Sie nahm den Brief, erstarrte, setzte wortlos das Kind in den Laufstall und verließ schnell das Zimmer. Weinend warf sie sich oben auf ihr Bett. Kurz darauf kam sie wieder zu den anderen herunter – sie hatte schwarze Kleider an.

An Weihnachten hatte sie einen Besuch bei Oma Marie und Opa Fritz in Dettingen vorgehabt. Aber wegen Walters Krankheit konnte sie nicht fahren. Lina, Anna und

Martha waren daheim gewesen und zu ihrer großen Freude hatte Albert Heimaturlaub bekommen. Seine Frau Emma hatte mit ihren beiden Buben Hamburg inzwischen wegen der ständigen britischen Fliegerangriffe verlassen und war zur Schwester Lina nach Stuttgart zurückgekehrt. Auch sie waren in diesen Tagen in Dettingen.

Emma und Albert zeigten wieder ihre alte Untugend, sich bei bestimmten Themen miteinander auf Englisch zu unterhalten. Das kam bei den übrigen Anwesenden natürlich weniger gut an. Auch mit Wilhelm hatten sie das schon im Beisein der Geschwister getrieben. Aber der gehobenen Stimmung im Hause Lang konnte das diesmal keinen Abbruch tun. Da war das Haus in der Krausengasse voll und die Freude groß und das übermütige Gelächter unter den Lang-Schwestern übertönte gar noch die dröhnende Stimme der Schwägerin Emma.

Als Albert sich verabschiedete, umarmte er ganz gegen seine Gewohnheit einen nach dem andern. »Jetzt war ich im Himmel«, sagte er leise, »und nun muss ich wieder zurück in die Hölle.« Seine Buben Eberhard und Joachim klammerten sich weinend an die hohen Stiefel ihres Vaters: »Papa, du sollst nicht wieder da hingehen!« Was er bei der Waffen-SS erlebt hatte, hatte ihn verändert. Oma Marie vertraute er unter vier Augen an: »Ich habe schlimme Dinge gesehen und ich sage dir: Wenn der Krieg nicht bald zu Ende geht, werden wir ihn verlieren. Aber dann gute Nacht, Deutschland!« Einem jungen Mann, der sich bei ihm nach dem Eintritt in die SS erkundigte, riet er ab, ohne Einzelheiten zu nennen.

Nach diesem Urlaub wurde er wieder in den schwer um-
kämpften Wolchow-Kessel am russischen Ilmensee nahe
Nowgorod eingeflogen. Im Herbst hatten sie noch zackig
gesungen:

Im Sommer bei Staub und Hitze,
Im Winter bei Eis und Schnee.
Wir kämpfen in Sümpfen und Wäldern
Südlich des Ilmensee.

Inzwischen war ihnen das Singen vergangen. In seinem
letzten Brief schrieb er an seine Frau Emma: »Wir haben
nichts mehr zu essen und nichts mehr zu trinken und nicht
einmal mehr etwas zu rauchen.« Danach hatten sie nichts
mehr von ihm gehört.

Im letzten Jahr noch hatte Albert Hilde im Büro angerufen und ihr mitgeteilt, seine motorisierte Einheit würde
auf dem Weg zum Einsatz in Frankreich durch Elsdorf
kommen. Er wolle versuchen, sie kurz zu sprechen. Hilde
hatte zum angegebenen Zeitpunkt an der Durchgangsstra-
ße gestanden, ein Päckchen mit einer Mettwurst in der
Hand. Anhalten durfte der Verband nicht, aber Albert hatte immerhin erreicht, dass die Fahrt durch den Ort verlang-
samt wurde. So war Hilde neben der Kolonne hergelaufen,
ihr Albert hatte sich aus seinem Fahrzeug gebeugt und die
Schwester umarmt. Die hatte ihm das Päckchen zugesteckt, war noch ein Stück an seiner Hand nebenhergelau-
fen und hatte ein paar Sätze mit ihm gewechselt. Dann war

sie winkend und weinend stehen geblieben und hatte ihm nachgesehen, bis der Konvoi in der Ferne verschwunden war. – Und jetzt hielt Hilde im schwarzen Kleid die Todesnachricht ihres geliebten Bruders in Händen.

Emma berichtete später, die seien dort regelrecht verhungert. Einem Kameraden auf Heimaturlaub habe sie Geld für ein Grabgebinde mitgegeben, aber der habe geschrieben, inzwischen sei die Front über dieses Gebiet hinweggegangen und das Grab sei nicht mehr aufzufinden gewesen. In den folgenden Jahren hat Emma ihren Buben an jedem Heiligen Abend den letzten Brief ihres Vaters vorgelesen. Sie sollten ihn in guter Erinnerung behalten.

In Elsdorf hatte sich die Versorgungslage seit Kriegsbeginn spürbar verschlechtert. Ernst und Hilde bestellten einen ansehnlichen Garten, hielten Hasen und Hühner und mästeten jedes Jahr ein Schwein. Die Mehrarbeit lohnte sich. So kamen sie ganz gut über die Runden. »Jetzt noch eine Kuh«, sagten sie scherzhaft, »dann hätten wir auch noch eigene Milch, Butter, Käse und Rinderbraten.«

Am Geld fehlte es ihnen nicht, aber die Lebensmittel waren rationiert und alle Waren und Dienstleistungen wurden behördlich zugeteilt. Ohne Lebensmittelmarken, Bezugsscheine und Erlaubnisscheine ging gar nichts mehr im Reich, es sei denn durch Beziehungen. Die hatten Ernst und Hilde aber nicht. Der Schwarzmarkt kam für die beiden auch nicht in Frage. Dort war es teuer und obendrein riskant.

Hilde berichtet von Willkür auf den Ämtern, von allgemeinem Misstrauen gegeneinander und von einem verschärften Umgangston: »Die Kerle, die vorher einen Dreck wert gewesen sind, die konnten jetzt über dich bestimmen. Da hast du Kartoffelpuffer gemacht und draußen ging einer vorbei, der das roch. Gleich sagte der: ›Mensch, die kann Reibekuchen backen! Woher hat die das Fett? Woher hat sie die Kartoffeln? Nach der muss man gucken‹.«

Ein Arbeiter nach dem anderen wurde aus der Ziegelei zum Militär abgezogen. Es war fraglich, ob der Sommerbetrieb überhaupt wieder aufgenommen werden konnte oder ob man den Betrieb ruhen lassen musste. Da wurde im Juni 1942 auch Ernst, wie er sagte, »zum Barras« gerufen. Jetzt war er 35. Er war als junger Mann nicht beim Militär gewesen, weil nach dem Versailler Vertrag die Wehrpflicht in Deutschland abgeschafft war. Erst Hitler hatte sie 1935 – vertragswidrig – wieder eingeführt. Jetzt kam Ernst erst in die Kaserne nach Lüdenscheid, dann nach Wesel am Niederrhein zur Grundausbildung bei der Wehrmacht. Dort konnten Hilde und die Kinder ihn noch einmal besuchen. Mit ihrer Agfa-Box fotografierten die Eltern sich gegenseitig mit ihren Kindern am Rheinhafen. Hilde schaut diese beiden Abschiedsfotos nur kurz an: »Na ja, er ist ja wieder heimgekehrt. Aber fragt nicht, wie!«

Im Herbst wurde der Vater schon an die Ostfront abkommandiert und geriet dort sogleich »in den größten Schlamassel«, wie er berichtete. Einzelheiten durfte er nicht schreiben. Sein Einsatzgebiet, so erzählte er später, sei erst in Weißrussland in der Gegend von Minsk bis Witebsk gewesen, dann im russischen Newel, um Smolensk und weiter nördlich an den Wolgaquellen in den Waldai-Höhen, nur noch 300 Kilometer von Moskau entfernt, aber auch kaum 150 Kilometer Luftlinie vom Ilmensee.

Dort hatten sie monatelang unter den unberechenbaren Attacken von Partisanen zu leiden. Im Winter 1943/44 zudem unter arktischen Temperaturen von bis zu minus 30 Grad. Später ging es, schon auf dem Rückzug, über Welikije Luki in Richtung der baltischen Staaten. Er wurde Kompaniemelder. Ja, dazu war der Häberles Ernst zu gebrauchen: zäh, unerschrocken, zuverlässig und pflichtbewusst bis zur Selbstaufgabe. Selber befehlen wäre nicht seine Sache gewesen, aber schicken konnte man so einen.

Der Hilde gingen natürlich die Schicksale ihres Papas, ihres Onkels Schorsch und ihres Bruders Albert nicht aus dem Sinn. Wie würde das jetzt mit ihrem Ernst ausgehen? Auch an Oma Marie musste sie nun denken, wie schwer die im ersten Krieg in der Tunzhofer Straße zu kämpfen gehabt hatte. Das war noch keine drei Jahrzehnte her. Jetzt waren also sie an der Reihe, jetzt wurde ihnen ein Strich durch die Rechnung gemacht. Nun war sie es, die zusehen musste, wie sie mit ihren drei Kindern zurechtkam, so ganz auf sich gestellt.

Aber da war sie nicht allein. Das war in diesen Jahren schon nichts Ungewöhnliches mehr. Den übrigen Frauen in Elsdorf erging es nicht besser. Die Nachbarin meinte: »Seien Sie doch froh, meiner ist schon seit drei Jahren fort.« Und manch eine Familie hatte Mann und Vater bereits ganz verloren. So war wohl der Lauf der Welt: Jede Generation wurde von ihren Führern durch das Jammertal eines Krieges getrieben. Hildes Großväter waren beide 1870 in den Franzosenkrieg gezogen, ihr Papa war 1918 im Weltkrieg geblieben, Opa Fritz im Schlamm an der Somme gelegen und jetzt stand ihr Mann in Russland in einem Krieg, den sie schon wieder einen Weltkrieg nannten. Und ihren Söhnen Hans und Walter? Was für ein Krieg stand ihnen bevor? Sollte das nie ein Ende nehmen?

Eine zusätzliche Belastung bedeutete für die Mütter der allnächtliche Fliegeralarm. Britische und ab Juli 1942 auch amerikanische Bomberflotten steuerten Nacht für Nacht die Industrieanlagen im Ruhrgebiet an, um dort in erster Linie die Rüstungsbetriebe auszuschalten. Dabei flogen sie immer von Westen her über Elsdorf hinweg. Man konnte fast die Uhr danach stellen. Dann heulten die Sirenen, Walter rief: »Is Alaam!«, jeder griff nach der bereitstehenden Tasche und lief mit den übrigen Hausbewohnern in den Luftschutzraum. Jahrelang ging das so, Nacht für Nacht. Selten konnten sie einmal durchschlafen.

Ernst hatte für seine Familie und die Nachbarn im stillgelegten Ringofen der Ziegelei einen im wahrsten Sinne des Wortes bombensicheren Schutzraum eingerichtet. Der Ringofen war ein Oval aus meterdicken Mauern. Innen hatte der Ofen abgeteilte, knapp drei Meter hohe Gewölbekammern, die zu Betriebszeiten nacheinander befüllt, vermauert, angeheizt, gebrannt, abgekühlt, wieder aufgebrochen und entleert wurden. Nach oben gab es Füllschächte, durch die normalerweise die Kohle für den Brennvorgang geschüttet wurde. Zusammen mit den

Rauchgas-Abzugsschächten sicherten diese nun die Frischluftzufuhr der Schutzsuchenden.

Eine dieser Kammern an der Stirnseite des Ovals, die links und rechts einen Zugang hatte, war von Ernst mit schützenden Strohballen versehen worden. Ein paar Pritschen, Kinderbettchen, Decken, ein Tisch und Sitzgelegenheiten machten einen nächtelangen Aufenthalt ganz erträglich, gemütlich wäre wohl das falsche Wort. Es gab auch Platz für Spielsachen und für Notvorräte.

Nach einigen Stunden im Schutzraum dröhnten die letzten Flugzeugmotoren Richtung England über den Ort hinweg. Die Sirenen gaben Entwarnung, der kleine Walter rief: »Is ewarnt!«, und alle begaben sie sich wieder in ihre Wohnungen. Die Fenster der Wohnungen hatten verdunkelt zu sein, damit der Feind aus der Luft kein Ziel ausmachen konnte. Das wurde sehr streng überwacht. Die Straßenbeleuchtung war natürlich ausgeschaltet. Autos, deren Fahrer überhaupt eine Erlaubnis hatten, nach Einbruch der Dunkelheit unterwegs zu sein, fuhren mit einer speziellen Scheinwerferabdeckung.

Für die Kinder war es immer wieder ein faszinierendes Schauspiel, wenn sie auf dem Weg zum Schutzraum die langen Lichtstrahlen der Flak-Scheinwerferbatterien sahen, die wie Riesenfinger den Himmel absuchten. Von oben schwebten ab und zu so genannte Christbäume herab. Das waren unzählige brennende Magnesiumfolien, die für die Angreifer das Gelände beleuchten und verdunkelte Ziele sichtbar machen sollten.

Mit der Fortdauer und Brutalisierung des Krieges wurden nicht nur die Rüstungsbetriebe und Verkehrsknotenpunkte angegriffen. Die Alliierten gingen nach den deutschen Angriffen auf Rotterdam, London und Coventry dazu über, die deutschen Städte selbst flächig zu bombardieren, mit »Bombenteppichen« zu belegen. In manchen Nächten flogen sie mehrere Angriffswellen. So wurde in der Nacht vom 30. auf 31. Mai 1942 durch den so genannten Tausend-Bomber-Angriff der Briten ein großer Teil der Stadt Köln in Schutt und Asche gelegt.

Die Angst in der Bevölkerung wuchs. Man lernte mit der Zeit, die verschiedenen Waffen schon vor ihrem Einschlag nach Gehör zu unterscheiden: Sprengbomben, Phosphorbomben, Splitterbomben. Am gefürchtetsten waren die Luftminen, weil die den Menschen den Atem nahmen. Es hieß, sie brächten die Lunge zum Platzen. Aber Luftminen waren an ihrem heulenden Ton auch am leichtesten zu erkennen. Wenn dieses Heulen in der Luft lag, während die Hausbewohner noch über den Hof zum Ringofen rannten, warfen sich alle auf den Boden und bedeckten Mund und Nase mit den Händen. Auch Hilde hatte das mit Margrete und Hans so eingeübt. Den kleinen Walter deckte sie dann am Boden mit ihrem Körper. Seine Lungenentzündung rührte wohl auch daher, dass er jede Nacht aus dem warmen Bettchen gerissen und durch die kalte Winterluft getragen werden musste.

Wenn die Elsdorfer wieder aus ihren Kellern und Luftschutzbunkern kamen, sahen sie mal am östlichen Nachthimmel den Feuerschein des brennenden Köln, mal im Westen den von Aachen oder im Süden das Flammeninferno des immer wieder schwer getroffenen Düren. Auch Elsdorf selbst wurde mehrmals getroffen, unter anderem die Zuckerfabrik, die lichterloh brannte und die Luft tagelang mit einem Duft nach Karamell erfüllte. Selbst die Ziegelei war am Ende zusammengebombt. Nur der Ringofen stand noch.

Dennoch hatte Elsdorf Glück: Ein offenbar auf das Dorf gezielter Angriff schlug fehl. Alles zitterte und bebte, aber die gesamte Bombenlast ging einen Kilometer nordwestlich auf freiem Feld nieder. Bei Hilde fiel lediglich durch den Luftdruck die Küchenfensterscheibe aus dem Rahmen. Männer, die etwas davon verstanden, erklärten, die Bomberbesatzungen hätten wohl die Koordinaten falsch eingegeben. Am Tag darauf fuhren die Bauern mit ihren Rübenwagen hinaus und räumten tonnenweise Bombenschrott und Blindgänger von ihren Feldern. Wegen der ständigen Bedrohung und des Ungemachs der allnächtlichen Kellerstunden bekam die Bevölkerung solcher Ortschaften als Ausgleich zusätzliche Lebensmittelkarten und Bezugsscheine.

✳ ✳ ✳

Hilde sucht ein Foto von ihrer Elsdorfer Nachbarin, die in der anderen Doppelhaushälfte wohnte. »Ich meine, ich habe noch ein Bild von Billa Klütsch. Mit der bin ich eine Zeit lang fast jeden Samstagabend ins Kino gegangen. Weil wir ständig Fliegeralarm hatten, bekamen wir extra Kärtchen, und weil wir bei den Alarmen immer vor Angst gezittert haben, nannten wir diese Kärtchen eben ›Zitterkärtchen‹. Das war sehr viel, was wir da bekamen. Damit konnten wir zum Beispiel ins Kino gehen. Ich habe meinen Kindern immer einen großen Teller Schinkenbrötchen hingestellt und gesagt: ›Mama ist im Kino. Um die und die Zeit esst ihr die Wecken und geht dann ins Bett.‹ Da war nichts dabei. Das war eben so. Da waren Hans und Margret schon acht und neun Jahre alt.«

Im nächsten Sommer kam Ernst auf Heimaturlaub. Hilde zieht das Familienfoto hervor, das sie bei dieser Gelegenheit am 6. Juli 1943 beim Fotografen in Bergheim machen ließen. »Seht, da war Ernst in Urlaub. Oh, da fällt mir ein: Wir haben regelmäßig geschlachtet. Jetzt hätten wir doch so gerne geschlachtet, wenn der Mann im Urlaub ist. Aber wir hatten halt die Genehmigung noch nicht.

Wir holten den Tierarzt, der musste den Erlaubnisschein zur Hausschlachtung ausstellen. Das war ein lieber Mensch, der bescheinigte einem schon mal, dass das Tier einen Zentner wog, dabei waren es zwei. Dem hat man ein ordentliches Stück heruntergeschnitten und damit war der Bart ab. Als der Tierarzt kam, hatte ich der Sau gerade das Fressen in den Trog geschüttet. Ernst machte dem Tierarzt den Verschlag auf und ließ ihn hineingucken. Der rief: ›Ha, das sieht man doch gleich, dass die gar nicht mehr frisst! Die muss man notschlachten, sonst verreckt die!‹

Der Nachbar Schiffer wollte hinterher wissen, was die Sau gewogen habe. Ich sagte: ›Ich weiß nicht, wir haben die Sau gar nicht gewogen, wir haben sie nur gemessen.‹ Das gab es tatsächlich, dass man die Sau statt wiegen auch messen konnte, die Länge, den Umfang und was weiß ich. Ernst lachte: ›Du bist doch ein Luder!‹ Aber ich sagte: ›Das geht den doch einen Dreck an, was meine Sau gewogen hat.‹ Der Fleischbeschauer hat immer gesagt: ›Mir braucht ihr nichts zu geben, ich bekomme bei den Bauern genug. Behaltet ihr nur euer Schweinchen für euch!‹ Es gab auch noch gute Leute, nicht alle waren Gierlinge.

Durch die Schlachtungen hatten wir doch immer etwas mehr. Wir haben keinen Hunger gelitten. Während Ernst im Krieg war, hatten wir zu essen genug, und gut! Durch die Zitterkärtchen bekamen wir auch mehr Milch. Wenn wir vom Alarm kamen, stellten wir den Milchhafen mit dem Geld vor die Tür. Wenn man schlachtete, bekam man zehn Pfund Mehl extra zum Wurstmachen. Aber ich hab das Mehl doch nicht in die Wurst getan. Damit hab ich natürlich gebacken.«

\* \* \*

Im Sommer 1944 war Ernst wieder auf Heimaturlaub. An seiner Uniform steckte das Eiserne Kreuz Sie wollten natürlich wissen, warum. Besonders der achtjährige Hans interessierte sich brennend, wofür sein Vater diese Auszeichnung bekommen hatte. Ernst erzählte die Geschichte von der Brücke: Ihr Bataillon war in heftige Gefechte verwickelt, die sich über Tage hinzogen. Sie hatten hohe Verluste. Einzelne Ortschaften waren nicht mehr zu halten. Ernsts »Haufen«, wie er im Landserjargon sagte, seine Kompanie, konnte ihre Stellung ebenfalls nicht länger halten, musste sich also zurückziehen, würde dadurch aber den Kontakt zu einer benachbarten Einheit verlieren und diese ihrem Schicksal überlassen. Das Feldposttelefon war tot. Die einzige Verbindung zu dieser Einheit führte über eine Brücke, die aber lag unter Dauerbeschuss durch feindliches MG-Feuer. Es war Nacht. Der Kompaniechef war ratlos, hin- und hergerissen in der Verantwortung für seine eigenen Leute und die Kameraden da drüben.

Da kam der Kompaniemelder Häberle in seinen Unterstand und bat um die Nachricht für die da drüben. Er wolle sie überbringen. Der Unteroffizier war sprachlos: »Ausgeschlossen, Häberle, es gibt nur den Weg über die Brücke. Haben Sie nicht beobachtet, dass die unter Dauerfeuer liegt?« – »Doch, Herr Feldwebel, eben weil ich das beobachtet habe, weiß ich, wie ich hinüberkomme! Sehen Sie doch, der Russe schießt mit Leuchtspurmunition, und die zeigt, dass das MG die Brücke ständig in einer Höhe von etwa einem Meter bestreicht. Da geh ich untendurch, wenn der Iwan so blöd ist! Geben Sie mir die Meldung!«

Er schnallte sich seine Kartentasche um und kroch tatsächlich unter den todbringenden Salven hindurch auf die andere Seite, schlug sich zu der Nachbareinheit durch, überbrachte seine Meldung und robbte auf dem gleichen

Weg zurück. Keine Stunde später tauchte er wieder im Unterstand auf und salutierte: »Melde gehorsamst: Auftrag ausgeführt!« Der Kompaniechef nahm ihn an die Brust. Ein einziges Mal sagte er »du« zu seinem Melder: »Mensch, Häberle, du bist schon ein verrückter Sauhund, du!« Weil durch diesen Einsatz das Leben vieler Kameraden gerettet wurde, zeichnete der Bataillonskommandeur wenig später den Kompaniemelder, Obergefreiten Ernst Häberle, vor versammelter Mannschaft mit dem Eisernen Kreuz aus. Hans bewahrt es noch heute auf als ein wertvolles Erinnerungsstück an seinen Vater, auf den er damals so stolz gewesen war.

Bald nach der Rückkehr zu seiner Infanterie-Einheit erwischte es den Obergefreiten Ernst Häberle. Auf einem Meldegang unter Granatwerferbeschuss musste er die Deckung wechseln. Da spürte er einen Schlag wie mit einem Knüppel auf den Hinterkopf. Er fasste sich mit der Hand in den Nacken und sah Blut. Seinen Auftrag konnte er noch zu Ende bringen, dann zeigte er sich einem Sanitäter. Ein Granatsplitter hatte ihn knapp unterhalb der Stahlhelmkante erwischt. Der Sanitäter sorgte für den Transport ins Lazarett nach Riga. Der Arzt, auch ein Schwabe, wunderte sich, dass der Schädelknochen nicht durchgeschlagen war: »Gell, Häberle, da sieht man mal wieder, was so ein schwäbischer Dickschädel aushält!« Ernst wurde nach seiner Genesung wieder zu seiner Einheit entlassen. Es war schon gar nicht mehr so einfach, diese zu finden, denn täglich mussten sie unter dem Druck der russischen Gegenoffensive im so genannten Mittelabschnitt ihre Stellungen wechseln. Sein Kompaniechef steckte ihm das eiserne Verwundetenabzeichen an die Uniform.

Daheim waren alle froh über die Nachricht, dass die Sache so glimpflich abgelaufen war, die in Dettingen und natürlich besonders die in Elsdorf. Die Aufenthalte im Ringofen waren inzwischen noch häufiger und länger geworden. So manche Nacht gab es nun zwei oder drei Mal Alarm. Kaum war Hilde wieder im Bett, musste sie erneut die Kinder aus dem Schlaf reißen und mit ihnen über den Fabrikhof rennen. Die Angriffe erfolgten nun auch tagsüber. Zum Beispiel der auf den Bahnhof von Bedburg, Luftlinie kaum sechs Kilometer entfernt. Da hüpften selbst im Ringofen die Trinkbecher auf dem Tisch und von der Gewölbedecke rieselte rötlicher Ziegelstaub herab. Margrete und Hans mussten mit ihren Grundschulklassen bald jeden zweiten Tag in den Keller der Schule flüchten. Dort versuchten die Lehrer zwar weisungsgemäß den Unterricht fortzusetzen, aber in dem Gedränge und bei dieser Unruhe war das meist aussichtslos.

Aus den besonders betroffenen Städten kamen immer mehr Menschen aufs Land, die durch die Bombenangriffe alles verloren hatten. Sie wurden von den Behörden dort einquartiert, wo überschüssiger Wohnraum festgestellt wurde. Hilde bekam eine für ihr Empfinden wohl etwas allzu bunte Dame aus Köln zugewiesen, die sie heute noch als Hure tituliert. Auf dem Rathaus protestierte Hilde lauthals gegen diese Maßnahme: »Vorher schmeiß' ich den

Wohnungsschlüssel in die Abortgrube! Dieses Weib kommt mir nicht ins Haus, Herkules! Stehen dafür vielleicht unsere Männer in Russland drinnen, dass sich hier solche Weiber breit machen können?« – »Seien Sie bloß vorsichtig mit dem, was Sie da sagen!«, warnte sie hinter seinem Schreibtisch der Beamte mit Parteiabzeichen. Hilde aber ließ nicht locker und setzte sich schließlich durch. Sie bekam statt der verdächtig aufgetakelten Dame zwei alte Leutchen einquartiert. Später wohnten zwei Soldaten bei Hilde, dann ein ganz junges Ehepaar, Herr und Frau Dickes, die bald darauf Nachwuchs bekamen. Hilde lieh ihnen ihren Kinderwagen aus. Sie hatten ja nichts.

Der Apotheker von Elsdorf, Herr Buschmann, hatte Hilde einmal darauf angesprochen, was ihr Mann denn wohl nach dem Krieg zu tun gedenke. Die Ziegelei Mohren sei ja wohl am Ende. Er selbst besitze auch eine Ziegelei in der Gegend von Aachen. Das wäre doch etwas. Hilde erzählte jetzt Ernst davon. Der ging in die Apotheke und unterhielt sich mit Herrn Buschmann über die Sache. Die beiden kamen überein, dass Ernst nach dem Ende des Krieges Meister bei Buschmann werden solle. Als Ernst sich wieder von seiner Familie verabschieden musste, mahnte er besorgt: »Geht nur immer gleich in den Ringofen. Dagegen, wie es hier bei euch zugeht, haben wir es an der Front ja direkt gemütlich!«

# Hilde, dein Ernst kommt!

Am Nachmittag des 13. September saß Hilde mit ihren drei Kindern in der Wohnstube. Margrete und Hans machten Hausaufgaben. Den dreijährigen Walter hatte Hilde auf dem Schoß. Sie spielte leise mit ihm »Das ist der Daumen, der schüttelt die Pflaumen ...«, und weil der Kleine von den Fingerspielen nie genug bekommen konnte, auch noch »Himpelchen und Pimpelchen saßen auf einem Berg ...«

Aber sie war nicht recht bei der Sache. Sie grübelte viel in diesen Tagen, war innerlich unruhig, spürte, dass etwas passieren musste. Lange war schon keine Post mehr von Ernst gekommen, nur die Meldungen im Radio von schweren Kämpfen im Baltikum, dem heldenhaften Widerstand der Heeresgruppe Mitte gegen die große Düna-Offensive der Russen. Dort, das wusste sie, steckte ihr Ernst mitten drin. Es war gerade mal kein Fliegeralarm in Elsdorf, dennoch wackelten die Stühle und klirrte das Geschirr im Schrank. Der Geschützdonner des von Westen heranrückenden Feindes grummelte in der Ferne. Es war nicht weit nach Holland, wo die Westalliierten von Nijmegen her die Maas herauf vordrangen. Das hatten Flüchtlinge berichtet. Am 8. Oktober begann die Schlacht um die alte Kaiserstadt Aachen. Sie sollte die erste deutsche Großstadt sein, die der Feind einnahm. Die Zivilbevölkerung wurde überstürzt evakuiert.

Der Volksempfänger brachte Meldungen »von der Bestrafung feiger Volksverhetzer, die Zweifel am Endsieg geäußert hatten«. Vor gut zwei Monaten war das Attentat auf Hitler gescheitert. Bespitzelung und Schikanen durch Gestapo und SS bis ins letzte Dorf waren seither noch schlimmer geworden. Überall wurde den Nazi-Gegnern der Prozess gemacht, meist ein kurzer. Von 7000 Verhafteten wurden etwa 5000 hingerichtet. Das sprach sich herum, wenn auch nur gerüchteweise. Seit einer Woche lief die Aufstellung des so genannten Volkssturmes auf vollen Touren. Sechzehn- bis Sechzigjährige wurden als letztes Aufgebot zur Verteidigung der bedrohten Heimat rekrutiert. Man munkelte inzwischen von drei Millionen gefallener deutscher Soldaten. Endzeitstimmung machte sich breit.

Aus dem Schlafzimmer ein dumpfer Knall und ein Klirren. Hans ging nachsehen: »Der Spiegel ist heruntergefallen.« – »Der Spiegel!« Hilde war nicht besonders abergläubisch, aber da stellte sie doch abrupt den kleinen Walter neben ihren Stuhl, stemmte die Fäuste auf die Tischplatte und stand energisch auf: »Herkules, jetzt ist es so weit! – Margret, geh zur Frau Dickes hinauf und sag, ich brauche unseren Kinderwagen! Hans, hol den Rucksack aus dem Schlafzimmer! Walter, komm, Mutter will dich warm anziehen!«

Margret kam zurück: »Mutter, Frau Dickes braucht den Kinderwagen noch.« Hilde ging selber hinauf, doch

Frau Dickes jammerte: »Aber nein, Frau Hebelein, Sie können mich doch jetzt nicht den Kinderwagen wegnehmen! Der Kleine liegt drin und schläft. Ich hab ja nicht mal ein Bettchen.« Hilde ging wieder hinunter und begann den Rucksack zu packen: Schmuck, Geld, Ausweise, Papiere, die Lebensmittelkarten, Ernsts Briefe und Feldpostkarten, Lisas Locke, das Fotoalbum, Wäsche, belegte Brote ...

Sie bekam nicht alles hinein, nahm deshalb das sperrige Fotoalbum und das Ulmer Münster wieder heraus und legte es in die Schublade zurück. Dann wurden die ausgekippten Schulranzen der Kinder gefüllt, Hans bekam das Silberbesteck hinein, eingewickelt in Unterwäsche, damit es nicht klirrte. Ein Koffer noch, mehr würden sie nicht tragen können. Deshalb hatte sie ja den Kinderwagen haben wollen. Da hätte sie Schuhe, ihr wunderschönes Kaffeeservice und etwas Bettwäsche hineingepackt. Walter hätte sie obendrauf setzen und schieben können. Nun musste es eben ohne Kinderwagen gehen. Wer weiß, vielleicht wäre er auch hinderlich geworden. Die beiden älteren Kinder mussten sich, wie ihre Mutter es vormachte, mehrere Kleidungsstücke übereinander anziehen: »Was man am Leib hat, braucht man schon nicht zu tragen.«

Es wurde bereits dunkel, als das bepackte, pummelige Grüppchen auf der gepflasterten Dorfstraße zur Gastwirtschaft vorging. Den Weg zum Bahnhof konnten sie sich sparen. Es fuhren schon seit Tagen keine Züge mehr. Aber in der Wirtschaft, dachte Hilde, da trafen sie vielleicht jemanden, der sie mitnahm. Neben ihnen hielt ein Lastwagen. Der Fahrer beugte sich heraus: »Nach Köln? Bin ich da richtig?« – »Ja, ich will auch nach Köln!«, rief Hilde. – »Dann steigen Sie doch ein!«

In Bergheim stand ein Mann an der Straße und winkte. Der sagte, er kenne den Weg ganz genau und stieg gleichfalls zu. Aus dem hinteren Teil des Lastwagens drang Stöhnen an Hildes Ohr. Da saßen und lagen lauter Verwundete. Einer stöhnte immer: »Durst! Durst!« Da öffnete Hilde ihre Thermosflasche, in der hatte sie Bohnenkaffee, echten Bohnenkaffee. Davon reichte sie dem Verwundeten ab und zu einen halben Becher nach hinten. Später sagte jemand zu ihr: »Dem haben Sie einen schlechten Dienst erwiesen, der Bohnenkaffee wird dem mehr schaden als helfen.« Aber er hatte doch solchen Durst gehabt.

Hilde wollte sich irgendwie zu ihren Verwandten nach Dettingen durchschlagen. Wie, das wusste sie auch nicht, die Zeit war nicht mehr geeignet zum Planen. Aber dass sie hier nicht länger bleiben konnten, das wusste sie. Der Hauptbahnhof in Köln war schwer beschädigt, genauso die Rheinbrücke. Den Rest der Nacht verbrachten sie im zugigen Wartesaal, dem die Hälfte einer Wand fehlte. Am Morgen hieß es, ab Köln-Deutz führen noch Züge. Also liefen sie über die schwankende Behelfsbrücke nach Deutz hinüber. Nach Stunden dann der Zug. Immer wieder kamen sie ein Stück weiter in Richtung Süden, dann mussten sie wieder kilometerweit laufen, weil irgendeine Brücke oder ein Bahnhof oder ein Stellwerk von Bomben zerstört worden war, dann wieder lagen sie in irgendwelchen Warteräumen, Luftschutzbunkern oder Unterführungen.

Keiner der vier weiß heute mehr, wie lange sie gebraucht haben und wie sie es schließlich geschafft haben, aber dann konnten sie doch Oma, Opa und Lina in die Arme schließen. Die Freude war allerdings nur kurz. Es stellte sich heraus, dass sie nicht die Einzigen waren, die in der Krausengasse in Dettingen unterkriechen wollten. Gertrud aus Stuttgart, Onkel Michels und Tante Linas Tochter, hatte dort mit ihren beiden Buben ebenso Schutz vor den Bomben gesucht wie Emmas Buben Eberhard und Joachim aus Hamburg und Emma selbst, die immer wieder für mehrere Tage oder Wochen von Stuttgart herauf kam, wo sie jetzt in Michels Büro angestellt war. Sie waren also schon zu neunt in dem kleinen Häuschen, als auch noch Hilde mit den drei Kindern kam. Sie fragte nach ihrem Bruder Erwin. Er sei jetzt bei den Soldaten in Süditalien, erhielt Hilde zur Antwort. »Aber er ist doch erst 18!«

Hilde bedauerte sehr, dass sie so wenig hatte mitnehmen können. Das ließ ihr keine Ruhe. Was würde Ernst dazu sagen? Nach acht Tagen in Dettingen hielt sie nichts mehr: »Ich fahr noch mal hin und hole mir noch einiges. Wer weiß, was dort passiert!« Opa tobte: »Was fällt dir eigentlich ein? Und uns lässt du einfach deine drei Kinder da? Als ob wir nicht schon genug am Hals hätten!« – Hilde brauchte mehrere Tage bis Elsdorf, musste immer wieder über Trümmer steigen und Umwege ausfindig machen. Einmal wurde ihr Zug sogar von Tieffliegern angegriffen. Fahrkarten brauchte keiner mehr, streckenweise bestieg man auch schon mal einen Güterzug, und wenn es nur die Waggonplattform war, oder eine offene Lastwagenpritsche. In Elsdorf packte Hilde zusammen, was sie nur tragen konnte. Allzu viel war es nicht. Sie ist sich heute noch nicht sicher, ob sich die Strapazen der Tausend-Kilometer-Reise und der Ärger in Dettingen gelohnt haben. Aber wenigstens versucht hat sie es.

Von Ernst immer noch keine Nachricht. Hilde konnte nicht nur herumsitzen, sie machte sich nützlich, mal bei Oma und Opa, mal bei Onkel Usenbenz, mal bei den Häberle-Verwandten. Gebraucht wurde man immer. Anfang November wurde bei Ernsts Bruder Georg gedroschen. Georg betrieb mit seiner Frau Anna zusammen einen Bauernhof in Dettingen. Tagsüber hatten sie Hilde noch gefragt, ob sie denn immer noch keine Nachricht habe von Ernst. Kurz vor Feierabend wurde ein Telegramm an Hilde auf die Dreschmaschine hochgereicht. Es war sechs Worte lang und kam aus Dresden: »Patient in Lebensgefahr. Kommen ärztlicherseits erwünscht.«

\* \* \*

»Mit dem Telegramm bin ich zum Bürgermeister Renner gegangen, der gab mir einen Erlaubnisschein, dass ich fahren durfte. So bin ich nach Dresden gefahren. Hans habe ich sicherheitshalber mitgenommen. Als wir dort ankamen – fragt nicht! –, da war es ein Uhr nachts und die Suche begann erst richtig. Ich fand ein Lazarett mit vielen verletzten Soldaten, ging hinein und zeigte das Telegramm. Ein Soldat, der da auf seiner Pritsche lag, sagte, wir seien falsch, wir müssten in ein anderes Lazarett. Nachts sind wir durch das stockdunkle Dresden gelaufen. Man glaubt gar nicht, was man da alles tut. Wir kamen dann doch in das richtige Lazarett. Ich fragte nach Ernst. Die Schwester hat mich erst so komisch angeguckt – vielleicht meint man das da auch nur –, dann sagte sie: ›Setzen Sie sich mit Ihrem Buben da hin!‹ Sie kam eine Ewigkeit nicht zurück. Ich dachte immer: Der ist gestorben und die wollen mir das jetzt nicht sagen. Als die Schwester dann doch zurückkehrte, sagte sie zu mir: ›Ihr Mann schläft. Sie können jetzt nicht hinein.‹ Dann brachten sie uns in so ein Zimmer, einen Operationssaal oder was, da standen die Wagen, mit denen man die Kranken hin und her fährt. Auf einem solchen Wagen durften wir dann schlafen. Es war inzwischen bald drei Uhr geworden.

Morgens um fünf oder sechs kamen die ersten Schwestern zur Tür hereingestürmt. ›Huch! Da schlafen ja welche!‹ Ernst wollte noch gar nicht viel wissen. Wir bekamen von einer Dienststelle ein Quartier bei einer Arztfrau zugewiesen. Deren Mann war an der Front. Die sagte: ›Ich will Ihnen etwas sagen: Ich habe das ganze Haus voll. Aber im Behandlungszimmer steht eine breite Liege, wenn Sie die wollen – gerne!‹ Dort waren wir dann ein paar Tage, ich weiß gar nicht mehr, vier oder fünf Tage standen mir zur Verfügung. Die Reisezeit war begrenzt.

Woher hatte Ernst eigentlich gewusst, dass wir in Dettingen waren? Schließlich wurde das Telegramm ja nach dort geschickt. Haben sie einen Brief oder eine Adresse bei ihm gefunden? Die Schwester berichtete, er habe immer gesagt: ›Wenn ich nicht weiß, wo meine Familie ist, dann will ich auch nicht mehr leben. Dann sterbe ich lieber.‹ Ein Sachverständiger, der ihn untersuchte, meinte kopfschüttelnd: ›Sie gehören eigentlich da drüben auf den Friedhof. Ich kann gar nicht begreifen, dass Sie hier drinnen liegen.‹ So war der dran! Als ich dann gehen musste, fragte ich den behandelnden Arzt: ›Herr Doktor, was meinen Sie, kann ich beruhigt gehen?‹ Da antwortete der: ›Ha, so Gott will, bringen wir ihn vollends durch.‹

Und dann kommt man wieder nach Dettingen heim und dann schnauzt man dich an: ›Das wird aber auch Zeit! Da schmeißt man einem einfach die Kinder hin und dann kommt man überhaupt nicht mehr heim!‹ Oh, der Opa konnte manchmal arg wüst sein. Der hat überhaupt nicht gewusst, wie das war in Dresden und auf der Rückfahrt. Der Hans hat im Zug auf dem Boden im Gang schlafen müssen, so brechend voll waren die Züge. Wenn da jemand aufs Klo musste, hieß es immer: ›Vorsicht, da liegt ein Kind!‹ So stiegen sie einfach drüber.«

❊ ❊ ❊

Viel mehr, als dass Ernst eine lebensgefährliche Kopfverletzung erlitten hatte und dass ihr noch keiner hatte sagen können, ob und wann Ernst wieder gesund würde, konnte Hilde den Dettingern nicht berichten. Ein Vierteljahr später war ihr Mann wenigstens so weit wiederhergestellt, dass er eine Woche Heimaturlaub bekam. Er sah noch böse aus, hatte starke Schmerzen, Schwindel, konnte noch nicht so sprechen wie früher, sah mit einem Auge nicht mehr richtig und hatte Mühe beim Kauen. Jetzt erst erfuhren Hilde und die anderen Einzelheiten über das, was geschehen war:

Am 24. Oktober 1944 lag Ernsts Einheit wieder einmal so richtig »im Schlamassel«. Sie befanden sich seit Wochen auf dem Rückzug, hatten sich von Lettland nach Ostpreußen durchschlagen sollen. Aber die Rückzugslinie war durch die sowjetische Armee abgeschnitten, sodass sie Richtung Norden, nach Estland ausweichen mussten. Sie konnten der russischen Offensive nichts mehr entgegensetzen, retteten sich vom Festland erst auf die Ostseeinsel Dagö, setzten anschließend nach Ösel über und hofften dort auf ihren Abtransport. Der Gegner griff sie auch dort an, sie gerieten unter starken Artillerie- und Granatwerferbeschuss.

Ernst hatte jetzt große, tagelange Gedächtnislücken zu diesen Vorgängen, aber er erinnerte sich noch, dass bei einem Sturmangriff eine Granate über ihm in einen Baum einschlug. »Wenn du sie heulen hörst«, das wusste er, »dann trifft sie dich nicht mehr, dann geht sie über dich weg.« Die Splitter einer einschlagenden Granate werden nach oben und schräg zur Seite geschleudert. Einen am Boden Liegenden können sie kaum treffen. Aber diese so genannten Baumkrepierer waren gefürchtet, denn sie hatten zur Folge, dass die Granatsplitter auch von oben kamen. Da half kein Hinlegen.

So wurde er getroffen. Ein krachender Keulenschlag. Hat das Holz so laut gesplittert? Blut auf der Uniform. Der Kamerad neben ihm halb zerfetzt. Dem kann er nicht mehr helfen. Daher also das Blut. Aber es tropft weiter. Es ist sein Blut. Kommt das aus dem Ohr? »Hau ab hier!«, brüllt einer. »Versuch, die Sanis zu erreichen!« Fußmarsch zurück. Weit, weit, Richtung Verbandsplatz. Eine halbe Stunde? Zwei Stunden? Ein ganzer Tag? Nur ein bisschen ausruhen, kurz hinsetzen, bloß nicht einschlafen! Schwärze und Stille. Ohnmacht in einem Straßengraben. Zehn Minuten? Eine ganze Nacht? Jemand rüttelt ihn an der Schulter: »Kamerad!« Gibt ihm eine Zigarette. Er wird hochgehoben und auf einen Wagen gelegt.

Ernst wurde notdürftig versorgt und einem Verwundetentransport über die Ostsee übergeben. Das Schiff wurde auf See von den Russen angegriffen und von einem Torpedo schwer getroffen. Alle Passagiere und die Besatzung mussten auf ein längsseits gekommenes Schiff überwechseln. Dabei hatten sie sich an armdicken Tauen von der einen Bordwand zur anderen übers Wasser zu hangeln. Nicht jeder der entkräfteten Schwerverwundeten schaffte das. »Hinter mir rief einer: ›Wartet doch, ich kann nicht mehr!‹ Der vor mir sagte gar nichts, ließ einfach los. Es war Nacht, man konnte nicht hinuntersehen, aber man konnte sie nach ein paar Sekunden hören. Wenn ich da auch in die Ostsee geklatscht wäre, ihr hättet nie erfahren, wo ich geblieben bin.«

Seine nächste Erinnerung war dann erst wieder die an den Hafen in Danzig, als er feststellte, dass er keine Stiefel mehr anhatte. Die musste ihm jemand unterwegs von den Füßen gezogen haben. In Danzig wurde Ernst so gut es ging versorgt und anschließend nach Dresden verlegt.

Im Lazarett in Dresden stellten die Ärzte fest, dass Ernst von einem oder mehreren Granatsplittern an der rechten Schläfe getroffen worden war, die ein Loch in die Schädeldecke gerissen hatten. Die Splitter konnten möglicherweise auch erst beim Aufprall auseinandergebrochen sein. Das Röntgenbild zeigte, dass sechs Splitter ins Gehirn eingedrungen waren. Vier davon konnten operativ entfernt werden. Die beiden anderen steckten so tief, dass das Risiko, sie zu entfernen, größer war als das, sie an Ort und Stelle zu belassen. Die Prognose des Gehirnspezialisten war, dass die verbliebenen Splitter sich wahrscheinlich verkapselten und Ruhe gäben. Gefährlich könnten sie nur dann werden, wenn sie zu wandern begännen. Auslöser für eine spätere Wanderung könnten übergroße körperliche Kraftanstrengung, aber auch starke Erregung sein. »Also, Herr Häberle«, gab der Professor ihm mit auf den Weg, »immer schön langsam und nicht groß aufregen!« Du hast gut reden, dachte Ernst.

In diesen Tagen trat einer von der Wehrmacht an Ernsts Krankenlager in Dresden und heftete ihm die silberne Nahkampfspange an den Schlafanzug. Sein Kompaniechef im fernen Estland hatte die nachträgliche Verleihung dieser längst beantragten Auszeichnung noch in die Wege geleitet. In den letzten Kriegstagen bekam Ernst auch noch das silberne Verwundetenabzeichen verliehen. Es stand ihm zu, gewiss, aber ein Trost konnte das nicht sein. Er hätte gerne darauf verzichtet.

Just in der Woche, als Ernst auf Urlaub in Dettingen war, geschah in Dresden eines der großen Verbrechen dieses Krieges: In der Nacht vom 13. auf 14. Februar 1945 bombardierten britische und amerikanische Bomberflotten auf Verlangen Stalins das militärisch völlig bedeutungslose, mit abertausenden von Flüchtlingen und Verwundeten überfüllte Dresden. Sie vernichteten die Innenstadt nahezu vollständig. Man spricht heute von fast unglaublichen 35 000 Toten in dieser einen Nacht. Ernst und Hilde sprachen darüber, ob das Zufall sein konnte, dass Ernst gerade in diesen Tagen in Dettingen war. War es auch Zufall, dass Ernst jetzt nicht mehr im Baltikum lag, wo die Russen die deutschen Truppen ins Meer trieben, sodass von Ernsts Einheit keiner heil wieder nach Hause gekommen ist?

Aber sicher war es Zufall, dass Hilde im Zug in Heidenheim mit einem Mann ins Gespräch kam, der ihr versprach, er könne Ernsts Verlegung von Dresden nach Tübingen veranlassen. Der Fremde hielt Wort. Ernst wurde ins schwäbische Tübingen verlegt. Ärzte und Pflegepersonal arbeiteten monatelang an seiner Rehabilitation. Darüber hat Ernst kaum etwas erzählt. Nicht über seine motorischen Störungen infolge der Hirnverletzung, nicht von seinen geistigen und körperlichen Ausfallerscheinungen. Aber von den zahlreichen Rückenmark-Punktierungen hat er berichtet, die seien wahnsinnig schmerzhaft gewesen. Seinen Schwerbeschädigten-Ausweis, in dem die Zahl 70 % stand, versteckte er ganz hinten in seiner Brieftasche. Zäh arbeitete er daran, wieder voll leistungsfähig zu werden. Er wollte sein Leben nicht als Behinderter fortsetzen. Das im Rheinland gängige Schimpfwort »du Krüppel« durfte im Hause Häberle fortan nicht mehr ausgesprochen werden.

In Dettingen – man stelle sich das vor – war es unterdessen noch enger geworden. Martha wohnte mit ihrem Mann Otto Seeßle und ihren vier Kindern damals in Neu-Ulm. Als in Dettingen in der Krausengasse der Fußboden zitterte, weil das 30 Kilometer entfernte Ulm von alliierten Flugzeugen schwer bombardiert wurde, hielt es Opa Fritz nicht mehr aus. Mit Lina zusammen fuhr er mit dem Fahrrad nach Ulm, um nach Martha zu sehen. Weil die Stadt brannte, mussten sie mehrmals einen Umweg fahren, fanden aber gottlob alle unverletzt. Doch es war klar, sie mussten dort weg. Fritz borgte sich beim Boschbauern ein Fuhrwerk und holte Martha mit ihrer ganzen Familie samt Sack und Pack heim. Otto und die größeren Kinder kamen bei seinen Verwandten unter, aber Martha wohnte mit den kleineren jetzt auch noch in der Krausengasse. Schließlich kam auch noch Emmas Schwester, Tante Lina aus Stuttgart dazu, Onkel Michels Frau.

Da herrschte drangvolle Enge. Die Langs lachten und sangen gern und viel, aber sie stritten sich auch immer wieder. Die dröhnend laute, selbstbewusste Emma kommandierte gern die anderen herum. Besonders Hilde wollte sich von der aber nichts sagen lassen. So gifteten sich gerade diese beiden immer wieder unerbittlich an. Bei den Schwägerinnen lagen wegen der Schicksale ihrer Männer eben doch die Nerven blank: Der eine gefallen, der andere mit ungewissen Heilungschancen im Lazarett.

Außerdem trafen immer neue deprimierende Nachrichten ein: Der 18-jährige Erwin war in Süditalien in englische Gefangenschaft geraten und nach Ägypten gebracht worden, Annas gleichaltriger Sohn Peter lag verwundet in einem britischen Lazarett in Schottland, Ernsts Bruder Albrecht war schon lange in Stalingrad vermisst, Wilhelm in englischer Gefangenschaft, Hildes Onkel Christian lag mit Kehlkopfkrebs im Sterben. Und zu allem Unglück versank in diesen Monaten ganz Deutschland in der wohl größten Katastrophe seiner Geschichte. Die Sorgen wollten nicht abnehmen. Ein Ende der Leiden war nicht in Sicht. Keiner mochte an die Zukunft denken. Auf den zahlreichen Kriegsschauplätzen in aller Welt kämpften verbissen die Völker, Europa brach in Stücke, Deutschland lag in Schutt und Asche, auf dem Hof prügelten sich die Kinder und in der engen Küche zankten sich die Alten.

Noch im April 1945 holten sie Opa Fritz zum Volkssturm. Dass er schon im Ersten Weltkrieg seine Pflicht erfüllt hatte, interessierte niemanden, dass er bereits in seinem 50. Lebensjahr stand, spielte keine Rolle, dass er als der einzige Mann in dem überfüllten Haus in der Krausengasse für die vielen Frauen und Kinder Verantwortung trug, ließen sie nicht gelten. Er wurde einem hastig zusammengewürfelten, notdürftig bewaffneten Trupp zugeteilt und Richtung Ulm in Marsch gesetzt, um die Stadt vor dem Feind zu retten. Das Artilleriefeuer war seit Tagen zu hören. Schon auf den ersten zehn Kilometern kamen ihnen immer wieder Wehrmachtssoldaten entgegen, einzeln oder in kleinen Grüppchen. Die schüttelten beim Anblick dieses allerletzten Aufgebots des »Dritten Reiches« die Köpfe oder zeigten ihnen gar den Vogel. Vor Altheim sahen sie voller Entsetzen deutsche Soldaten an den Straßenbäumen baumeln. Einem hing ein Schild am Hals: »Ich war ein Feigling!« Sie berieten, wer wohl ihr größerer Feind sei, der »Ami« oder die SS. Schnell wurde sich die Gruppe einig: Sie schauten sich vorsichtig um, warfen ihre alten Knarren, die wenigen Panzerfäuste und Handgranaten samt den Uniformmützen in den Straßengraben, wünschten »Pfüet di Gott!« und strebten auf Feld- und Waldwegen jeder seinem Heimatdorf zu.

Fritz schlich sich von Heuchlingen her nach Dettingen hinein, über die Wagenburg, hinter der Kirche vorbei und kam durch die Gärten an die rückwärtige Haustür. Marie ließ ihn ein. Sie zitterte. »An der Kirche stehen zwei Jeeps«, flüsterte Fritz, »und die da drauf sitzen, sprechen schon nicht mehr deutsch!« – »Wir sitzen alle in der Donk und beten«, erwiderte Marie. Die Donk, andernorts auch Dung genannt, ist eine Art flacher Kellerraum unter einer hölzernen Falltür. Früher hatten hier die Weber ihre Woll- und Flachsvorräte gelagert, der Ehle hatte darin seine Reiser frostsicher untergebracht, Fritz und Marie ihre Wurstdosen und Eingemachtes.

Da dröhnten auch schon harte Schläge gegen die vordere Haustür. Eine Stimme brüllte: »Auf! Auf!«. Als Fritz die Riegel zurückschob und öffnete, sah er links und rechts zwei amerikanische Soldaten in Hockstellung mit Maschinenpistolen im Anschlag. Einer der beiden brüllte: »Hier deutsche Soldat?« Fritz zuckte mit den Schultern, schüttelte den Kopf und hob die Arme in die Höhe. Der Ami brüllte weiter: »Wo deutsche Soldat?«, und schob sich vorsichtig, die MP im Anschlag, an Fritz vorbei in den Hausflur. Der andere sicherte ihn nervös von der Haustür aus. Als er auf der hölzernen Falltür stand, fiel ihm der Eisenring auf. Er zeigte mit dem Gewehrlauf darauf und schrie wieder: »Auf!« Marie sagte: »Nix Soldat«, bückte sich und hob die schwere Klappe hoch. Die Eroberer blickten in zehn verängstigte, weit aufgerissene Augenpaare. Sämtliche Frauen und Kinder des Hauses saßen dort unten eng aneinander gedrängt. Sie starrten entsetzt in die Mündungen der beiden Maschinenpistolen.

Nachdem die Amerikaner einmarschiert waren, gab es für Hilde nur eins: Sie musste unbedingt nach ihrem

Ernst sehen, von dem sie schon lange nichts mehr gehört hatte. Sie suchte nach einem Fahrrad, um nach Tübingen zu fahren. Oma Marie pfiff sie jedoch energisch zurück: »Du bist wohl verrückt? Was willst du jetzt in Tübingen, wenn du überhaupt so weit kommst? Du hast hier drei Kinder. Du bleibst da!« Den Kindern wurde verboten, weiterhin zu den Amerikanern zu gehen und Kaugummi zu holen, seit Walter mit einer scharfen Handgranate in der Hand heimgekommen war. Vielleicht hatte er sie stibitzt, aber er behauptete, ein Ami habe sie ihm geschenkt.

Sechs Wochen später aber bekam sie ein Fahrrad, denn da klopfte eine junge Frau bei Langs an die Tür und fragte nach Hilde. Der berichtete sie dann, sie sei mit einer Freundin von Hausen hergeradelt. Sie hätten einen laufen sehen, der kaum mehr konnte. Die Freundin habe sein Gepäck auf ihr Rad geladen und sie selbst sei nun schnell vorausgefahren, um Bescheid zu sagen: »Hilde, dein Mann kommt da draußen!«

Ja, da bekam Hilde sofort ein Fahrrad und strampelte atemlos das Dorf hinunter, hinaus in Richtung Hausen, vorbei an der Ziegelei, von wo sie die beiden schon sehen konnte, die schiebende Radfahrerin und den erschöpften Mann. Als sie näher kam und ihn erkannte, schrie sie: »Ernst!«, warf das Rad in den Straßengraben, rannte zu ihrem Mann, rief wieder: »Ernst! Oh, Ernst!«, und fiel ihm weinend um den Hals. Die ganze Anspannung, die Angst und die Ungewissheit der letzten Wochen lösten sich in einem heißen Strom von Tränen auf. Alles sollte wieder gut werden. Ernst klopfte ihr auf den Rücken und blickte über Hildes Schulter hinweg etwas verlegen zu der Radfahrerin hinüber. Die Unbeherrschtheit seiner Frau war ihm wieder einmal peinlich. Hilde spürte seinen Widerstand. Sie wich zurück, wischte sich die Augen und fragte betreten: »Oh Ernst, hab ich dir wehgetan? Ich hab gar nicht dran gedacht.«

# Wieder ganz von vorn

Eins vom ersten, was Ernst in den nächsten Tagen unternahm, war ein Gang zum Friedhof. Mutter Häberle war hier im März beerdigt worden, als er noch in Dresden lag. Bei seinem Heimaturlaub vier Wochen zuvor hatte er an ihrem Krankenbett gestanden und voller Sorge Abschied genommen. Er war nun wieder heimgekehrt, aber die Mutter hat es nicht mehr erleben dürfen.

Ernst wollte nunmehr so schnell wie möglich ins Rheinland zurück. Die Situation in Dettingen war für sie alle unbefriedigend. Er und Margrete wohnten bei den Schwestern Rösle und Ursche, Hans war die meiste Zeit bei Schwester Lene und Hilde war mit Walter in der Krausengasse geblieben. Nach ein paar Wochen zu Hause fühlte Ernst sich wieder so weit hergestellt, dass er sich einen Wiedereinstieg in seinen Beruf durchaus zutraute. Es war an der Zeit. Er war jetzt 38. Neun Monate waren vergangen seit seiner schweren Verwundung in Estland. Das Leben musste weitergehen.

Er rief in Elsdorf beim Apotheker Buschmann an und fragte vorsichtig nach, ob ihre Vereinbarung vom Sommer vorigen Jahres wohl noch gelte. »Aber selbstverständlich, Herr Häberle!«, hieß es. »Wo stecken Sie denn? Wir wollten uns schon nach jemand anderem umsehen. Wir wussten ja nicht, ob Sie noch kommen würden.« Also wollte er es wagen. Er würde sich mit körperlicher Arbeit zurückhalten, wie die Ärzte es ihm dringend geraten hatten. Seine Aufgabe als Meister lag sowieso mehr in der Betriebsführung, der Organisation der Arbeitsabläufe und der Büroarbeit als im handfesten Zupacken. Von landwirtschaftlichen Handlangerdiensten, die er hier in Dettingen schon wieder bei den Verwandten leistete, würde es mit ihm bestimmt nicht besser werden. Wer weiß, wie lange die ihm im Rheinland die Stelle offen halten würden.

So machte er sich im August 1945 mit Hilde zusammen auf den Weg. Die Kinder ließen sie vorerst noch in Dettingen. Die wollten sie nachholen, wenn die Situation im Rheinland erst einmal geklärt sein würde, wenn sie dort eine Wohnung hätten, wenn der Umzug von Elsdorf abgewickelt wäre. Sie wussten ja auch noch gar nicht, wie sie in dem herrschenden Chaos in Deutschland nach dem gerade erst erfolgten totalen Zusammenbruch ins Rheinland kommen sollten. Zuerst fuhren sie mit dem Pferdefuhrwerk nach Ulm, dort hatten sie Glück und erwischten einen Zug nach Stuttgart. Der wurde in Untertürkheim von den Amerikanern angehalten: »Raus! Raus! Raus! Alle raus!« Unter vorgehaltener Waffe wurde der Zug geräumt. Der ganze Bahnsteig war voller Leute mit ihren Bündeln, Kartons, Taschen und Koffern. Flüchtlinge, Invaliden auf Krücken, feine Damen mit Hütchen und Sommermantel, Heimkehrer in Uniformen mit abgetrennten Abzeichen, Männer mit Aktentaschen in Anzug und Krawatte, abgerissene Gestalten, Familien mit Kind und Kegel. Stundenlang wusste keiner, wann und wie es weitergehen sollte. Es war dunkel, da wurden sie auch noch vom Bahnsteig herunter- und zum Bahnhof hinausgejagt. So standen, saßen und lagen schätzungsweise 200 Reisende bei Einbruch der Nacht erschöpft in kleinen Gruppen auf den Bürgersteigen in Untertürkheim.

Eine Frau trat aus ihrer Haustür und rief: »Das lasse ich nicht zu, dass vor meinem Haus die Leute auf der Straße liegen! Rein mit euch, hier in den Keller!« Etwa 20 Leute fanden dort Platz, darunter Ernst und Hilde. Am nächsten Tag bekamen sie Essensmarken, damit konnten sie sich in der nahe gelegenen Schokoladefabrik Eszett eine warme Mahlzeit abholen. Nach zwei Tagen begann es stark zu regnen. Im Keller lief das Wasser am Schornstein herunter und der Boden wurde nass. Hilde und Ernst setzten sich auf die Kellertreppe.

Plötzlich entfuhr Hilde ein Schrei: »Jul! Da ist gerade Jul vorbeigelaufen!« Ernst schaute ungläubig. Sie rannte die Kellertreppe hoch auf den Bürgersteig und schrie: »Jul!« Woher hätte Jul wissen sollen, dass sie hier in Untertürkheim waren? Aber es war tatsächlich Jul. Er drehte sich um und sagte erleichtert: »Mensch, dass ich euch hier finde! Ich habe einfach aufs Geratewohl nach euch Ausschau gehalten. Ein Lautsprecherwagen ist durch die Straßen gefahren und hat die Bevölkerung aufgefordert, sich um eine Gruppe Reisender aus Ulm zu kümmern. Kommt mit, Bärbel und Willi haben noch Platz für euch.« Bärbel, das war eine liebe Verwandte, die Tochter der Dote Rosine, die damals zum Ehle nach Dettingen gefahren war.

✳ ✳ ✳

Hilde weiß noch viele Einzelheiten aus diesen Tagen: »Wir fanden heraus, dass die Amis hier keinen Zug durchließen. Es hieß, man muss rüber nach Kornwestheim, dort stehen die Franzosen, die lassen einen weiter. In Kornwestheim wurde bekannt, dass in fünf Tagen ein Zug gehen sollte. So entschlossen wir uns, nach Merklingen bei Weil der Stadt zu Ernsts Schwester Anna zu gehen. Zwei Tage dauerte das von Untertürkheim aus. Übernachten durften wir unterwegs bei einem Bauern in seinem Heuschober. In Merklingen blieben wir zwei Mal über Nacht, dann konnten wir mit einem Milchauto nach Cannstatt zurückfahren. Von dort liefen wir erst nach Untertürkheim zu Bärbel und Willi zurück, um unser Gepäck zu holen, und dann weiter zum Bahnhof nach Kornwestheim. Wir kamen aber doch nicht weiter und mussten umkehren.

Wieder in Untertürkheim, sahen wir einen Lastwagen stehen und Ernst fragte: ›Wo fahrt ihr hin?‹ Einer rief herunter: ›Nach Köln!‹ Ernst nix wie rauf auf den Lastwagen. Ich rannte zurück zu unserer Unterkunft und packte schnell das Nötigste für uns in ein Köfferchen. Als ich zurücklief, fuhr der Lastwagen gerade an. Er war voll. Ich konnte nur noch das Köfferchen hinaufwerfen. – Jetzt war der Ernst weg und ich stand alleine da. Ich denke so oft daran: Warum bin ich da nicht ... einfach ... Ich weiß nicht, warum ich nicht mehr Mut hatte. Auf jeden Fall sagte ich zu Bärbel: ›Du, ich muss heim, ich muss meinen Hans und meinen Walter holen.‹ Margret, dachte ich, ist ja schon groß.

Nach Dettingen zurückgekommen, hörte ich gleich Oma Marie rufen: ›Gott sei Dank, dass du kommst! Margret hat seit Tagen nichts mehr gegessen und nicht mehr geschlafen. Die hat nur noch geplärrt.‹ Das Kind hatte Heimweh. Ich dachte: Wie soll ich das schaffen mit drei Kindern? Also habe ich Margret und Walter mitgenommen und Hans dagelassen.

Zum dritten Mal in Untertürkheim bei Finks – das vergess ich nie –, sagte Bärbel: ›Wir haben noch ein Kinderbettchen. Macht der Kleine nicht mehr nass?‹ Ich sagte: ›Schon lange nicht mehr. Der ist schon vier.‹ Und prompt hat er nass gemacht! Das war mir vielleicht peinlich! Wir waren noch eine ganze Zeit bei Bärbel und Willi. Ich hatte ihnen aus Dettingen ein Säckle Mehl mitgebracht. So sparten wir Essensmarken.

Eines Tages hieß es dann, man kann fahren. Wir standen auf dem Bahnsteig, aber der Zug war schon voll. Da haben wir uns einfach hineingedrückt. Ich weiß gar nicht mehr, wie ich das geschafft habe, mit den Kindern und dem Gepäck. Wir wussten auch gar nicht, wohin der Zug fuhr. Egal, Hauptsache, einmal weg hier!

Wir waren tagelang unterwegs, ich weiß nicht mehr, wie lange und mit wie vielen Unterbrechungen. Die Züge waren alle überfüllt. Die Leute hingen außen auf den Trittbrettern und saßen auf den Waggonpuffern. Ein Stück weit hatten wir es besonders gut, da durften meine Kinder im Bremserhäuschen eines Güterwagens schlafen. Im letzten Zug von Stolberg nach Herzogenrath trafen wir eine Frau, die kannte die Ziegelei, auf der Ernst arbeitete, und bot sich an, ihn von der Ankunft seiner Familie zu unterrichten. So saßen wir dann spät abends im fremden, dunklen Herzogenrath mit unserem Gepäck auf einer Haustreppe und warteten. Heute noch könnte ich diese Treppe malen.

Bald kam Ernst mit einem Handwagen. Wir luden unser bisschen Hab und Gut auf. Als wir todmüde das Wägelchen vor der Wohnung abstellten, die unsere hätte sein sollen, war die von anderen besetzt! Die Wohnung dieser Leute hatten die Engländer beschlagnahmt. Wir hatten nur ein Zimmer für uns, hatten keine Möbel, keine Pfanne, keine Schüssel, kein Küchenbesteck, also rein gar nichts außer einem einzigen Topf. In dem hat man gekocht, gegessen, gespült und den Boden geputzt, bah! Ja, man hat halt wieder neu angefangen, ganz von vorn, wieder mit nichts.«

❈ ❈ ❈

Herzogenrath hatte damals rund 10 000 Einwohner. Das Städtchen liegt direkt an der holländischen Grenze. Auf der anderen Seite des Stacheldrahtes war Kerkrade. Nach Aachen sind es gut zehn Kilometer und man konnte mit der Straßenbahn dorthin fahren, mit der Tram, sagten die Leute hier.

Die Ziegelei war etwa so groß wie die in Elsdorf. Aber im Gegensatz zu dieser hatte sie den Krieg äußerlich fast unversehrt überstanden. Maschinen und Material waren teilweise abtransportiert worden, aber der Meister war zuversichtlich: Mit umsichtiger Organisation und mit seiner Improvisationsgabe würden sie bis zum nächsten Sommer wieder Ziegelsteine ausliefern können. Zusammen mit einem Arbeiter machte er sich daran, mit einem Schneidbrenner aus den gesprengten Bunkern des Westwalls brauchbare Eisenteile herauszuschneiden. Die lagen hinter den »Drachenzähnen«, den Panzersperren, nur einen Kilometer entfernt im Wald.

Ernst war gleich in Elsdorf gewesen und hatte nach ihrer Wohnung gesehen, in der jetzt Familie Dickes wohnte. Er hatte einen Holzvergaser-Lastwagen organisiert, mit dem er den Transport ihrer Habe nach Herzogenrath bewerkstelligen wollte. Da haben ihm die früheren Nachbarn erzählt, was in den letzten Monaten geschehen war. Die Behörden hatten gleich, nachdem Hilde mit den Kindern vor dem anrückenden Feind die Flucht ergriffen hatte, Fremde in die leer stehende Wohnung einquartiert. Diese hatten die Möbel der Häberles teilweise einfach raus in den Hof gestellt wie Gerümpel.

Den schönen Wohnzimmerschrank zum Beispiel, »das Büfett«, wie Hilde sagt. Das hatten sie beide auf Anhieb so schön gefunden, damals im Möbelgeschäft in Jessen. Natürlich hatte es dann draufgeregnet und -geschneit. So waren die guten Stücke nach zehn Monaten im

Freien nicht mehr zu gebrauchen. Ernst machte der Hausbesitzerin Frau Mohren Vorhaltungen, dass sie die Sachen nicht ins Trockene stellen ließ, die Möglichkeit hätte durchaus bestanden. Diese kleine Gegenleistung für seinen jahrelangen Einsatz hätte er schon erwartet. Aber die gute Frau war in dem Durcheinander einfach überfordert gewesen. Immerhin konnte er noch eine kleine Entschädigung von etwa 300 Mark herausschlagen – ein schwacher Trost für den Verlust ihrer schönen Einrichtung.

Als dann die Engländer in Elsdorf eingerückt waren, hatten die als Erstes die gesamte Einwohnerschaft des Ortes in die Zuckerfabrik gesperrt. Aus damaliger Sicht im April 1945 waren das Todfeinde. »Mindestens acht Tage waren wir alle da drin«, erzählte Nachbarin Billa Klütsch und schlug die Hände über dem Kopf zusammen. »Und wir hatten nichts zum Waschen dabei. Jesses, Maria und Josef, was glauben Sie, was das für Zustände waren! Und Läuse haben wir gehabt, igittigitt! Nur ein einziger hatte zufällig einen Kamm bei sich.« Die britischen Soldaten hatten sich in der Zwischenzeit in den Häusern niedergelassen und waren mit dem Beutegut des besiegten Gegners nicht gerade zimperlich umgegangen. Vieles hatten sie mitgenommen, manches einfach aus den Fenstern geworfen, eine Menge Sachen mutwillig zerstört. Der Zylinder wurde zum Beispiel auf den Gartenzaun gespießt, die geschliffenen Weingläser und Kuchenteller zerschlagen, ebenso das wunderschöne Kaffeeservice, das Hilde von ihrem Bruder Albert als Verlobungsgeschenk erhalten hatte. Dem trauert sie noch heute nach.

In Hildes Steinguttopf, in dem ihre Bohnen aus dem Garten für den Winter eingelegt waren, hatten sie hineingeschissen, die Speckseiten vom letzten Schlachten hingen in der Abortgrube. »Wenn sie es wenigstens gegessen hätten!«, meint Hilde bitter. Im Arzthaus gegenüber war ein Lazarett eingerichtet worden. Dafür hatten sie aus der ganzen Nachbarschaft Matratzen und Bettzeug zusammengetragen. Als sie wieder abzogen, häuften sie vor dem Ort alles übereinander, übergossen es mit Benzin und zündeten es an. Auch Häberles Betten waren darunter, das sagten wenigstens hinterher die Nachbarn. Leintücher und Bettbezüge nahmen die Sieger als Tarnmaterial mit, weil noch Schnee lag.

Als die britischen Soldaten weitergezogen waren und die Leute aus der Zuckerfabrik befreit wurden, kamen die in ihre geplünderten und verwüsteten Wohnungen zurück. Was blieb ihnen nun anderes übrig, als sich in den benachbarten Gärten und Höfen und in den Wohnungen, die leer standen, nach etwas Brauchbarem umzusehen. »Das muss man ja auch verstehen«, meint Hilde heute. Aber damals war es bitter gewesen.

Auch sie hat Elsdorf noch einmal aufgesucht und neben anderen auch der Frau Dickes einen Besuch abgestattet. Da saß gerade deren Junge – derselbe, der vor gut einem Jahr in ihrem ausgeliehenen Kinderwagen gelegen hatte – auf einem schönen Keramiktopf. Frau Dickes bemerkte Hildes Blick: »Nun sagen Sie bloß nich, Frau Hebelein, dat is ihr Topf!«, meinte sie treuherzig. »Nein«, antwortete Hilde, »ich sag's nicht, dass das einmal mein Gurkentopf war. Was soll's?« Sie sah noch so manches an diesem Tag, aber sie biss sich auf die Zunge. Und was dabei so sehr wehtat, das war wahrlich nicht allein ihre Zunge.

❖ ❖ ❖

»Unsere Bettgestelle waren noch da, leer. Meine Näh-maschine stand auch noch im Hof. Das Furnier auf dem Nähtisch hatte gelitten, aber sie ging noch. Mit der habe ich in den Jahren darauf viel geschafft. Der Herd stand noch in der Küche. Sonst war fast alles weg oder kaputt«, sinniert Hilde.

»Nach dem Abzug der Engländer hatten ein paar Frau-en in ihren Häusern eine Menge fremder Sachen gefunden. Die haben sie alle auf der Bleiche ausgebreitet und ein Schild dazugestellt. Dann konnte sich jeder seins wieder holen. Wir waren da aber noch in Dettingen. Billa Klütsch hat bei dieser Aktion Bettwäsche mit meinem Monogramm entdeckt und mitgenommen. Die hat sie mir später zurück-gegeben, aber es waren nur ein paar Stücke.

Später kam der Nachbar Schiffer über den Hof und hat-te doch wahrhaftig unseren Regulator unterm Arm, das Hochzeitsgeschenk der Eltern Häberle, das hier an der Wand hängt! ›Hier, eure Wohnzimmeruhr!‹ sagte er. ›Ein schönes Stück. Die hab ich mir geschnappt.‹ Ich selber be-sitze heute noch einen Bratentopf, der stand in meinem Backofen drin, gehörte mir aber nicht.

Na ja, so war das halt – das ist alles vorbei. Aber manchmal erinnere ich mich an Dinge, die uns gehörten. Wir hatten zum Beispiel zur Hochzeit einen Topf mit einem Deckel bekommen. Der Deckel hatte vorne ein Sieb, es war ein Kakaotopf. Es gab auch ein Schäufelchen mit einem kleinen Besen, um den Tisch abzukehren. Alles eigentlich lächerliche Sachen, aber man hängt halt dran.«

❊ ❊ ❊

# Er war früher nicht so

Bald durften die fremden Leute in Herzogenrath wieder in ihre eigene Wohnung zurück und Häberles konnten darangehen, sich in der Grünstraße 10 mit dem wenigen, was sie noch hatten, nach und nach häuslich einzurichten. In die leeren Bettgestelle legten sie Bretter und als Matratzen kamen Strohsäcke darauf. Ernst war schon immer handwerklich geschickt gewesen, jetzt baute er eine Bank für die Wohnküche und für Walter ein Kinderbett. Hilde erinnert sich, dass er ihr zu Weihnachten ein schönes, dreistöckiges Nähkästchen anfertigte, das man nach beiden Seiten ausklappen konnte. Hilde nähte viel selbst. Im Städtchen freundete Ernst sich schon bald mit einem »Stellmacher« an, wie der hier genannt wurde, also eigentlich ein Wagenbauer, der aber auch solide schreinern konnte. Dem gab Ernst den Auftrag für neue Wohnzimmermöbel. Ein Stück nach dem andern wurde angeschafft, eingetauscht, auch gefunden. So schleppte Walter immer wieder mal Brauchbares an, etwa einen Aluminiumtopf, den Ernst ausbeulte, oder sogar rostfreies Essbesteck, auf dem »US« stand.

Hilde fuhr mit Margrete mehrmals nach Dettingen. Walter war noch zu klein, er wäre hinderlich gewesen, denn diese Hamsterfahrten waren wahrlich kein Vergnügen. Solche Fahrten waren eine Mischung aus Strapaze und Abenteuer. Sie erforderten viel physische Kraft, Mut und Durchhaltevermögen. Margrete war Hilde wieder eine große Hilfe. Mit ihren zwölf, dreizehn Jahren konnte sie schon kräftig zupacken und tüchtig schleppen. In Dettingen gab es nämlich so manches zu holen, was die Verwandten dort entbehren konnten, was aber für die, die fast nichts mehr hatten, eine wertvolle Hilfe war. Auch Federbetten kamen auf diesem Wege nach Herzogenrath. Sogar zwei Hühner durften die weite Reise von der Schwäbischen Alb an die holländische Grenze mitmachen, und es gab ein freudiges »Hallo« im Abteil, als sie vor lauter Aufregung Eier legten.

Tage und Nächte dauerte eine solche Fahrt. Manchmal waren die beiden für eine Strecke eine ganze Woche unterwegs. »Weißt du, Vater«, sagte Walter dann, »wenn sie heute nicht zurückkommen, dann kommen sie vielleicht morgen oder übermorgen. Aber glaubst du: Einmal kommen sie bestimmt!« Fahrpläne gab es noch keine. Die wichtigsten Verkehrseinrichtungen – Gleise, Brücken, Bahnhöfe und Fernstraßen – waren zerstört. Auch Lokomotiven und Waggons waren knapp. Die Züge, die noch fuhren, waren hoffnungslos überfüllt mit Flüchtlingen und Vertriebenen, heimkehrenden Soldaten oder entlassenen Kriegsgefangenen, in die Ballungsräume zurückströmenden Evakuierten und Hamsterern. Wahre Heerscharen waren in den ersten beiden Jahren nach dem Zusammenbruch in Deutschland unterwegs, eine Völkerwanderung, wie man sie noch nicht gekannt hatte. Die unvorstellbare Anzahl von zwölf Millionen Flüchtlingen und Vertriebenen aus dem Osten musste im völlig zerstörten und demoralisierten Rest-Deutschland verteilt, untergebracht, ernährt, im Lauf der Jahre beschäftigt und schließlich integriert werden. Erst nach Kriegsende hatten die alliierten Siegermächte diese »Umsiedlung« von Millionen Menschen ausgehandelt und in den beiden folgenden Jahren durchgeführt.

Hamsterfahrten waren für die Bewohner der Städte noch jahrelang eine bittere Notwendigkeit zum Überleben. Dort war die Versorgungslage der Bevölkerung katastrophal und wer auch immer eine Möglichkeit dazu hatte, fuhr zu Verwandten oder Bekannten in die ländlichen Gebiete, um sich dort mit Lebensmitteln einzudecken. Hilde und Ernst hätten schon das Geld gehabt, sich das Notwendige zu kaufen, daran fehlte es nicht, aber es gab nichts in den Läden.

Hilde wollte eigentlich bei ihrer ersten Fahrt im Herbst 1945 ihren Sohn Hans abholen, den sie ja im August in Dettingen zurückgelassen hatte. Hans war beim Weilerbauern untergebracht, einem Bauernhof in einer Randlage des Dorfes, die man »im Weiler« nennt. Dort hatte Ernsts Schwester Magdalene den Witwer Markus Stängle geheiratet. Dessen Sohn aus erster Ehe war auch Soldat geworden und jetzt als vermisst gemeldet. Hans fühlte sich auf dem Bauernhof von Onkel Max und Tante Lene recht wohl. Die Arbeit in der Landwirtschaft, der Umgang mit den

Tieren, vor allem mit den Pferden, machte ihm viel Freude. Allerdings war der Bauer oft ein recht gehässiger Grobian, der wenig Gespür für den Umgang mit Kindern zu haben schien und über den Zehnjährigen eher Flüche, Spott und Schimpfwörter ausschüttete als Lob. Der frühe Verlust seiner ersten Frau und nun auch des einzigen Sohnes mag dabei eine Rolle gespielt haben.

Nun war aber bei Hildes erster Hamsterfahrt die Wohnung in Herzogenrath noch nicht frei. Hilde und Ernst waren heilfroh, dass sie in dem einen Zimmer nur zu viert waren und Hans noch in Dettingen geblieben war, wo er wirklich gut versorgt schien. Deshalb vertrösteten sie den Jungen auf die Zeit, bis sie richtig Platz für die ganze Familie haben würden – lange könne das wohl nicht mehr dauern. Hilde und Margrete fuhren also ohne Hans wieder nach Herzogenrath zurück.

Im nächsten Jahr kam Hans mit einer Blinddarmentzündung ins Krankenhaus nach Heidenheim. Bei der Operation entdeckten die Ärzte eine gefährliche Bauchfellerkrankung. Sie meinten, der Junge werde lange brauchen, bis er sich davon erhole. Damit er wieder ganz hergestellt werde, seien eine gesunde Umgebung und eine gute Ernährung lebenswichtige Voraussetzungen. Beides war in Herzogenrath bei weitem nicht so gegeben wie gerade auf einem Bauernhof.

Also machte man dem Buben klar, dass er auf absehbare Zeit noch in Dettingen bleiben müsse. Hans war enttäuscht und traurig, er litt zunehmend unter seinem raubeinigen Onkel Max und der Trennung von Eltern und Geschwistern. »Hans, wir meinen es doch nur gut mit dir!«, versuchte seine Mutter ihn zu trösten. »Sobald es uns im Rheinland besser geht und du wieder ganz gesund bist, darfst du zu uns nach Herzogenrath.«

Wieder fuhr Hilde ohne Hans zurück. Ob sie sich dabei an den 7. Januar 1920 erinnerte? – Was galt schon das Heimweh eines zehnjährigen Kindes, seine Sehnsucht nach seiner Familie, das alles musste man nicht allzu wichtig nehmen. Und wenn er sich auch ganz erbärmlich fühlte, wie verkauft, von aller Welt verlassen und schmählich verraten, er war doch nur ein Kind.

»Zeit heilt!«, tröstete die Tante, wenn Hans tapfer gegen die Tränen ankämpfte. Schließlich klappte das doch ganz gut mit den dreien. Dennoch steht fest: Auch hier haben die Erwachsenen ein Problem auf Kosten eines unschuldigen Kindes gelöst, auch hier wurde das kindliche Urvertrauen schwer erschüttert. Und auch hier blieben Narben fürs Leben.

✻ ✻ ✻

»Hier, ist das nicht ein goldiges Bild? Das haben wir zu Walters Einschulung Ostern 1947 machen lassen. Da lehnt er sich so lieb an seine große Schwester Margret an. Gleich in seinem ersten Schuljahr wurde er wieder ernstlich krank. Er hatte schon seit seinem ersten Lebensjahr, seit den Bombennächten im Ringofen-Bunker von Elsdorf, immer wieder unter Erkältungskrankheiten gelitten, das Fieber war immer gleich auf 40 oder 41 Grad gestiegen. Mit acht Monaten hatte er schon seine erste Lungenentzündung gehabt. Aber nun stellte sich heraus, dass es Tb war! Wir hatten ja auch nicht genug zu essen damals.«

* * *

Hilde bekam einen gehörigen Schreck, musste sie doch sofort an das Schicksal ihrer Mamme denken. Ihr fielen auch gleich wieder die Begriffe »Arme-Leute-Krankheit« und »Mangelernährung« ein. Der Arzt beruhigte sie: »Die Medizin, Frau Häberle, hat inzwischen neue Medikamente entwickelt, so genannte Antibiotika. Seitdem ist Tuberkulose vollständig heilbar. Aber auf eine gesunde Ernährung werden Sie schon achten müssen.« – »Ja, wie denn, Herr Doktor?«, fragte Hilde. »Man kriegt ja nichts!« Walter kam für sechs Wochen in ein Kindererholungsheim nach Schloss Holtfeld bei Bielefeld und bekam nach seiner Rückkehr auf ärztliches Attest Sonderrationen Butter.

Man brauchte ja immer noch für alles, was man kaufen wollte, Lebensmittelmarken und Bezugsscheine, nun schon im achten Jahr. »Jetzt kann ich vom Butterbrot abbeißen, dass man die Zähne in der Butter sieht, wie in Dettingen!«, freute sich der Kleine. Der Arzt stellte bald zufrieden fest: »Siehst du, Walter, nun kann man auf deinen Rippen nicht mehr Klavier spielen!« Ernst und Hilde waren nun doch froh, dass sie ihren Hans beim Weilerbauern gelassen hatten. Wer weiß, wie es ihm hier ergangen wäre.

Deutschland war nach Beendigung des Krieges im Mai 1945 von den Siegermächten in vier Besatzungszonen eingeteilt worden, was nun auch Unterschiede in der Versorgung der Bevölkerung mit sich brachte. Dettingen lag in der amerikanischen Zone, die weit besser versorgt war als die britische Zone, in der Herzogenrath lag. Heute noch sagt Hilde, wenn sie von diesen Nachkriegsjahren spricht, »in der schlechten Zeit«.

Lange hatte Hilde beim Streichen der Margarinebrote das unbestimmte Gefühl, dass sie das an irgendetwas erinnerte. Eines Tages fiel es ihr auch wieder ein: Das kratzende Geräusch, wenn das Messer über die Brote strich, war genau dasselbe Kratzen, das sie aus ihrer Kindheit noch im Ohr hatte, als Tante Marie ihnen gegen Ende des Ersten Weltkrieges hauchdünn die Marmeladebrote gestrichen hatte.

Es tat der Mutter weh, wenn sie nichts mehr hatte und der kleine Walter empört rief: »Aber man wird sich doch wohl noch satt essen dürfen!«

Heute noch sagt Hilde, es sei damals nicht gerecht zugegangen. Manche bekamen jeden Monat ein Carepaket aus Amerika. Andere bekamen Flüchtlingshilfe, Entschädigungsleistungen oder andere Vergünstigungen, später auch Baukredite. Ernst und Hilde fielen durch alle bürokratischen Raster, wenn sie auf die Ämter gingen: »Sie sind keine Flüchtlinge, Sie sind keine Vertriebenen, Sie wurden nicht ausgebombt, Sie haben eine Wohnung und der Familienvater hat Arbeit. Also, was wollen Sie?« – »Wir haben alles verloren und der Mann hat seine Gesundheit im Krieg gelassen!« – »Tut uns Leid. Verloren haben wir alle.« – »Nicht alle!«, sagt Hilde heute noch. Sie gibt aber auch zu, dass sie nicht alles versucht haben. Einmal kühl abgewiesen, einmal stundenlang »unter lauter Lumpenpack«, wie Hilde das nannte, auf einem Behördenflur gewartet, da waren sich Usenbenzen-Trotz und Häberle-Stolz schnell einig: »Wir gehen nicht betteln. Wir sind doch keine Almosenempfänger!« Ernst ließ auch am Bahnschalter seinen Schwerbeschädigten-Ausweis in der Brieftasche stecken: »Ich kann meine Fahrkarte selber bezahlen!« Er hätte um die Hälfte fahren dürfen und eine Begleitperson kostenlos dazu, und das nicht in der Holzklasse, sondern in der gepolsterten zweiten Klasse.

Sie konnten ihre bittere Lage nicht so locker nehmen wie die leichter gebauten Rheinländer das fertig brachten. Keine zwei Jahre nach der großen Katastrophe tanzten die schon wieder zwischen den Trümmern und über die Schuttberge ihrer Städte und gaben zum Karneval 1947 das Motto aus: »Mir sinn widder do un dun wat mer künne!« Viele suchten ihrer Notlage dadurch Herr zu werden, dass sie auf langsam fahrende Versorgungszüge der Besatzungsmacht aufsprangen und ihren Komplizen Kohle und Kohl, Zementsäcke und Mehlsäcke hinunterwarfen. Als der Kölner Kardinal Frings von der Kanzel herab derart unchristliches Handeln nicht als Diebstahl, sondern als Notwehr einstufte, nannten seine dankbaren Rheinländer solche Beschaffungsmethoden bald nicht mehr stehlen, sondern »fringsen«.

Die drei westlichen Besatzungszonen wurden schon bald »Trizone« genannt. Im Karneval im Winter 1948 lautete der größte Schlager: »Wir sind die Eingeborenen von Trizonesien, da gibt es Mägdelein mit feurig wildem Wesien. Wir sind zwar keine Menschenfresser, doch wir küssen umso besser ...«. In Ermangelung einer Nationalhymne soll dieser Schlager ein Jahr später bei der Siegerehrung eines Kölner Radrennens gespielt worden sein. Die anwesenden britischen Offiziere, so wird erzählt, salutierten ahnungslos.

Diese Geschichte bereitete Hilde großes Vergnügen. Sie mochte sie alle nicht, die Besatzer. »Die haben selber gerade genug Verbrechen begangen«, schimpfte sie über die Siegerjustiz. Ihr gingen die schrecklichen Bilder vom zerstörten Aachen nicht aus dem Sinn. So wie dort hatten Briten und Amerikaner etwa 150 weitere deutsche Großstädte ohne militärische Notwendigkeit in Schutt und Asche gelegt und dabei fast eine halbe Million Zivilisten getötet. Das, so meinte Hilde, wäre auch ein Tribunal wert gewesen. »Alle haben sie Dreck am Stecken, aber aufgehängt werden nur Unsere.« Zum Abschluss der Nürnberger Kriegsverbrecherprozesse hatten die Alliierten ein Dutzend Nazigrößen zum Tod durch den Strang verurteilt. Am Tag vor ihrer Hinrichtung am 16. Oktober 1946 beging der prominenteste unter ihnen, Hermann Göring, Selbstmord. Hilde höhnte: »So ist's recht, bei dem Fettsack wär' ja doch der Strick gerissen!« Den Göring hatte sie nie sonderlich gemocht, aber dass er in der Nacht vor seiner Hinrichtung durch die Sieger eine Zyankalikapsel zerbissen hatte, das imponierte ihr. Seine Frau soll sie ihm beim Abschiedskuss mit der Zunge in den Mund geschoben haben. »Ja, die Nürnberger hängen keinen, sie hätten ihn denn zuvor!«, zitierte Hilde schadenfroh den alten fränkischen Raubritter Epp von Gailingen.

Drei Jahre nach Kriegsende führten die drei Westmächte in der Trizone eine Währungsreform durch, um die wirtschaftliche Erholung Deutschlands zu beschleunigen. Jeder Bewohner erhielt für 40 Reichsmark 40 neue D-Mark eingetauscht, »Kopfgeld« nannten sie das. Alle Sparguthaben wurden im Verhältnis 1:0,065 abgewertet. Wenn Ernst also 10 000 Reichsmark auf dem Sparbuch hatte, waren es jetzt noch 650 DM. Als Hilde am Samstag, dem 19. Juni 1948 diese Meldung in den Mittagsnachrichten im Radio hörte, sank sie auf ihrem Küchenstuhl in sich zusammen und begann zu weinen. »Diese Lumpen! Jetzt sind wir wieder beschissen«, schluchzte sie. »Erst hat man uns und unseren Eltern in der Inflation alles genommen, dann haben wir in Elsdorf alles verloren und jetzt ist auch noch unser Erspartes verreckt!« Die ohnmächtige Wut der kleinen Leute kam wieder in ihr hoch. Abermals war ihnen ein Strich durch die Rechnung gemacht worden, zum wievielten Mal nun schon?

Sie wischte sich mit der Kittelschürze das Gesicht und blickte zu ihrem Mann hinüber, aber der sagte nichts. Er schaute zum Fenster hinaus. Dort irgendwo sah er den Traum vom eigenen Häuschen, den er seit ihrer Schweinitzer Zeit träumte, wie eine Seifenblase zerplatzen. Dafür hätte das gesparte Geld einmal sein sollen. Bereits in Schweinitz und nachher in Neuenstein, in Elsdorf wieder und auch hier in Herzogenrath schon hatte er insgeheim nach einem Bauplatz Ausschau gehalten – und natürlich in Dettingen. »Der Krieg hat wieder einmal alles kaputt gemacht«, klagte Hilde. »Das ganze Land, meinen Mann, unser Sach und nun auch noch unser bisschen Geld. Und wir sind immer die Dummen, immer und immer wieder die Dummen!«

Nach und nach wurden die leidigen Lebensmittelmarken und Bezugsscheine abgeschafft, die letzten erst am 31. Mai 1950. Spürbar ging es dennoch vom Tag der Währungsreform an aufwärts. Das so genannte Wirtschaftswunder setzte ein. Wie ein Wunder war es auch, dass schon einen Tag später die Läden plötzlich voller Waren, die chronisch leeren Regale auf einmal gut bestückt waren. Über Nacht gab es für jedermann ganz offen Dinge zu kaufen, die man seit Jahren nicht mehr gesehen hatte, die höchstens mit guten Beziehungen unter dem Ladentisch oder gegen Zigaretten auf dem Schwarzmarkt gehandelt worden waren. Auch dem Meister Häberle, seiner Frau Hilde und ihren Kindern ging es nach und nach besser. Sie schöpften neuen Mut. Das Jammertal war durchschritten. Bald sollte es nicht mehr kratzen beim Brotestreichen.

Am 11. Dezember 1948 kam im Schlafzimmer in der Grünstraße 10 das endgültig jüngste Familienmitglied zur

Welt: Albert Friedrich Häberle. Margrete, die da schon 14 war, bekam aus diesem Grund eine ganze Woche schulfrei. Sie pflegte die Mutter, das Baby und besorgte tüchtig den gesamten Haushalt. Walter war bald acht Jahre alt. Die Freude über den Nachzügler war groß. Dass von der wirtschaftlichen Lage der Familie her gesehen der Zeitpunkt für Nachwuchs nicht gerade günstig lag, war kein Thema. Mit einem bekannten Ehepaar, das dies offen ansprach: »Herzlichen Glückwunsch oder herzliches Beileid, je nachdem!«, wurde ob dieser Beleidigung von Stund' an kein Wort mehr gesprochen. Schon eher bereitete es der Mutter Sorge, dass sie nun schon 40 wurde. »Ich bitte Gott inständig darum, dass ich den Jungen noch großziehen darf«, vertraute sie ihrem Mann an.

Als Albert getauft wurde, hielt ihn Hanna van Spankeren über das Taufbecken. Sie fungierte als stellvertretende Patin für die abwesenden eigentlichen Paten, Hildes Stiefbruder Erwin und Ernsts Schwester Marie. Diese beiden scheuten die weite Reise in der schwierigen Zeit. Fräulein van Spankeren war eine ältliche, ledig gebliebene Lehrerin der evangelischen Volksschule Herzogenrath, mit der Ernst und Hilde sich angefreundet hatten und sogar per du waren. Die Kinder sollten fortan »Tante Hanna« zu ihr sagen, was Margrete und Walter schwer fiel. Albert nannte sie später »Tante Patin«. Hilde stellt heute fest: »Durch die vielen Umzüge hatten wir nirgends richtig enge Freunde, außer der Spankern vielleicht.« Die Schule hatte nur drei Lehrer. Die Evangelischen waren im katholischen Herzogenrath weit in der Minderheit und rückten deshalb enger zusammen. Ernst war auch in der reformierten Kirchengemeinde aktiv und wurde Presbyter, das entspricht andernorts einem Kirchengemeinderat.

Am 17. April 1949 hatte Margrete Konfirmation. Zu diesem Fest war endlich einmal wieder die ganze Familie vereint, denn Hans war mit Tante Lene aus Dettingen gekommen. Grund genug, wieder einmal zum Fotografen Danner in Herzogenrath zu gehen. Hilde hält das Foto ihrer vier Kinder hoch, das aus diesem Anlass gemacht wurde: Margrete, die Hauptperson, ist da schon fast ein Fräulein. Ihre schönen, kräftigen, dunkelblonden Haare sind noch zu dicken Zöpfen geflochten. Hans ist hier mit seinen dreizehneinhalb Jahren ein ausgesprochen hübscher Bursche, der aufgeweckt in die Kamera blickt. Er trägt einen grau melierten Pullover, den seine Mutter ihm gestrickt hatte, den gleichen wie Walter, der dazu eine Bleyle-Hose trägt und wie ein Honigkuchenpferd grinst. Margrete hält das kräftige, vier Monate alte Brüderchen Albert auf dem Arm, das sie jeden Tag wie ein Kindermädchen liebevoll gebadet, gewickelt, gefüttert und spazieren gefahren hat. Die Eltern standen neben dem Fotografen und waren stolz auf ihre vier.

Hans hatte insgeheim gehofft, er dürfe nun in Herzogenrath bleiben, er müsse vielleicht nicht mehr zurück zum Weilerbauern, der ein Menschenschinder war, der dem Jungen keine freie Zeit, keinen Umgang mit Gleichaltrigen gewähren wollte, der ihn von morgens bis abends als seinen

Knecht schuften ließ. Tante Lene war gut zu Hans, aber sie hatte selbst unter den Grobheiten ihres Mannes zu leiden und musste so manche Gunst, die sie dem Jungen gewährte, vor ihm verheimlichen. Hans bewunderte seinen Vater. Wie er wollte er nach Häberle-Art die Zähne zusammenbeißen, seine Pflicht erfüllen, Selbstbeherrschung zeigen. Hans war zu stolz zum Jammern, verschwieg tapfer, was er litt. So konnte man meinen, es sei doch ganz in der Ordnung so, wie es nun einmal geworden war. Hilde aber, ganz Mutter, spürte natürlich, wie es in ihrem Buben aussah, doch erneut fand sie bei Ernst kein Gehör. Ja, hätte Hans geweint, getobt und gedroht, hätte Ernst seiner Frau vielleicht geglaubt.

So aber bestimmte Ernst jetzt, Hans solle noch das eine Jahr in Dettingen bleiben, bis er die Schule abgeschlossen habe. Das habe auch Wilhelm für richtig gehalten. Der hatte bei ihrer letzten Begegnung mit ihm über die Zukunft seines Sohnes Hans gesprochen: »Weißt du, er ist mein Patenkind und da mache ich mir schon so meine Gedanken. Eine Patenschaft übernehmen heißt ja auch Verantwortung für das Patenkind tragen.« Er riet dem Bruder, Hans am besten noch bis zu seiner Konfirmation in Dettingen zu lassen und dann zu entscheiden, ob man ihn endgültig mit nach Hause, nach Herzogenrath nehmen solle. Tante Lene ahnte, was Hans wünschte. Sie konnte nicht so lange bleiben und reiste früher ab. Hans durfte die Osterferien ausschöpfen. Auf dem Bahnhof in Herzogenrath hat sie sich noch einmal nach ihm umgedreht: »Aber gell, du kommst wieder?« Da nickte er nur. Das eine Jahr würde er noch durchbeißen.

Im Mai wurde aus den drei westlichen Besatzungszonen die Bundesrepublik Deutschland gebildet. Die Westalliierten überließen ihrem neuen Verbündeten Zug um Zug mehr wirtschaftliche und politische Souveränität. Die Versorgung der deutschen Bevölkerung war schon deutlich besser geworden. Auf Hamsterfahrt brauchte Hilde nun nicht mehr zu gehen, aber sie mussten schon noch in den Wald zum Bucheckern sammeln, auf die Felder zum Ähren lesen, auf die Äcker um liegen gebliebene Kartoffeln zu suchen, in den Garten zum Gemüse anbauen, in den Stall um Hühner, Hasen, Gänse und das Schwein zu versorgen. Ja, zeitweise hatten sie sogar Schafe, zwei Heidschnucken. Die ließen sich auf dem großen Ziegeleigelände, der Ödlandfläche der ehemaligen Lehmgrube, gut halten.

So gab es immer viel Arbeit. Vor allem Margrete musste kräftig ran und war ihrer Mutter eine große Stütze. Entweder sie hielt ihr den Rücken frei, indem sie Walter und Albert betreute, oder sie half im Haushalt und im Garten, im Stall, beim Schlachten, beim Marmeladekochen, beim Eindünsten und im Herbst beim Sirupkochen aus Zuckerrübenschnitzeln – »Rübenkraut« nennen das die Rheinländer. Neben Fleisch, Würsten und Schmalz lieferten die Tiere ihnen Eier, Bettfedern, Felle und Wolle. Der Hang zur Selbstversorgung ging sogar so weit, dass Ernst, der seit seiner Soldatenzeit stark rauchte, seinen eigenen Tabak anbaute und Hilde selbst Kaffee röstete, den sie von Schmugglern aus Holland bezog. Alles Mögliche wurde in jenen Jahren ausprobiert. »Hilf dir selbst, so hilft dir Gott!«, sagte Hilde. Statt des bäuerlichen Kopftuches trug sie bei der Arbeit jetzt einen »Turban«, wie ihn die Trümmerfrauen in Aachen und in Köln aufhatten.

Ernsts Gesundheitszustand hatte sich inzwischen etwas gefestigt. Seine Wunde, eine tiefe, trichterförmige Narbe an der rechten Schläfe, nässte noch lange und musste von Hilde mit selbst gedrehten Wattestäbchen vorsichtig versorgt werden. Zum Schutz gegen Verunreinigungen trug er noch jahrelang eine schwarze Augenklappe über der Wunde.

Ernsts Sehstörungen behinderten ihn jetzt kaum noch, aber er hatte chronische Rückenschmerzen. Auch seine Kopfschmerzen quälten ihn immer wieder und er war sehr lärmempfindlich geworden. In der Firma ließ es sich nicht vermeiden, dass er Maschinenlärm ausgesetzt war, aber daheim brauchte er Ruhe. Die Kinder durften in seiner Gegenwart nicht laut schreien oder lärmende Spiele machen. Da erschien sofort der Zeigefinger auf den Lippen der Mutter: »Ihr wisst doch: Der Vater ...!« Selbst Zwiebackkauen oder das Abbeißen von einem Apfel brachte ihn auf die Palme und sie mussten sofort damit aufhören oder das Zimmer verlassen.

Er versuchte, so gut er konnte, seine Kinder mit zu erziehen, ihnen tadellose Tischmanieren beizubringen, ihnen Wissen und praktische Fertigkeiten zu vermitteln, ein gerechter und fürsorglicher Vater zu sein. Sonntags zog er schon mal sein Perlmutt-Taschenmesser hervor und zeigte, wie man aus frischem Weidenholz eine Pfeife schnitzt oder er erzählte ihnen die lebensklugen Fabeln von Goethes »Reinecke Fuchs«.

Walter durfte immer mit, wenn der Vater zu seinem Bekannten, dem baumlangen Stellmacher Piefer ging. Sie mochten beide den Duft von frischen Hobelspänen und kochendem Knochenleim.

Alle vier Wochen sagte er zu Hilde: »Wir Männer müssen jetzt zum Friseur.« Dann ließ er sich und dem weißblonden Walter die Haare schneiden. Anschließend marschierten sie »zum Haaretrocknen«, wie der Vater sagte, in den nahen »Deutschen Hof«, stiegen auf die Hocker an der Theke und bestellten »wie immer zwei Bier, ein helles und ein dunkles«. Wenn Ernst sein Pils und Walter sein Malzbier ausgetrunken hatten, gingen sie Hand in Hand nach Hause.

Aber spielen sah man den Vater nur selten mit seinen Kindern, toben nie. Walter und Albert kannten das gar nicht: Mit ihm auf dem Fußboden oder auf einer Wiese herumtollen, eine Kissenschlacht machen, zusammen Fußball spielen oder Rad fahren, gar ins Freibad gehen. Immer mussten sie leise sein, auf den reizbaren Mann Rücksicht nehmen. Er hatte einfach zu viel mit sich selbst zu kämpfen. »Ach, wenn ihr wüsstet!«, sagte Mutter. »Früher war der Vater ganz anders.« Und Margrete nickte.

Am angespanntesten war die Stimmung in der Familie, wenn der Vater in der Firma Ärger mit Arbeitern oder Auseinandersetzungen mit seinem Chef gehabt hatte. »Vater hat wieder gebrüllt«, hieß es dann, und das bedeutete, dass man ihm am besten aus dem Weg ging und sich möglichst leise davonschlich, wenn er kam. Dann fürchteten sie sich vor ihm.

Hilde war stets die Mahnung der Tübinger Ärzte gegenwärtig, dass durch allzu starke Erregung die verkapselten Splitter in Ernsts Gehirn beginnen könnten zu wandern. Deshalb ermahnte sie ihren Mann immer wieder, diese Auseinandersetzungen nicht so heftig auszutragen, sich mehr zu schonen und seine Arbeitszeit nicht ständig über Gebühr auszudehnen. Ohne Erfolg: »Ach, du musst dir immer Sorgen machen! Bist eine rechte Sorgerin«, wiegelte er dann ab.

Er trug in seiner Position eine besondere Verantwortung, der wollte er voll gerecht werden, und dass er schon immer mehr als hundert Prozent Leistung gebracht hat, das gehörte einfach zu seiner Berufsauffassung, davon wollte er wegen dieser Kriegsverwundung nicht abgehen. Wenn seine Arbeiter neuerdings auf ihre 48-Stunden-Woche pochten, so war das ihre Sache. Und Urlaub? Er brauchte keinen Urlaub, das war doch nichts als Faulenzerei! Wenn Herr Buschmann seinem Meister den ihm zustehenden Urlaub geradezu anordnete, dann fuhr er nach Dettingen, um dort den Verwandten in der Landwirtschaft zu helfen.

Hilde machte sich tatsächlich Sorgen und meinte, gerade jetzt, wo er gesundheitlich nicht mehr voll auf der Höhe sei, sollte er sich etwas mehr schonen, auch ihr zuliebe. »Du bist unvernünftig!« Davon wollte Ernst aber gar nichts wissen: »Ach, meine Sorgerin!« Sie erinnerte ihn an die Zeit in Schweinitz und ihre schönen Ausflüge. Vergebens. In den acht Jahren Herzogenrath besuchten sie kein einziges Mal den weltberühmten Aachener Dom Karls des Großen, machten sie nie einen Ausflug in die schöne Eifel, die doch direkt vor ihrer Haustüre lag, keine einzige Radtour mit den Kindern, nicht ein Mal einen Besuch im Herzogenrather Freibad am Fuchsberg. Hilde musste sich damit abfinden: »Vater war früher nicht so. Der Krieg hat unsere Männer kaputtgemacht.«

Der Krieg war für Ernst noch allgegenwärtig, nicht nur wegen seiner Verwundung, die ihre Nachwirkungen hatte. Auch nachts, wenn er schreiend aus seinen Angstträumen erwachte, sagte er zu Hilde, die ihn beruhigte: »Oh, ich war wieder im Krieg.« Wieder und wieder erzählte er die Geschichten vom Schlamassel, von Kampf und Not mit dem hinterhältigen Iwan, den kleinen und großen Heldentaten, von Bauchschüssen, zerfetzten Gliedmaßen und toten Kameraden.

Auch »lustige« Begebenheiten gab er zum Besten, etwa wie sie im Winter »die nackten Russenweiber aus dem Badehaus über den Dorfplatz getrieben« haben oder wie sein Kamerad auf einer gemeinsamen Patrouille »einen Russen beim Scheißen erschossen« hat. »Was wollt ihr? Es war Krieg!« Hilde konnte darüber nicht lachen: »Der Krieg hat unsere Männer kaputtgemacht.«

Margrete kam Ostern 1950 aus der Schule. Wegen der Kriegs- und Nachkriegswirren hatte man in Nordrhein-Westfalen die Schulzeit um ein Jahr verlängert. Ernst und

Hilde waren sich einig: Das Mädchen sollte einen richtigen Beruf erlernen, nicht Hilfsarbeiterin oder Kindermädchen oder Dienstmagd werden wie ihre Mütter und Großmütter. Die Zeiten sollten vorbei sein, wo man sagte: »Du heiratest ja doch einmal!« Ihre Kinder sollten einen besseren Start ins Leben haben – alle vier, nicht nur die Jungs. Schließlich waren sie alle gut in der Schule und darauf waren die Eltern stolz.

Dem Rat von Margretes Lehrern, sie aufs Gymnasium zu schicken, waren sie allerdings nicht gefolgt. Das war ihnen dann doch nicht ganz geheuer, sie wäre wohl auch das einzige Mädchen gewesen. Also machte Margrete im Textilgeschäft Heuser in der Hauptstraße eine Lehre als Verkäuferin. Ihre Berichte von der Ausbildung, der Arbeit, der Familie ihres Lehrherrn und dem Umgang mit der Kundschaft brachten wieder neuen Gesprächsstoff in die Familie, Einblicke in ein bislang ganz fremdes Milieu. Hilde stellte schon Überlegungen an, was aus Hans werden sollte, wenn er im nächsten Jahr, nach der Schulentlassung, in Herzogenrath sein würde. Ernst meinte nur, darüber müsse er noch einmal mit Wilhelm sprechen.

\* \* \*

»Hier, dieses Foto hat der Wilhelm an Hans' Konfirmation im Garten von Max und Lene gemacht. Guck, da war ich zum ersten Mal ohne Haarknoten in Dettingen. Ich wollte schon jahrelang einen modernen

Bubikopf, hab mich aber nicht getraut. Dann hab ich mir den Zopf halb abschneiden lassen und die Haare nach hinten gesteckt. Das sah dann fast wie ein Knoten aus, war aber keiner mehr. Opa hat es gar nicht gefallen, es sei eine Schande. Margret fehlt auf dem Bild. Die hatte doch gerade erst mit ihrer Lehre begonnen und konnte nicht gleich in den ersten Wochen Urlaub nehmen.

Wilhelm war natürlich auch auf der Konfirmation, er war ja der Patenonkel von Hans. Er hat sich da auf einem Spaziergang lange mit Ernst unterhalten. Der Sohn von Max war im Krieg geblieben, gefallen, wie man jetzt wusste. Der Wilhelm sagte, wie schlimm das doch nun für Max sei, dass der Erbe des Hofes nicht mehr da sei. Das sei eine große Chance für Hans, da einzuspringen und einmal den Hof zu übernehmen. Er sei ja schon fast wie ein Sohn für Max und Lene. Wenn das so eine große Chance war, warum hat Wilhelm denen dann nicht seinen Gerhard gegeben? Gell, den hat er lieber studieren lassen! Ich habe dem Wilhelm einmal gesagt, es sei nicht richtig, dass man unseren Sohn diesem Mann anvertraue, der saufe, fluche und lüge und solche Dinge tue. Da hat der Wilhelm geantwortet: ›Wenn Hans einen guten Charakter hat, macht ihm das nichts aus.‹ Ja, und wenn nicht?

Ernst hat immer getan, was Wilhelm wollte, immer. Der war bei denen der Herrgott. Wir haben eine wirklich gute Ehe geführt, aber bei wichtigen Entscheidungen wurde ich nicht gefragt, oft nicht einmal informiert. Da war ich dann nur die Langs Hilde. Ich habe später jahrelang vor dem

Einschlafen darüber nachgedacht und mir Vorwürfe gemacht, dass ich damals geschwiegen habe. Wieder und wieder hab ich mir ausgedacht, was ich eigentlich hätte sagen sollen.«

\* \* \*

Aber Hilde hat ja nicht geschwiegen, sie hatte sich lediglich gegen die Häberles nicht durchsetzen können. Hans blieb also auch diesmal wieder in Dettingen, jetzt endgültig. Jahre später erst hat er durchblicken lassen, wie verzweifelt er damals war, vor allem darüber, dass man ihn einfach vor vollendete Tatsachen gestellt hat. Hans hat später, nach Max' Tod, tatsächlich den Bauernhof übernommen, hat diese Chance klug genutzt und mit unglaublichem Fleiß und großer Energie aus dem alten Gemäuer einen modernen, lebensfähigen landwirtschaftlichen Betrieb geschaffen. Heute ist der Weilerbauer einer der wenigen Höfe, die in dem ehemaligen Bauerndorf Dettingen noch existieren. Jetzt konnte Ernst tatsächlich stolz auf seinen Sohn sein. Er war überzeugt, alles richtig gemacht zu haben.

# Im Häuschen am Berg

Im Herbst 1951 kam es zum Zerwürfnis zwischen dem Meister Ernst Häberle und Elmar Buschmann, dem Juniorchef, der jetzt in Herzogenrath das Sagen hatte. Der hatte umfangreiche Modernisierungen in der Firma im Sinn und sagte Ernst auf den Kopf zu, dass er diese Kraftanstrengung einem 45-jährigen Kriegsinvaliden nicht mehr zutraue. Ernst war ins Mark getroffen. Genau das Gegenteil hatte er sich und aller Welt in den letzten Jahren beweisen wollen. Hilde litt mit ihm und stärkte ihrem Mann den Rücken, er brauche sich das nicht gefallen lassen, nach all dem Einsatz, den er für den Wiederaufbau der Firma in den Nachkriegsjahren geleistet hatte. Mit Unterstützung des Verbands der Kriegsbeschädigten, Kriegshinterbliebenen und Sozialrentner Deutschlands (VdK) zog er vor das Arbeitsgericht in Aachen. Es war sonst gar nicht seine Art, sich dermaßen auf die Hinterbeine zu stellen. Aber die Verletzung, die Ungerechtigkeit waren nun mal zu groß, um sie einfach hinnehmen zu können. Das ließ sein Stolz nicht zu. Er wollte rehabilitiert sein. Er obsiegte in dem Verfahren, eine große Genugtuung.

Seine Stelle aber war er trotzdem los. Um der drohenden Arbeitslosigkeit zu entgehen, konnte er nicht wählerisch sein. Er kaufte sich ein gebrauchtes Motorrad – eine Express mit 125er ILO-Motor – und nahm erst eine Arbeit in der Ziegelei Rosen in Alsdorf an, dann bei Kommer in Düren, fuhr zwei Wochen lang täglich die 30 Kilometer, bevor die Familie schließlich am 15. Mai 1953 nach fast acht Jahren Herzogenrath den Rücken kehrte und nach Düren umzog. Aber Düren war für die Häberles nur ein unglückliches Intermezzo. Beruflich und privat erwiesen sich die Verhältnisse als unzumutbar. Ernsts Chef war ein Psychopath, die Wohnung ein Loch, Walters Schule eine Katastrophe. Zu allem Unglück ereignete sich in der Ziegelei auch noch ein tödlicher Arbeitsunfall, der auf Sicherheitsmängel zurückzuführen war. Allein Margrete hatte es gut getroffen mit ihrer Arbeitsstelle.

Nur sechs Wochen später wurde schon wieder gepackt bei den Häberles. Mit Macht zog es Ernst nun Richtung Heimat. Er ging bald auf die 50 zu. Sie waren lange genug »herumzigeunert«, wie Hilde sich ausdrückte. Sie wollten zurück in den Süden – wer weiß, vielleicht endgültig. Im »Ziegler« war eine Stelle im Schwäbischen ausgeschrieben, der dortige Chef besuchte zufällig in diesen Tagen eine Messe in Köln, wo man sich traf und einig wurde.

Am Mittwoch, dem 1. Juli 1953, rumpelte der Lastwagen mit dem Hab und Gut der Familie nach Unterweissach hinein. »Ach du liebe Zeit!«, rief Walter. »Das ist ja ein richtig altes Bauerndorf! Und nicht mal rechtschreiben können die hier. Guck mal, da auf dem Reklameschild steht: Gasthof Krone, *reele* Weine!« Margrete schaute mit großen Augen auf die windschiefen Scheunen am Marktplatz und murmelte enttäuscht vor sich hin: »Ne, hier werd ich nicht alt!«

Die Männer trugen noch die Möbel und Kartons ins Haus, da schickte Hilde den Buben einen Bäcker suchen, um den Helfern ein Vesper anbieten zu können: »Sag, du willst ein Brot und fünf Brezeln.« – »Fünf was?«, fragte Walter, »bitte schreib mir das auf!« Als er am Montag zum ersten Mal in die Schule ging, wollte ein Mitschüler besonders freundlich zu dem Neuen sein und fragte ihn in der großen Pause, als die Bäckersfrau kam: »Willst ein Weckle?« Walter kannte nur Brötchen und fragte: »Wat is dat?« Das war ein Fehler, denn der Klassenkamerad drehte sich zu den anderen um und rief: »Oh Gott, isch der blöd! Der weiß net mal, was ein Weckle isch!«

Schnell lebten sie sich ein in ihrer neuen Umgebung. Umziehen, sich neu orientieren, neue Kontakte knüpfen, sich mit anderer Sprache und anderen Gewohnheiten der Einheimischen vertraut machen, Einkaufsmöglichkeiten auskundschaften, die kürzesten Wege suchen, sich mit neuen Nachbarn und Spielkameraden arrangieren, das alles hatte nichts Erschreckendes für sie. Wie oft hatten sie das jetzt schon bewältigt! Es war sogar immer wieder spannend, Neuland zu betreten, zu erkunden, was hinter den Bergen ist.

Neben diesem positiven, zukunftsorientierten Blick auf die Chancen, den Neubeginn, das Fädenknüpfen darf man aber auch nicht den rückwärts gewandten Aspekt des Verlustes, des Schlussstriches, des Loslösens außer Acht lassen. Wer zu neuen Ufern aufbricht, bricht gleichzeitig hinter sich seine Zelte ab, denn jeder Aufbruch ist zugleich ein Abschied. Und wie alles im Leben mindestens zwei Seiten hat und ein Neubeginn neben Mühsal, Ungewissheit und Fremdgefühlen auch den Pioniergeist in uns weckt, so bedeutet jeder Abschied neben Trennungsschmerz, Aufgabe und Zurücklassen von Liebgewonnenem eben auch Befreiung aus lästig gewordenen Bindungen, erlaubt die Tilgung von Niederlagen, Enttäuschungen und Verstrickungen. Mit jedem Umzug wird Tabula rasa gemacht: Was bisher an Bedeutsamem für den Alltag bedrückend auf dem Tisch lag, kann nun aufatmend in die Schublade der Vergangenheit weggeräumt werden. Es gibt wieder Platz.

Hilde erzählte gern die Geschichte aus dem 1. Buch Mose, von Abraham und der Frau seines Neffen Lot. Die hatte bei ihrem Wegzug aus Sodom gegen Gottes Weisung noch einmal zurückgeblickt und war augenblicklich zur Salzsäule erstarrt. Nein, wie Lots Weib wollte sie nicht sein, sie wollte lieber nach vorne schauen.

Allerdings hatten die unsteten Häberles Schwierigkeiten, ein rechtes Gefühl für Heimat zu entwickeln. Für Ernst war Dettingen immer seine Heimat geblieben, ganz ohne Zweifel. Hilde, die gebürtige Stuttgarterin, war sich da schon nicht so sicher. Margrete empfand damals Herzogenrath als Heimat. Schweinitz, Neuenstein, Elsdorf und Dettingen waren schon zu weit weg, nur noch Erinnerung. Heute ist sie – ganz gegen ihren allerersten Vorsatz – eine rechte Weissacherin geworden. Ähnlich verhält es sich bei Hans, der ganz und gar ein Dettinger wurde. Walter und Albert indes holen heute noch tief Luft und blicken ratlos um sich, wenn sie jemand nach ihrer Heimat fragt.

Unterweissach oder, wie es heute heißt, Weissach im Tal liegt nahe der damaligen Kreisstadt Backnang, etwa 30 Kilometer nordöstlich der baden-württembergischen Landeshauptstadt Stuttgart. Ernst betrat hier berufliches Neuland, denn seine neue Firma, die damals noch »Dampfziegelei Rombold & Sohn« hieß, stellte keine Ziegelsteine her, sondern Blumentöpfe. Dazu brauchte man Lehm mit einem deutlich höheren Anteil von Ton, die Ausformung der Töpfe und Schalen erfolgte ganz anders als bei Ziegelsteinen und gebrannt wurden sie in einem hochmodernen Tunnelofen, dessen Technik allerdings noch nicht ausgereift war und Ernst immer wieder vor große Probleme stellte. Die Firma war so groß, dass der Meister hier ganz als Produktionsleiter fungierte. Alle sonstigen betrieblichen Angelegenheiten wurden in einem Firmenbüro erledigt. Außerdem war hier, anders als in Ernsts Stellen in Herzogenrath und Elsdorf, der Firmenchef Walter Rombold fast täglich in der Firma. Ernst musste sich also umstellen.

Die Familie bekam wieder eine Werkswohnung, ein kleines Haus oberhalb der Fabrik, das sie sich in den ersten Monaten noch mit einer zweiten Familie teilen musste.

Dann aber hatten die Eltern und ihre drei Kinder das ganze Häuschen für sich allein: Unten Wohnzimmer, Schlafzimmer, eine kleine Kammer als Schlafzimmer für Albert, eine Küche, Speisekammer, Plumpsklo. Unterm Dach hatten Margrete und Walter jeder sein eigenes Zimmer, das sie sich hübsch einrichten konnten. Die Wände waren nicht tapeziert, sondern gerollt. Und endlich hatten sie einen richtigen Keller! Jetzt konnten sie wieder in Steinguttöpfen Eier einlegen und Sauerkraut machen und Kartoffeln einkellern. Ums Haus legten Ernst und Hilde sich einen Gemüsegarten an, an der Haustür ein hübsches Blumenbeet. Hinter dem Haus stand ein Schuppen, in dem neben allerlei Gerätschaften auch Ernsts Motorrad abgestellt war. Außerdem gab es dort Platz für das Brennholz, die Briketts, später den Heizöltank und auch noch für einen Hasenstall. So viel Platz hatten sie lange nicht mehr gehabt. Sie fühlten sich richtig wohl in ihrem Häuschen am Berg.

Albert ging in den Kindergarten, Walter in die siebte Klasse der Volksschule, Margrete fand in Backnang eine Stelle im Textilgeschäft Windmüller, Hans arbeitete nach wie vor beim Weilerbauern in Dettingen und besuchte die Landwirtschaftsschule in Heidenheim. Ernst konnte im Urlaub oder an verlängerten Wochenenden mit seinem Motorrad nach Dettingen fahren. In zwei Stunden war er dort. Dettingen war und blieb ein wichtiger Bezugspunkt für die Familie. Auf dem Sozius hatte er abwechselnd Hilde, Margrete oder Walter, später auch Albert, als er größer war. Ernsts Schwestern in Merklingen und in Nordhausen bei Heilbronn waren nun mühelos auf einem Sonntagsausflug zu erreichen oder kamen ihrerseits zu Besuch nach Unterweissach. Ebenso verhielt es sich mit Wilhelm in Crailsheim, Anna und Jul in Fellbach, Tante Bärbel in Untertürkheim oder Onkel Michel in Stuttgart. So nah war man sich seit 20 Jahren nicht gewesen. Ernst und Hilde freuten sich über diese neuen Möglichkeiten. Sie bereuten es nicht, hierher gezogen zu sein.

Auch im häuslichen Alltag wurde so manches besser. So stand Hilde beispielsweise im Nachbarhaus eine Waschküche zur Verfügung, die sie abwechselnd mit den dortigen Bewohnern benutzen konnte. Sie bekam von Ernst eine moderne Waschmaschine. Die bestand aus einem eisenbereiften Holzbottich auf gusseisernen Füßen, der einen aufklappbaren Deckel hatte, in den ein Mechanismus so eingebaut war, dass bei geschlossenem Deckel vier drehbare, hölzerne Zapfen die Wäsche im Bottich hin- und herwirbelten. Angetrieben wurde der Mechanismus durch einen Kolbenmotor, in dem zwei Zylinder abwechselnd durch den Wasserdruck eines angeschlossenen Schlauches einen Kolben hin- und den anderen zurückbewegten. Das Wasser lief dann in den Abwassergraben neben dem Haus. Wasser war damals noch fast kostenlos. Man bezahlte eine jährliche Pauschale. Wenn der Wasserdruck dort oben am Berg einmal nicht ausreichte, mussten Hilde oder Walter die Handkurbel auf der Waschmaschine mit Muskelkraft hin- und herbewegen.

Aber verglichen mit der bisherigen, mühsamen Prozedur, dem Stampfen der Wäsche und dem Bürsten und Rubbeln am Waschbrett, war das für Hilde doch eine spürbare Erleichterung. Auch das kräftezehrende Auswringen der nassen Wäsche wurde jetzt mit Hilfe einer Mangel einfacher.

Was Hilde aber doch sehr fehlte im Häuschen, war ein Badezimmer. Immer mehr Wohnungen wurden neuerdings mit Badezimmern ausgestattet. Bei Häberles wurde halt immer noch am Samstagnachmittag die Zinkwanne in die Küche getragen, auf dem Herd Wasser heiß gemacht und in die Wanne geschüttet, wo dann einer nach dem andern baden konnte, natürlich nicht jeder in einer frischen Füllung. Aber bald durften sie samstags in die Firma hinuntergehen, wo es nun einen Duschraum für die Belegschaft gab. Das war wieder ein kleiner Fortschritt.

Im Haus war bald ein moderner Kobold-Staubsauger mit mehreren Zusatzgeräten wie Duftzerstäuber, Mottenkugelverdunster, Bohnerwachssprüher, Blockerbürste und sogar Haartrockenhaube ein vielseitiger Helfer. Der tüchtige Vorwerk-Verkäufer hatte mit dem Absatz auf die Saugdüsen gestampft und war mit beiden Füßen auf das Motorgehäuse gehüpft und hätte noch weitere Zusatzgeräte in seinem Koffer gehabt, aber Ernst hatte entschieden: »Jetzt langt's!« In der Küche leistete schon ein elektrischer Mixer gute Dienste. Ein sauberer Gasherd löste den Kohleherd ab und richtige Matratzen die Strohsäcke. Die Öfen im Wohnzimmer und in den beiden oberen Zimmern wurden noch in den fünfziger Jahren auf Ölfeuerung umgestellt. An der Haustür wurde eine elektrische Klingel angebracht. Margrete kaufte sich einen Plattenspieler und fuhr nach Stuttgart in die Oper. Ins Wohnzimmer kam ein größeres, modernes Radio mit UKW und an die Wände klebten sie richtige Tapeten.

Die Aufzählung all dieser Nebensächlichkeiten zeigt, dass bei den Häberles jetzt die entbehrungsreiche Nachkriegszeit, »die schlechte Zeit«, in der man sich nichts hatte leisten können, vorüber war, dass bei ihnen ein bescheidener Wohlstand Einzug hielt. Es gab Bohnenkaffee statt Muckefuck, »gute Butter« löste die Margarine ab, und endlich kratzte es nicht mehr beim Streichen. Nie mehr sollte es kratzen! Sie hatten genug gedarbt, meinte Hilde, da könnten sie sich jetzt ruhig auch ihr kleines Stück aus dem großen Wirtschaftswunderkuchen schneiden wie alle andern.

»Aber du, du gibst dich ja immer mit dem zufrieden, was man dir vorsetzt!«, nörgelte sie an ihrem Mann herum. »Hast du schon ein einziges Mal in deinem Leben ein höheres Gehalt verlangt? Nicht einmal den Tariflohn zahlen sie dir. Bei dem, was du für die Firma tust, müsstest du mehr bekommen. Aber nein, du hältst es ja lieber mit dem Lukas-Evangelium und nährest dich von den Brosamen, die von des Reichen Tische fallen!« Da ließ Ernst seinen spöttischen Blick auf ihren breiten Hüften ruhen und erwiderte kühl: »Wie nahrhaft Brosamen doch sein können!«

Mit dem kleinen Wohlstand änderten sich auch so manche Gewohnheiten. Hilde trug jetzt zum Beispiel endlich einen richtigen Bubikopf und ließ sich alle Vierteljahre eine Dauerwelle legen. Sie hatte jetzt auch den Mut, hellfarbige Blusen und bunte Sommerkleider zu tragen. Margrete war zu ihrer fachkundigen Modeberaterin geworden.

Die Morgenandachten am Frühstückstisch wurden nun auch allmählich kürzer. Die ganzen Jahre hatte Hilde vor dem Frühstück den Zeigefinger geleckt und das oberste Blatt vom Neukirchener Kalender abgerissen. Sie hatte erst die beiden Texte des Kalenderblattes vorgelesen, worauf die ganze Familie das Vaterunser betete. Dann zog sie die Tischschublade auf, wo neben dem Besteck das Losungsbüchlein lag und las die Tageslosung vor. Eines der Kinder sprach sodann das Tischgebet. Dann erst konnte mit dem Frühstück begonnen werden.

Irgendwann wurde ihnen dieses Ritual zu lang und lästig, weil jeder einen anderen Schul- oder Arbeitsbeginn hatte und zu unterschiedlichen Zeiten aus dem Haus musste. Da las Hilde nur noch die Losung vor und betete mit der Familie. Das Kalenderblatt legte sie Ernst neben seine Zeitung. Bald unterblieb auch das gemeinsame Vaterunser und die Tageslosung.

Übrig blieb noch das Tischgebet. Aber dieses »Komm-Herr-Jesu-sei-du-unser-Gast-und-segne-was-du-uns-bescheret-hast-Amen«, das war im Lauf der Zeit von einem Moment der Andacht eher zu einem hastigen Startsignal für die Mahlzeit geworden, ebenso wie das abschließende Dankgebet »Wir-loben-dich-und-sagen-

Dank-Gott-Vater-dir-für-Speis-und-Trank-Amen« nur noch als Erlaubnis galt, vom Tisch aufzustehen. Irgendwann Ende der fünfziger oder zu Beginn der sechziger Jahre schlief das gemeinsame Beten gänzlich ein. Wie gesagt: Die Zeiten der Not waren vorüber.

So wie die Geschichte eines Volkes im Grunde nichts anderes ist als eine Abfolge von Katastrophen, so verhielt es sich nach Hildes Erfahrung auch mit dem menschlichen Leben. Doch zwischen den Katastrophen gibt es immer wieder Phasen, in denen die Geschichte Luft holt, in denen einem das Leben eine Atempause gönnt. In den dreißiger Jahren, in ihrer Schweinitzer Zeit, hatten sie so eine Phase erlebt, politisch und persönlich. Nach all den Katastrophen, die dann über sie gekommen waren, hatten sie nun wieder das Empfinden, es sei Zeit zum Durchatmen, in Deutschland ebenso wie im Häuschen am Berg.

Ach, wie lange hatte Hilde nicht mehr an jenes Wort gedacht, geschweige denn es ausgesprochen! Aber als zu ihrem Geburtstag am Sonntag, dem 25. Juli 1954 Emma, Anna, Jul und Anneliese und die ganze Familie an dem neuen Auszugtisch Platz genommen hatten und Obsttorte mit Schlagsahne und Bohnenkaffee mit Hildes neuem Kaffeeservice serviert bekamen, ja, da lag wieder dieses verschmitzte Lachen auf ihrem Gesicht, als sie rief: »Ha, wenn ich jetzt auch 45 bin – ich bin halt ein Sonntagskind, das wisst ihr doch!« Ihr Verstand sagte ihr nach langer Zeit wieder: »So ist es gut, jetzt kannst du zufrieden sein.« Wenn es da nur in ihrem Herzen nicht erneut so laut rumort hätte: »Aber dieses hast du verloren und jenes fehlt dir noch zu deinem Glück!«

Ernst steuerte auf den sonntagnachmittäglichen Familienspaziergängen schon wieder die Bauplätze und Rohbauten der Umgebung an. 40 000 Mark, erfuhr er, musste man mindestens aufbringen, wenn man bauen wolle. Da schüttelte er betrübt den Kopf. Sein Vater hatte ihm beigebracht: »Ein Häberle macht keine Schulden!« Ernst wusste natürlich, dass man ein Haus in der Regel nicht bar bezahlen konnte, aber so hohe Schulden konnte er sich nicht vorstellen ...

Im Januar 1958 gab es wieder mal einen Grund zum Feiern. Wieder waren einige Gäste ins Häuschen am Berg gekommen, denn Hilde und Ernst feierten Silberhochzeit. Nachmittags wurden an der Kaffeetafel alte Erinnerungen ausgetauscht. Als die Wanduhr vier schlug, rief Hilde: »Hört ihr? Diese Uhr sagt uns jetzt schon seit 25 Jahren, was die Stunde geschlagen hat! Ach, manchmal denke ich, das war doch erst gestern, als wir nach Jessen gefahren sind und uns von Häberles Geld diese Uhr gekauft haben, und dann denke ich wieder, das ist alles schon hundert Jahre her, so viel ist in dieser Zeit passiert.« In die nachdenkliche Stille hinein bemerkte Ernst in seiner trockenen Haugehäberle-Art: »Ach ja, 25 Jahre – was der Mensch doch aushält!« Und dann setzte er noch einen drauf: »Aber der Dreissigjährige Krieg hat noch länger gedauert.«

Bald trat Missionar Wilhelm seine NSU Fox an Hans ab, denn seine Fahrten zu den Lichtbildervorträgen über

Afrika unternahm er jetzt in einem Heinkel Kabinenroller. So konnte auch Hans ab und zu einen kurzen Besuch in Unterweissach machen. Lange konnte er allerdings nie bleiben, denn ein Bauer kann nun mal schlecht verreisen. Ernst witzelte: »Die Besucher hat ein Schwabe am liebsten, die nach dem Mittagessen kommen und rechtzeitig vor dem Vesper wieder gehen.« Hans konnte nicht gut die ganze Arbeit im Stall – Füttern, Ausmisten und Melken – allein Tante Lene überlassen, selbst wenn Tante Ursche immer noch auf den Hof kam und tatkräftig mithalf. Die beiden Schwestern gingen schließlich schon auf die 60 zu und der Stall im Weiler stand voll Vieh.

Hilde findet ein Foto von Pfingsten 1957. »Hier, da stehen wir alle sechs in Unterweissach vor unserem Häuschen. Das war jedes Mal ein Fest, wenn die ganze Familie zusammen sein konnte. Da war Walter schon fort.« Walter hatte am Schluss der achten Volksschulklasse dem Berufsberater erzählt, er wolle Schreiner werden. Seit den Besuchen in der Stellmacherwerkstatt in Herzogenrath hatte er den Duft von frischen Hobelspänen und Holzleim in der Nase. Der Berufsberater sah Walters Noten, sprach mit dem Klassenlehrer, Herrn Zürn, der kam zu Häberles, meinte, der Junge könne mehr werden als ein Schreiner. Ernst fragte Wilhelm, der wusste wieder Rat.

So kam Walter 1955 in eine kirchliche Internatsschule, wo er nach sechs Jahren das Abitur machen und dann Lehrer werden sollte. Zwar gab es von der evangelischen Landeskirche ein Stipendium, aber 85 DM im Monat mussten die Eltern selbst aufbringen. Für Ernst und Hilde war das viel Geld. Doch sie hatten sich nun einmal vorgenommen, ihren Kindern alles mit auf den Weg zu geben, was in ihrer Macht stand. Und nun lernte ihr Junge Latein und Englisch und Geige spielen.

Hilde nahm Heimarbeiten an. Sie erinnert sich noch gut an die Libellen: »Oh, hör bloß damit auf!« Das waren markstückgroße Glaskörper, die mit Alkohol gefüllt waren und eine Luftblase hatten, ähnlich wie bei einer Wasserwaage. Die mussten in eine Halterung eingegipst werden. Nachdem die Gipsmasse eingegossen war, musste man die Libellen mit einer Pinzette einsetzen und durch Klopfen mit einem Holzstift exakt waagrecht justieren. Gleichzeitig musste man sorgfältig darauf achten, dass beim Justieren kein Gips über die Libelle lief und die Linse trübte. Also hielt man in der einen Hand das Stöckchen zum Justieren, in der anderen ein feuchtes Tuch zum Abwischen, wobei jedoch die Libelle leicht wieder verschoben wurde.

Da Gips die vertrackte Eigenschaft hat, nach wenigen Minuten hart zu werden, war das immer eine hektische Angelegenheit. Wurde der Gips schon hart, bevor man alle die 20 oder 30 Libellen des einen Arbeitsganges präzise justiert hatte, dann war man versucht, zu stark auf die Linse zu klopfen, sodass das dünne Glas splitterte und der Alkohol herauslief. Ungenau justierte Libellen mussten hinterher mit der Messerspitze aus dem verhärteten Gips wieder herausgeschnitten und abgekratzt werden.

Ausschuss und zersprungene Libellen wurden bei der Vergütung natürlich in Abzug gebracht.

Wenn Walter an langen Wochenenden und in den Ferien bei seiner Familie daheim war, musste er natürlich mithelfen. Dann roch es im Wohnzimmer nach Gips und Alkohol und schlechter Laune. Die Stimmung war alles andere als locker. »Herkules!«, rief Hilde in dieser Hektik ein ums andere Mal. Keiner sagte: »Sie macht das schließlich wegen dir!«, aber er wusste es selbstverständlich und versuchte deshalb seine Unlust zu verbergen.

Doch er dankte seinen Eltern ihre Opfer, die sie seinetwegen brachten, schlecht. Die Schule machte ihm zunehmend Mühe, das fromme Internatsleben mit seiner kasernenhaften Strenge wurde für ihn unerträglich. Das väterliche »Beiß die Zähne zusammen und tu deine Pflicht!« war ihm keine Hilfe. Auf dem Höhepunkt seiner pubertären Probleme, kurz vor dem Abitur, das nicht gefährdet war, wusste er nicht mehr ein noch aus, schmiss die Brocken hin und türmte. Stellte sich einfach an die Landstraße und streckte den Daumen raus. Seinen Eltern schrieb er allen Ernstes, sie sollten sich um ihn keine Sorgen machen. Lange gab es kein Lebenszeichen von ihm. Die Ungewissheit kostete Hilde und Ernst viel Nerven und manche schlaflose Nacht und belastete die ganze Familie über Monate hinweg sehr. Als Hans im November 1960 in Dettingen die Bauerntochter Rosa Heußler heiratete, sagte man halt, Walter könne nicht kommen. Das war ihnen schon sehr unangenehm. Wie sollten sie das Unerhörte auch erklären?

Margrete, die zu dieser Zeit nur noch übers Wochenende daheim war, dachte bitter: »Wie gerne wäre ich aufs Gymnasium gegangen! Ich hätte auch das Zeug dazu gehabt, aber ich durfte nicht. Und er? Er bricht jetzt einfach so mir nichts, dir nichts alles ab!« Aber sie stand ihren Eltern in dieser schwierigen Zeit bei. Sie war es dann auch, die schließlich über das Einwohnermeldeamt herausfand, Walter sei in Kassel gelandet. Sie nahm sich einen Samstag frei, setzte sich in den Zug nach Kassel und suchte ihn dort auf, wo er inzwischen bei VW am Fließband arbeitete. Die große Schwester führte ein langes Gespräch mit Walter und versuchte ihn zur Rückkehr zu bewegen. Das gelang ihr zwar nicht, aber immerhin kam er zu Weihnachten widerwillig ins Häusle am Berg. »Aber, damit das klar ist«, gab er ihr mit auf den Weg, »nur auf einen Besuch!«

Ernst und Hilde waren völlig ratlos und konnten sich nicht vorstellen, was mit dem Jungen los war. In ihrer Hilflosigkeit kamen sie über die Frage: »Was hast du dir dabei gedacht?« und die Vorhaltung: »Wir wollten doch nur dein Bestes, und jetzt sollen all die Jahre umsonst gewesen sein?« nicht hinaus. Der Vater schlug mit der Faust auf den Wohnzimmertisch, schrie: »Nachher kann man nichts und hat man nichts und ist man nichts!« Darauf verstummte er wieder. Zu einem klärenden Gespräch waren sie alle nicht fähig.

Nur Margrete, die noch am ehesten Zugang zu ihrem Bruder fand, die immer vernünftig und auf Ausgleich bedacht war, kam zu dem Schluss: »Nun lasst ihn mal zur

Ruhe kommen! Der wird seinen Weg schon noch machen. Da bin ich mir ganz sicher.« Als Weihnachten um war und Walter den Berg hinunterging, um nach Kassel zurückzukehren, stand sein Vater im Häuschen verzweifelt am Fenster und rief weinend hinterher: »Walter! Bub, bleib doch da!« Aber der undankbare Tropf drehte sich nicht einmal mehr um.

Ein halbes Jahr später hatte er sich so weit wieder gefangen, dass er zurückkehrte, nun doch sein Abitur machte und mit dem Lehrerstudium begann. Immerhin hatte er in Kassel so viel verdient, dass er seit seiner Rückkehr kein Geld mehr von den Eltern brauchte, nicht für das letzte Jahr im Internat und auch nicht für sein Studium. Auf eine klärende Aussprache wartete er vergebens. Ebenso vergeblich hatte wohl Hans bei seiner Konfirmation auf eine Aussprache gewartet. Bei Häberles war es nicht üblich, Probleme ruhig und sachlich miteinander zu besprechen. Sie hatten das nie gelernt. Das lief bei denen ab wie beim Ehle vor 50 Jahren, vermutlich war es bei Großvater Häberle nicht anders gewesen. Eine eigene, abweichende Meinung zu haben, war nichts als Eigensinn und Dickköpfigkeit, einen Gegenvorschlag zu machen, war Ungehorsam, einen Einwand prüfen zu sollen, eine Zumutung, Widersprechen war eine ungezogene Frechheit, Argumente auszutauschen und gegeneinander abzuwägen war Streitsucht. Was blieb, war sich fügen, gehorchen, schweigen, verdrängen, in sich hineinfressen, bestenfalls stumm trotzen. Oder in Ungnade fallen. Hilde sagt heute: »Wir haben wirklich eine gute Ehe geführt, Ernst und ich. Wir haben uns nie richtig gestritten. Aber ich musste bald lernen zu schweigen.« Wer weiß – vielleicht würde Ernst dasselbe sagen.

Möglich, dass es eine typische Verhaltensweise der damaligen Generation war. Aber wie kam es dann, dass schon in Elsdorf die Spielkameraden von Margrete und Hans mit ihren Eltern diskutieren durften? Wie konnte es sein, wenn die von ihrer Mutter gerufen wurden, dass sie um etwas Aufschub bitten und noch fünf Minuten heraushandeln konnten, bis ihr Spiel beendet war? Margrete hat auch einmal, ein einziges Mal nur »Ja, gleich!« zurückgerufen. Da gab es eine gehörige Abreibung, die sie bis heute nicht vergessen hat, denn ihre Mutter konnte unbeherrscht jähzornig sein: »Herkules! Das will ich nie mehr hören! Wenn ich dich rufe, antwortest du mit ja und kommst augenblicklich heim, verstanden? Was sollen die Leute von uns denken? Bei uns gibt es das nicht, wir sind doch kein Gesocks!«

Hilde hatte wohl lebenslang die Ohrfeigen der Tante Marie in Erinnerung und das energische, endgültige Kommando ihrer Mamme aus dem Fenster in der Tunzhofer Straße im Ohr: »Anna, Albert, Erwin, Hilde: raufkommen!« Wie man doch die Muster der Eltern als Schablonen des eigenen Lebens weiterträgt!

In ihren Augen waren Ernst und Hilde redlich bemüht, ihren Kindern eine gute Erziehung angedeihen zu lassen. Die hatten Manieren, mit denen war man nirgends blamiert. Nicht am Tisch, nicht in der Schule, nicht in der Nachbarschaft, nicht im Beruf. Wenn sie ihre Schulzeugnisse heimbrachten, wurde als Erstes auf die Betragensnote geschaut. Da musste »sehr gut« stehen, das war das Allerwichtigste. Wenn im Lesen oder Diktat einmal nur eine Zwei dastand, wurde das zwar bemängelt und für das nächste Zeugnis wieder die obligatorische Eins gefordert, aber es war nicht auszudenken, was geschehen wäre, wenn die Note in Betragen oder, wie es in Baden-Württemberg hieß, in Verhalten einmal anders als »sehr gut« gelautet hätte.

Nein, wie alle Eltern wollten sie stolz auf ihre Kinder sein. Mitte der sechziger Jahre sah es ganz danach aus, als hätten sie auch allen Grund dazu, stolz zu sein. Hans und Rosa hatten begonnen, den Hof im Weiler auszubauen und zu vergrößern. 1961 hatten sie ihnen den ersten Enkel beschert, der Ernst getauft wurde, ein Jahr darauf den zweiten. Margrete, die zwei Jahre in Stuttgart gewohnt und gearbeitet hatte, heiratete 1962 Theo Kugler, Sohn eines Unterweissacher Küfermeisters. Der war dabei, in der Schokoladenbranche Karriere zu machen und plante schon den Bau eines eigenen Hauses. 1965 bekamen sie einen Sohn, und weil Margret noch Geld verdienen musste, bekam Oma Häberle tagsüber den kleinen Mark ins Häuschen am Berg gebracht. Jetzt spielte sie mit ihm »Das ist der Daumen ...« und »Himpelchen und Pimpelchen ...«. Dabei war es ihr, als habe sie das erst gestern mit Margrete gespielt. Theo war auch der Erste in der Familie, der ein Auto hatte, einen schwarzen VW Käfer. Walter hatte sein Abitur geschafft. Albert war ebenfalls erfolgreich, schloss das Gymnasium in Backnang mit der mittleren Reife ab und begann eine Ausbildung zum Bankkaufmann. Doch, sie konnten stolz sein.

Walter studierte in Stuttgart und fand ein Zimmer in der Mönchhalde. »Was!«, rief Hilde und wurde ganz kribbelig. »In der Mönchhalde? Wo genau? Da musst du unbedingt Onkel Michel besuchen!« Und sie erzählte ihm zum ersten Mal von ihrer Kindheit in der Tunzhofer Straße. Aber Walter hörte nur halb hin. Er hatte an diesen alten Geschichten kein Interesse. Mit 22 blickt man nach vorne, hat die eigene Zukunft im Sinn, nicht die Vergangenheit seiner Altvorderen. Er ging täglich an der Tunzhofer Straße vorbei, ohne ein einziges Mal dort einzubiegen und nach dem Geburtshaus seiner Mutter zu suchen. Ihm kam gar nicht in den Sinn, dass sich hier ein großer Kreis zu schließen schien.

Bei Onkel Michel machte er aber doch ein-, zweimal im Jahr einen Anstandsbesuch, unterhielt sich mit Tante Lina, Gertrud, Emma und seinen Vettern Eberhard und Joachim, fand sie alle auch ganz nett, blickte aber nie so recht durch in dem verzwickten Kuddelmuddel, wie er mit denen nun verwandt sein sollte. In seiner Verwandtschaft tummelten sich immerhin an die 30 Onkel und Tanten und genau 40 Vettern und Kusinen, 21 bei den Langs und 19 auf der Häberle-Seite. Da kann man leicht die Übersicht verlieren.

1964 wurde Walter Lehrer in Aalen. »Na also!«, meinte sein Vater zufrieden. Der erste Fernseher stand nun im Wohnzimmer. Hilde hatte wieder das altvertraute Sonntagskind-Gefühl. Auf der Berg- und Talfahrt ihres Lebens war sie wieder einmal obenauf. Alles passte wieder. Ihr Verstand sagte ihr: »So ist es gut, jetzt kannst du zufrieden sein.« Wenn es da nur in ihrem Herzen nicht immer so laut rumort hätte: »Aber dieses hast du verloren und jenes fehlt dir noch zu deinem Glück!«

# Da legt er sich hin

Zwanzig Jahre lang hatte Hilde ihrem Mann in den Ohren gelegen, er dürfe seinen Urlaub nicht verfallen lassen, er habe seine Ruhezeiten einzuhalten, er müsse die endlosen unbezahlten Überstunden abbauen, er könne doch wenigstens am Wochenende die Arbeit vergessen, er brauche nicht meinen, wenn er einmal einen Tag nicht in der Firma sei, würde der ganze Betrieb zusammenbrechen, er solle weniger an seinen Chef und mehr an sich und seine Familie denken.

Schon seit dem Kriegsende bereitete Ernsts Gesundheit ihr ständig große Sorge, obwohl er kaum einmal ernstlich krank gewesen war. Aber Hilde war der Meinung, dass sein übergroßer beruflicher Eifer und Einsatz seiner Gesundheit abträglich sein könnte. Sie erinnerte ihn immer wieder an die Ermahnungen der Ärzte, damals im Lazarett in Tübingen. 20 Jahre lang war sie bei ihm damit auf taube Ohren gestoßen. Mehrmals wäre es darüber fast zum offenen Streit gekommen, wenn er sie beschied: »Das verstehst du nicht.«

Neuerdings kam es nun immer häufiger vor, dass Ernst seine Mittagspause bis zum Schluss ausschöpfte und nicht wie sonst zehn Minuten vor dem Sirenensignal schon wieder mit seinen schnellen, kurzen Schritten den Berg hinunterlief, um als Erster am Arbeitsplatz zu erscheinen. Ja, es konnte nun sogar vorkommen, dass sie ihn pünktlich weckte, wenn er sich nach dem Mittagessen für sein Viertelstündchen aufs Sofa gelegt hatte, und er dann murmelte: »Noch zehn Minuten.« Das hatte es bei ihm noch nie gegeben. Auch nicht, dass er das ganze Wochenende zu Hause blieb und wirklich erst am Montagmorgen wieder in den Betrieb hinunterging. Das Neueste war, dass er manchmal mitten am Nachmittag auf dem Weg zwischen Lehmgrube und Fabrik zu einer Tasse Kaffee hereinkam. Das wäre früher undenkbar gewesen.

Hilde hätte sich nun darüber freuen können, dass er vernünftig wurde, dass ihre Mahnungen schließlich doch nicht vergeblich gewesen waren, dass er einen Gang zurückschaltete. Aber sie kannte ihren Ernst. Sein Verhalten war für sie ganz und gar kein Grund zum Aufatmen oder zur Freude. Immer häufiger sah sie voll Sorge, wie erschöpft der Mann war, wie dringend er diese längeren Ruhepausen nötig hatte. Albert, der Einzige, der noch bei ihnen im Häusle am Berg wohnte, sah es, den anderen raunte es Hilde bei ihren Besuchen zu: »Vater geht's gar nicht gut.«

Im Sommer 1967 fuhren sie ins oberschwäbische Aulendorf. Walter heiratete dort die Hauswirtschaftsleiterin Rosemarie Krömer, Tochter eines Lehrerehepaares, das aus Schlesien stammte. »Na also!«, nickten sich Ernst und Hilde zu. Es wurde doch alles gut. Die Zeiten der Sorge waren wohl vorbei. Aber man merkte Ernst an, wie sehr ihn die

Fahrt und die Feier und der Trubel anstrengten. Er war noch stiller als sonst, streute nur noch selten eine seiner trockenen Bemerkungen in die Unterhaltung.

Ernsts Erschöpfungszustände wollten gar nicht abnehmen. Im Herbst ließ er bei einem Arztbesuch den Kopf hängen und seufzte resigniert: »Ich mein' halt, Herr Doktor, jetzt wär's dann bald genug.« Als sie erfuhren, bei Rosemarie sei Nachwuchs unterwegs, verstärkte sich noch der Eindruck, es werde nun doch alles gut. Ernst freute sich sehr auf sein viertes Enkelkind. Vielleicht würde es ja das erste Mädchen sein. Das konnte man damals noch nicht vor der Geburt feststellen. Da sagte er eines Abends im Dezember vor dem Einschlafen ganz unvermittelt zu Hilde: »Ich möchte so gern noch das Kind von Walter und Rose erleben!« Es folgte ein lautes Schluchzen, er konnte seine Tränen nicht mehr zurückhalten. Hilde hatte ihren Mann noch nicht oft weinen gesehen.

Er war jetzt 60 Jahre alt. Zum ersten Mal konnte Hilde vom Ruhestand reden, ohne dass er ihr gleich ärgerlich das Wort abschnitt. Vom VdK, in dessen Ortsverein er Beisitzer war, ließ er sich seine Rentenansprüche ausrechnen und seine Fristen, die er als Schwerkriegsbeschädigter in Anspruch nehmen könnte. Er sprach schon vom Umzug nach Dettingen, wenn er einmal in Rente gehen würde. Hans und Rosa hatten ihren Hof stark erweitert und ein großes, modernes Wirtschaftsgebäude errichtet. Die könnten einen Helfer jetzt gut gebrauchen. Aber davon wollte Hilde nun schon gar nichts wissen. Sie würde ein

Stück Freiheit einbüßen, wenn sie sich wieder in dieses enge Beziehungsgeflecht mit seinen verwandtschaftlichen und gesellschaftlichen Zwängen begeben würde. Nein, sie wollte nicht wieder Langs Hilde sein. 35 Jahre lang war sie ihm überallhin gefolgt, aber jetzt wieder nach Dettingen? Diese Diskussion stand Ernst und Hilde also noch bevor. Auch Hans im Weiler verdrehte die Augen. Er war nicht gerade begeistert von der Idee seines Vaters, sich dann auf dem Hof nützlich machen zu wollen. Hier ging es mit vollem Einsatz zur Sache, von morgens um fünf bis abends acht. Wäre da ein Rentner, der gerne ein bisschen mithelfen wollte, nicht eher hinderlich?

Hilde hatte vor, für den 7. Januar einen Kuchen zu backen, zu ihrem 35. Hochzeitstag, der heuer auf einen Sonntag fiel. Am Donnerstagabend klagte Ernst über Unwohlsein, ließ sich noch einen Tee aufbrühen und ging früher als sonst zu Bett, er habe sich wohl erkältet. Am Freitag früh schickten sie Albert in die Firma hinunter, sein Vater habe wohl eine Grippe und könne heute nicht zur Arbeit kommen. Hilde konnte sich nicht erinnern, wann ihr Mann zum letzten Mal wegen Krankheit nicht im Dienst gewesen war. An Dreikönig kam es ihr allmählich so vor, als sei ihr Mann gar nicht mehr recht bei sich. Auf ihre besorgten Fragen gab er ihr keine Antwort. Als sie ihm schließlich den Vorschlag machte, den Hausarzt zu rufen, nickte er zu ihrer Überraschung. Sie war alarmiert. Albert wurde sogleich nach dem Arzt geschickt und zur Schwester um zu melden, was mit Vater los sei.

Hilde schwor sich: »Wenn der Mann das überstanden hat, geht der mir nicht einen einzigen Tag mehr zum Rombold hinunter!« Sie hatte diesen Zusammenbruch kommen sehen. Als Margrete und Theo am Sonntag erneut zu Besuch kamen, sahen sie, dass sich der Gesundheitszustand des Vaters weiter verschlechtert hatte. Der Arzt war wieder da und sprach von einem Hirnschlag. Das könne möglicherweise eine Spätfolge der alten Kriegsverletzung sein. »Aber wieso dann das hohe Fieber, Herr Doktor? Das passt doch nicht zu einem Hirnschlag.« Darauf gab er keine Antwort. Er schaute Hilde sehr ernst an und meinte: »Frau Häberle, ich weiß nicht, ob ich Ihnen wünschen soll, dass Ihr Mann durchkommt, denn er würde dann nicht mehr so sein wie vorher.«

So hatten sie sich den Hochzeitstag nicht vorgestellt. Auch Margrete und Theo machten sich große Sorgen und riefen am Nachmittag von Theos Eltern aus bei Walters Nachbarn an, denn auch der hatte selbst noch kein Telefon. Sie mussten morgen, am Montag, wieder zur Arbeit, aber Walter hatte noch Ferien. Ob er nicht kommen könne, es stehe schlecht um Vater, und Mutter solle nicht allein gelassen werden. Margrete saß noch lange am Bett ihres Vaters und hielt seine heiße Hand. Er schaute sie unentwegt an, konnte aber schon nicht mehr sprechen. Sie spürte deutlich, das würde ihr Abschied sein. Walter kam am frühen Abend und blieb mit seiner Mutter die Nacht über am Bett des Vaters. Der hatte nun die Augen geschlossen und war nicht mehr ansprechbar. Wenn sie ihm mit einem kühlenden Tuch die Stirn abwischten und ihm löffelweise etwas zu trinken zwischen die trockenen Lippen flößten, nickte er wie zum Dank.

Eine Stunde nach Mitternacht fühlte Walter den Puls allmählich immer schwächer werden, dann stand er still. Walter wartete noch eine Weile, schaute dann seine Mutter an und machte eine Handbewegung: »Es ist aus.« – »Wirklich?«, sagte sie tonlos, und dann: »Ernst! Oh Ernst!« Sie ging ans Fenster und öffnete weit beide Fensterflügel in die schwarze Nacht. Schneidend kalte Winterluft strömte herein. Walter ging hinaus und ließ sie eine Weile allein.

In der Kirche in Unterweissach fand der Trauergottesdienst statt, anschließend bei bitteren 20 Grad Kälte die Aussegnung vor der Leichenhalle auf dem Friedhof. Von dort wurde Ernsts Leichnam dann nach Dettingen überführt. Es war keine Frage, dass er dort beerdigt werden sollte, wo sonst? Hans und Rosa ließen den Vater bei sich in der Kammer aufbahren, dort, wo er bei seinen Besuchen immer genächtigt hatte. Die Brüder Wilhelm und Georg, die Schwestern Ursula, Anna und Marie, alle Verwandten und Freunde konnten dort von ihm Abschied nehmen.

Bei eisigem Wind stand Hilde wie betäubt auf dem verschneiten Dettinger Friedhof am Grab ihres Mannes. Wenige Meter entfernt war das der kleinen Lisa. Der Posaunenchor gab sich große Mühe, trotz einfrierender Ventile seinen Choral harmonisch zu Ende zu spielen. Nach der Begräbniszeremonie begab sich die Trauergesellschaft ins Gasthaus »Zum Hirsch«. Auf die Woche genau vor 35 Jahren hatten Ernst und Hilde hier ihre Hochzeit gefeiert. War das nicht erst gestern gewesen? Und nun sollte schon alles vorbei sein? Was hatten sie damals für Pläne geschmiedet, was hatten sie nicht alles aus ihrem gemeinsamen Leben machen wollen! Manches war ihnen gelungen, manches hatten sie nicht geschafft, in manchem wurde ihnen von anderen ein dicker Strich durch die Rechnung gemacht. In dem Augenblick, in dem sie ihren Lebensabend ins Auge fassen wollten, brach schon die Nacht über sie herein.

In der warmen Gaststube tauten erst die Ohren und Zehen der Anwesenden auf, dann ihre Stimmung. Als es am Nachmittag im »Hirschen« allmählich lustig wurde, stand Hilde auf und ging mit Albert ins Weiler hinunter. Sie hatte immer noch dieses dumpfe Gefühl im Kopf, das sich nun verstärkte, nachdem sie die Gaststube verlassen hatte und es um sie herum so ruhig geworden war. Sie fühlte, wie sie langsam in einem tiefen, dunklen Loch versank: »Da ist dieser Mann sein Lebtag nicht ernstlich krank und dann legt er sich hin und stirbt mir nach zwei Tagen. Und mich lässt er hier allein!« Sie sah keinen Ausweg, hatte keine Hoffnung.

Sie kannte dieses trostlose Gefühl der Verlassenheit. So hatte sie sich gefühlt, als ihre Mamme aus der Tunzhofer Straße zum Pragfriedhof gefahren wurde, als ihr geliebter Papa vom fernen Don nicht mehr heimkehrte, als man sie heimlich in Dettingen zurückgelassen hatte, als sie mit ihrem blutenden Kind auf den Armen an der Bleiche in Neuenstein stand, als der Mann in den Krieg musste, als sie in dem verdunkelten Dresden nach seinem Lazarett suchte, als sie mit leeren Händen vor dem Bahnhof in Herzogenrath auf der Treppe saß.

Das Bibelzitat vom Nachmittag klang ihr noch im Ohr: »Der Herr hat's gegeben, der Herr hat's genommen.« Es schien ihr, als sei das ihre Lebensmelodie geworden. Immer wieder war ihr genommen worden, was sie lieb gewonnen hatte, von klein auf. Die Mutter, der Vater, die Brüder, die Tochter, der Sohn. Immer wieder hatte sie hergeben müssen, was ihr doch so wichtig gewesen war. Die Heimat, zweimal ihr Erspartes, ihren ganzen Hausstand, die Gesundheit des Ehemannes. Warum war das so? Warum wurde sie immer so gestraft? Schuldlos und ohnmächtig war sie immer wieder zum Opfer geworden, Opfer von Krankheit, Politik, Herrschsucht, Unfall, Krieg und Diebstahl. Und nun hatte sie also auch ihren Mann verloren. Ihn, dem sie 35 Jahre lang überallhin gefolgt war, der die Entscheidungen getroffen hatte, der Mittelpunkt ihres Lebens gewesen war. Wie sollte sie bloß ohne ihn zurecht kommen?

Eine Fülle von Problemen stürzte sogleich auf Hilde ein. Ernsts Tod traf sie völlig unvorbereitet. Da lebten sie seit 25 Jahren mit dem Gedanken im Hinterkopf, dem Mann könne etwas zustoßen, erst im Krieg, dann mit der schweren Verwundung. Trotzdem war es zu keinen Absprachen zwischen den Eheleuten gekommen, zu keiner Vereinbarung, keiner Einweisung in finanzielle Gegebenheiten oder in Fragen von Versicherungen und Rentenansprüchen, geschweige denn gab es eine letztwillige Verfügung oder gar ein Testament. Sie hatten den Fall, mit dem sie doch rechnen mussten, der nun aber so unverhofft eingetreten war, nie durchgespielt. Sie hatten ihn einfach verdrängt.

Und nun? Ein Glück für Hilde, dass sie vier erwachsene Kinder hatte. Plötzlich begannen sich die Verhältnisse umzukehren: Nicht mehr die Mutter sorgte für ihre Kinder, jetzt sorgten die Kinder für ihre Mutter. Die unterstützten sie in diesen ersten, schweren Monaten nach dem Tod des Vaters nach Kräften und erledigten mit ihr gemeinsam oder stellvertretend für sie ihre Angelegenheiten, nahmen ihr Behördengänge ab, führten ihren Schriftverkehr. Das war für sie alle eine ganz neue Erfahrung.

Ein Glück auch, dass Hilde noch Albert bei sich wohnen hatte. Er ging jeden Morgen zur Arbeit und kam abends nach Hause. Die alltäglichen Aufgaben und Pflichten einer Hausfrau und Mutter blieben für Hilde bestehen und halfen ihr aus dem dunklen Loch heraus, in das sie seit der Beerdigung in Dettingen zu versinken drohte. Erst einige Wochen danach war ihr so recht zu Bewusstsein gekommen, was wirklich geschehen war und dass ihr Leben unwiderruflich nie wieder so sein würde wie vorher. »Wart nur, das erste Jahr ist das schwerste«, hatte man ihr gesagt, »dann geht es wieder besser.« Alle paar Tage hatte sie Besuch. Margrete und Theo, Walter und Rose kamen regelmäßig ins Häuschen am Berg, Besucher aus Stuttgart und Dettingen, weitere Verwandte und auch Bekannte aus Unterweissach kümmerten sich um Hilde. Sie ließen sie nicht im Stich.

Ernst hatte sie allein gelassen und war doch in ihrer Welt immer noch allgegenwärtig. Albert hatte im März seine Banklehre erfolgreich abgeschlossen, war jetzt Bankkaufmann. »Da hätte Vater wieder seinen Stolz gehabt«, meinte Hilde. Im April bekamen Rose und Walter ihr erstes Kind. Es war tatsächlich ein Mädchen und blieb schließlich Hildes einzige Enkelin. »Ach, hätte Vater sich darüber gefreut!«, sagte sie und berichtete von jenem Abend im letzten Dezember. Theo und Margrete begannen mit den Bauarbeiten zu ihrem eigenen Haus. Hilde war sich sicher: »Da wäre Vater jeden freien Tag hinübergelaufen und hätte geschaut, wie es vorangeht und ob er etwas helfen könne. Wo er doch all sein Lebtag so gern selber gebaut hätte!« Im Mai herrschte ideales Wachswetter. Das Getreide gedieh prächtig und ließ jetzt schon auf eine gute Ernte hoffen. »Wie sehr Ernst das dem Hans gegönnt hätte!«, dachte Hilde. Im Fernsehen kamen täglich ungeheuerliche Bilder von frechen, aufrührerischen Studenten in Paris und West-Berlin und anderswo. In der Tschechoslowakei war der »Prager Frühling« angebrochen. »Was würde Vater wohl dazu sagen?«, fragte Hilde kopfschüttelnd. In Bonn spielte Willy Brandt eine immer wichtigere Rolle und galt als der kommende Mann. »Das hätte Ernst aber nicht gefallen.« Aus der Firma hörte man von Veränderungen im personellen Bereich und in der betrieblichen Organisation. »Das hätte es bei Ernst nicht gegeben!«, vermutete Hilde. Ja, obwohl Ernst sie allein gelassen hatte, er war noch lange Zeit fest eingebunden in ihr Denken und Fühlen.

Aber es gab auch Momente, wenn ihr alles über den Kopf wachsen wollte, da mischte sich plötzlich eine Mordswut auf ihn in ihre Trauer: »Herkules!«, fuhr es ihr dann durch den Sinn, »Legt der sich einfach hin und geht ohne ein Wort davon und ich kann jetzt sehen, wie ich mit allem allein zurechtkomme. Oh, wart' du nur, bis wir uns wiedersehen!« Aber dann erschrak sie jedes Mal über solche Gedanken und leistete Ernst im Stillen reuig Abbitte.

Firmenchef Rombold ließ sie wissen, sie brauche sich wegen der Dienstwohnung keine Sorgen zu machen. Sie könne sich ohne Eile nach einer passenden Wohnung umsehen. Die fand sich dann am Marktplatz von Unterweissach, wo Hilde am 15. Juni 1968 einzog. Es war ein Samstag. Theo und Margrete, Walter und Albert halfen beim Auszug aus dem Häuschen am Berg, in dem Hilde nun 15 Jahre gewohnt hatte. Da beschlich sie doch ein Gefühl der Wehmut. Noch nie war sie irgendwo so lange gewesen, nicht einmal in Dettingen. Aber sie musste ja nicht eigentlich weg, sie blieb schließlich in Unterweissach. In der neuen Umgebung würde sie sich bald wohl fühlen. Mit Zentralheizung und Badezimmer gab es für sie nun endlich auch den Komfort, den sie schon lange vermisst hatte. »Vater würde sicher sagen, das hast du recht gemacht«, meinte sie. »Obwohl die Wohnung jetzt viel kleiner ist. Aber wir sind ja auch nur noch zu zweit, Albert und ich.«

Keine zwei Jahre wohnten Mutter und Sohn dort am Marktplatz 5 in Unterweissach zusammen. Albert trat zum 1. April 1970 eine Stelle in Pforzheim an und nahm sich dort ein Zimmer. Im September heiratete er seine Kollegin Christel Rössler und bezog mit ihr eine Wohnung in Neuenbürg im Schwarzwald. Hilde wohnte die nächsten fünf Jahre allein hoch über dem Marktplatz, den längst keine schiefen Scheunen mehr säumten, sondern schmucke Fachwerkhäuser und moderne Geschäftsgebäude.

Sie hatte nun Gelegenheit, längere Besuche zu machen. In Dettingen, in Stuttgart, in Neuenbürg, in Rieden bei Schwäbisch Hall, wo Walter und Rose nun wohnten. Sie blieb manchmal mehrere Wochen, hütete auch schon mal in der Urlaubszeit Haus und Garten. In Unterweissach war sie gleich nach Vaters Tod an seine Stelle in den Vorstand des VdK nachgerückt. Das war wieder eine ganz neue Erfahrung für Hilde. Sie übernahm bald das Amt der Mitgliederbetreuerin. Ihre Aufgabe war, bei Geburtstagen, Jubiläen oder Todesfällen Hausbesuche bei den VdK-Mitgliedern zu machen. Da Unterweissach sich bei der Gemeindereform zur Großgemeinde Weissach im Tal formiert hatte, gehörten auch die umliegenden Teilorte zu ihrem Aufgabenbereich. Da hatte sie weite Wege zu gehen und viel zu tun. Hilde wunderte sich über sich selbst. Noch vor einem Jahr hätte sie sich ein solches Amt gar nicht zugetraut.

Im Laufe der siebziger Jahre wuchs die Zahl ihrer Enkel auf acht. Hans hatte drei Kinder, Margrete eines und Walter und Albert je zwei. Immer wieder gab es eines davon zu betreuen oder doch wenigstens zu bestricken. Zahllose Babyjäckchen, Söckchen und Pullover nadelte sie herunter. Bis heute hat sie keinen Geburtstag ihrer Enkelkinder vergessen. So hatte Hilde eigentlich keine Langeweile. Dennoch litt sie zuweilen unter Einsamkeit. Bis heute übrigens. Erst heute Mittag, an ihrem 90. Geburtstag, sinnierte sie wieder: »Jetzt tapp ich schon über 30 Jahre allein auf dieser Welt herum!« Als sie aber einmal darauf angesprochen wurde, ein oder zwei Jahre nach Ernsts Tod war das, ob sie nicht an eine neue Partnerschaft denke, sie sei doch mit 60 noch nicht zu alt dafür, da hatte sie diesen Gedanken empört als Zumutung von sich gewiesen, als sei eine neue Beziehung etwas Unmoralisches, wie Untreue oder ein Seitensprung. Nein, das könne sie ihrem Ernst nie und nimmer antun.

1972 starb in Stuttgart Hildes Schwager Jul im Alter von 77 Jahren. So war Anna nun auch Witwe. Lange hatte sie Jul pflegen müssen. Im selben Jahr wurde Tante Rosine, die Schwester der Lang-Brüder, zu Grabe getragen. Im Jahr darauf trafen sich die Langs schon wieder auf dem Pragfriedhof in Stuttgart. Onkel Michel wurde zu seiner Lina gebettet, die acht Jahre zuvor schon in Langs Familiengrab beigesetzt worden war. Hilde stand an der Stelle, wo sie vor einem Menschenalter die Stiefmütterchen auf dem Grab ihrer Mamme gegossen hatte und hing Gedanken an die alten Zeiten nach. Ihr Verhältnis zu Onkel Michel war bis zuletzt zwiespältig gewesen, bestimmt von

Neid und Eifersucht auf der einen Seite und Respekt und Dankbarkeit auf der anderen.

Im Januar 1975 starb Hildes Schwester Martha an Krebs. Das traf sie hart, hatte sie sich doch mit ihr seit ihren Stuttgarter Kindertagen immer blendend verstanden. Mit keiner hatte sie so lustig und ausgelassen sein können wie mit der warmherzigen Martha, die es wahrlich nicht immer leicht gehabt hatte in ihrem Leben.

Nach der Beerdigung ging sie mit Opa Fritz und ihren Geschwistern Anna, Erwin und Lina zur Oma Marie in die Krausengasse. Die hatte zu Hause bleiben müssen, weil es ihr schon seit längerer Zeit gar nicht gut ging. Sie war jetzt auch schon im 85. Lebensjahr und »ein recht zusammengschaffts Weible«, wie man im Schwäbischen respektvoll sagt. Kein Wunder, hatte ihr Leben doch seit frühester Jugend aus nichts als Mühsal und Arbeit bestanden. Sie hatte nun ein Hüftleiden, das sie erst ans Haus, dann gar an Bett und Stuhl fesselte.

Mit im Haus, das inzwischen erneut vergrößert worden war, wohnte seit vielen Jahren Lina mit Mann und sechs Kindern. Lina erzählte unterwegs, wie mühsam die Pflege ihrer Mutter oft sei, wie fröhlich und dankbar diese aber darauf reagiere. »Bei schönem Wetter schiebe ich ihr den Stuhl ans Fenster, dann kann es sein, dass sie ein Gesangbuchlied nach dem andern singt. Erst neulich hat sie, als die Sonne durchs Fenster schien, das Paul-Gerhard-Lied ›Geh' aus, mein Herz, und suche Freud‹ gesungen, und stellt euch vor: alle 15 Strophen auswendig!«

Es war das letzte Mal, dass Hilde Oma Marie sah. Acht Wochen später schon, am 30. März 1975, folgte sie ihrer ältesten Tochter Martha. Da war Opa Fritz mit seinen 79 Jahren noch rüstig und fuhr immer noch mit seinem Allgaier Bulldog aufs Feld. Bald begann aber auch er zu kränkeln. Im Juni desselben Jahres starb dann Wilhelm, der pensionierte Missionar. Als Hilde mit Rosemarie zusammen auf dem Waldfriedhof in Schwäbisch Hall stand, wurde ihr zum ersten Mal so richtig bewusst, dass nun die Zeit gekommen war, da einer nach dem andern gehen musste. »Schon wieder geh ich hinter einem Sarg her«, stellte sie fest. »Wir werden immer weniger.«

# Feierabend

Doch es gab nicht nur Abschiednehmen für Hilde, es gab auch wieder einen Neubeginn: Am 18. Juli 1975 räumten fleißige Helfer ihre Wohnung aus, die der Vermieter nun selbst benötigte, und trugen die Sachen in eine schöne Einliegerwohnung in Unterweissachs Tannenstraße 13, nicht weit von Margretes und Theos Haus entfernt. Dort fühlte sie sich schon bald sehr wohl, fand liebe, verständnisvolle Hausleute, mit denen sie sich sehr gut verstand. Zwar hatte sie jetzt einen langen Weg in den Ort, um ihre Besorgungen zu machen, aber der zunehmende Verkehrslärm vom Marktplatz herauf hatte ihr in letzter Zeit doch arg zugesetzt. Man hatte schon gar kein Fenster mehr öffnen können. Das hatte ihr den Abschied erleichtert.

Hilde entdeckte für sich ein Hobby, das in den siebziger Jahren weit verbreitet war, das Knüpfen. Sie knüpfte Kissenbezüge, Bilder, wunderschöne Wandbehänge und sogar quadratmetergroße Brücken. Die legte und hängte sie in ihre Wohnung oder sie beschenkte damit ihre Familie. Wenn sie vom stundenlangen, verbissenen Knüpfen Schmerzen in den Schultern verspürte, ließ sie es sein und strickte an ihren angefangenen Pullovern, Schals und Socken weiter. Sie mochte einfach nicht untätig sein.

Hilde abonnierte Wandteller, künstlerisch anspruchs-voll gestaltete Porzellanteller mit Pflanzen- und Tiermoti-ven aus heimischem Wald und Feld. Alle drei Monate schlug sie einen weiteren Nagel in die Wand ihres Wohn-zimmers und vergrößerte ihre Sammlung und erfreute sich an den schönen Bildern, die übrigens gar nicht billig waren.

Hilde kaufte Kleider. Mindestens einmal im Monat verschwand sie, wenn Besuch kam, kurz im Schlafzimmer und präsentierte dann ihren Gästen stolz ein neues Stück, eine Bluse, einen Rock, einen Pulli, ein Kleid, einen Man-tel, ein Paar Schuhe oder doch wenigstens einen schönen Schal. Ihre Kinder sahen ja ein, dass sie einen gewissen Nachholbedarf hatte und sie gönnten der Mutter, die so lange jeden Pfennig zweimal hatte umdrehen müssen, die-sen bescheidenen Luxus, aber nach einer gewissen Zeit fragten sie doch besorgt nach, ob die Kapazität ihres Klei-derschrankes wohl noch ausreiche.

Finanziell war es Hilde noch nie so gut gegangen wie jetzt, und wer wollte ihr das nicht gönnen. Trotz ihrer Hobbys, die sie in letzter Zeit entdeckt hatte, führte sie im Grunde einen recht bescheidenen Lebenswandel. Ihre Witwenrente war gut bemessen, sodass sie jeden Monat et-was davon auf die hohe Kante legen konnte. Dafür hatte sie ja in Albert einen versierten Fachmann zur Seite, der das ganz in ihrem Sinne für sie erledigte. Und da war sie wieder, nach vielen Jahren, diese innere Stimme, die ihr zu-flüsterte: »So ist es gut, jetzt kannst du zufrieden sein. Ja, eigentlich schon ...«.

Am 25. Juli 1979 nahmen sich Hildes vier Kinder und ihr Anhang frei, obwohl Mittwoch war, und trafen sich in der »Schönen Aussicht« in Lutzenberg. Hilde hatte sie alle zum Mittagessen eingeladen. Kaffee und Kuchen gab es dann in der Tannenstraße in Weissach im Tal, wo alle mit der Jubilarin zusammen fröhlich ihren 70. Geburtstag weiterfeierten. Die schweren Jahre lagen längst hinter ihr, vergessen waren sie jedoch nicht.

❋ ❋ ❋

Hilde findet in ihrer Schatztruhe ein Foto, das sie an diesem 70. Geburtstag in ihrem Wohnzimmer zeigt. Über ihr schmückt eines ihrer geknüpften Meisterwerke die Wand, ein Teppich, der einen Sonnenuntergang im Schilf zeigt.

»Alle meine Kinder und sechs meiner Enkelkinder sind hier um mich versammelt. Guck, alle sind fröhlich. Bin ich nicht reich? Da war ich schon elf Jahre allein. Wie schön wäre es gewesen, wenn auch Ernst diesen Tag noch erlebt hätte. Aber weiß man, wie? Es war vielleicht besser so. Nur zu früh war es halt, als er starb. Walter hat an diesem Tag ein Gedicht vorgetragen, in dem er in sieben Strophen meine sieben Lebensjahrzehnte zusammengefasst hat. Das Gedicht habe ich aufgehoben. Hier, kann es mal einer vorlesen?«

## Hilde, das Sonntagskind

Du warst ein schwaches Kind, das anfangs viel gebrüllt hat
Im ersten Jahr hast du nur Krankheit durchgemacht
Wenn deine Mamme dir den Schoppen auch gefüllt hat
Trotzdem hat Hildchen oft geschrie'n die halbe Nacht
»Meinst, Gottlieb«, fragte Mamme bang,
»das gibt sich?«
Heut' bist du 70.

Vor'm ersten Krieg schon ist die Mamme früh gestorben
Die Not war groß bei euch in der Tunzhofer Straß'
Dein Papa hat bald seine zweite Frau geworben
Man legte dann am fernen Don ihn unter's Gras
»Komm, heul net, Mädle«, sagten sie,
»das gibt sich!«
Jetzt bist du 70.

Bist dann nach Dettingen gekommen und geblieben
Als zweite Heimat wurd' es dir schon bald vertraut
Du lerntest alle kennen, lerntest einen lieben
Mit Anfang 20 warst du glücklich seine Braut
Die Alten schmunzeln: »Guck, das junge Volk,
das liebt sich!«
Schon bist du 70.

Hast ihn bekommen, deinen Ernst, und dann fünf Kinder
In Schweinitz, Elsdorf und zuletzt in Herzog'nrath
Habt viel geplant, gespart und angeschafft nicht minder
Bis dann der Krieg euch alles weggenommen hat
»Wir leben!«, tröstet Ernst. »Der Rest
ergibt sich.«
Nun bist du 70.

Nach 20 Jahren hat's euch wieder heimgezogen
Im schwäb'schen Weissach habt ihr euer Glück probiert
Wir Kinder sind allmählich alle ausgeflogen
Die ersten Enkel wurden euch bald präsentiert
Bist du erst Oma, wart, das weitere
ergibt sich:
Gleich bist du 70.

Als an die 60 Jahr' an dir vorüber waren
Da hattest du wohl deine allerschwerste Zeit
Doch hielt das Leben nicht für dich in diesen Jahren
So manches Neue und viel Freude auch bereit?
Da sieht man wieder mal:
Das meiste gibt sich
Bist du erst 70!

Jetzt bin ich fast mit meinem kleinen Vers am Ziele
Nur einen Herzenswunsch ich dir noch sagen mag
Hast 70 Jahr jetzt auf dem Buckel, das sind viele
Ich wünsch dir jeden Morgen Freud am neuen Tag.
Und in zehn Jahren sag ich: »Mensch,
die Mam, die macht sich!
Ist die schon 80!«

»Ach du liebe Zeit, und was reimt sich jetzt auf neunzig?«, fragt Hilde. »Gell, da fällt euch auch nichts ein! Drum hat mir auch heute keiner ein Gedicht gemacht.« Sie faltet das Blatt wieder zusammen und legt es in die Kiste zurück. »Nicht zu fassen: Soll das nun wirklich schon zwanzig Jahre her sein?«

✳ ✳ ✳

Walter und Rosemarie nutzten damals die Zusammenkunft, um bekanntzugeben, dass sie schon im nächsten Monat für einige Jahre ins Ausland ziehen würden, nach Brüssel, und sie luden zugleich alle zu einem Besuch dort ein. »Ha, da komm ich bestimmt!«, rief Hilde keck.

Am 15. November 1979 hatte sie jedoch aller Mut verlassen. Mutterseelenallein stand sie auf dem Bahnsteig des Gare du Nord in der fremden Millionenstadt Brüssel, schaute sich um und wartete vergebens auf Walter, der sie doch hier abholen wollte. Als sich der Bahnsteig geleert hatte, verharrte sie noch eine Weile, nahm dann ihren Kof

fer und die Tasche und begab sich zögernd in die Schalterhalle. Aber auch da keine Spur von Walter oder Rose oder
den Kindern. Was sollte sie jetzt tun? Oh, wäre sie doch zu
Hause geblieben! Es hatte sich in Walters Brief so einfach
angehört: »Du nimmst in Köln den Zug Aachen–Brüssel–Paris und steigst zwei Stunden später auf dem Hauptbahnhof in Brüssel aus. Dort werden wir dich auf dem
Bahnsteig in Empfang nehmen.« Unterwegs hatte ihr dann
der Schaffner, der deutsch sprach, erklärt, der Hauptbahnhof von Brüssel heiße »Gare du Nord«. Wenn sie dieses
Schild sehe, sei sie am Ziel und müsse aussteigen. Genau so
hatte sie es gemacht. Und nun stand sie hier in dem fremden
Land, buchstäblich wie bestellt und nicht abgeholt, konnte
keines der Schilder lesen und verstand kein einziges Wort.

Walter, Rose und die Kinder waren mit ihrem Auto rechtzeitig – und das hieß bei denen immer auf die Minute genau –
zum Brüsseler Gare Central gefahren und hatten dort nach-
gesehen, auf welchem Bahnsteig der Fernverkehrszug aus
Aachen halte. Es war das erste Mal, dass sie einen Besuch aus
Deutschland vom Bahnhof abholten. Weil sie den Zug auf der
Tafel nicht fanden, fragten sie am Auskunftsschalter nach und
erfuhren, dass alle internationalen Züge auf dem Gare du
Nord hielten, der Gare Central in der Innenstadt sei quasi nur
eine Zubringerstation. Jetzt gerieten sie in hellen Aufruhr.
Auweia, eine Siebzigjährige vom Lande, die noch nie in ihrem
Leben im Ausland gewesen war und kein einziges Wort in ei-
ner Fremdsprache verstehen oder gar sprechen konnte, ganz
allein – wie würde die sich nun verhalten?

»Die sitzt auf dem Bahnsteig auf ihrem Koffer und wartet. Was soll sie auch anderes tun?«, vermutete Walter. »Sie könnte aber auch in einen Zug zum Gare Central umgestiegen sein, weil wir ihr den doch aufgeschrieben haben«, hielt Rosemarie dagegen. »Oder«, vermutete Karin, »sie wollte bis zum Gare Central sitzen bleiben, und weil der Zug hier gar nicht hält, ist sie am Gare Midi ausgestiegen, um nicht nach Paris zu fahren.« – »Quatsch!«, sagte Axel, der Jüngste. »Die ist wieder heimgefahren. Würd' ich auch so machen.« Sie teilten sich auf: Walter fuhr mit Karin im nächsten Zug zum Gare du Nord, Rose mit Axel zum Gare Midi, im Gare Central wollten sie sich wieder treffen, denn hier hatten sie ja auch ihr Auto geparkt. Sie trafen sich wieder – ohne Oma. Ein letzter Versuch, mit dem Auto noch einmal zum Gare du Nord und Bahnhofsvorplatz, Schalterhalle und alle Bahnsteige abgesucht, blieb ergebnislos. »Ich sag's ja«, triumphierte Axel, »die ist wieder heimgefahren! Wetten?«

»Wir haben alles falsch gemacht«, murmelte Walter zerknirscht. »Wir hätten uns vorher erkundigen müssen, wo der Zug hält. Und einer von uns hätte zu Hause bleiben sollen. Sie hat bestimmt schon ein paar Mal angerufen.« Schweigsam und von schlechtem Gewissen geplagt fuhren sie zu ihrem Haus in Wezembeek, einem Villenvorort von Brüssel.

»Da!«, brüllte Axel. »Da sitzt sie!« Hilde saß vor der Haustür auf ihrem Koffer und schaute auf die Armbanduhr. »Na endlich!«, meinte sie erleichtert. »Ich warte schon fast eine Stunde auf euch.« Mit dem belgischen Münzfernsprecher war sie nicht zurechtgekommen, da hatte sie einem Taxifahrer wortlos den Brief mit der Adresse unter die Nase gehalten und der hatte sie hier abgesetzt. »Und so viele Scheine hat der sich aus meinem Geldbeutel geholt!«

So aufregend sich ihr Besuch in Brüssel angelassen hatte, so überwältigend waren für Hilde die Erlebnisse und Eindrücke, die sie acht Tage später mit nach Hause nahm. Zum Abschied schrieb sie ins Gästebuch: »Nun bin ich mit meinen 70 Jahren auch noch nach Brüssel gekommen. Und was ich da alles erleben und sehen durfte! Dass diese Tage so reich und ausgefüllt waren, verdanke ich eurer Liebe und der guten Vorbereitung eurerseits auf meinen Besuch.« Und das hat sie gewiss nicht ironisch gemeint. Sie fügte hinzu: »Wenn ich gesund bleibe, komme ich bestimmt noch einmal nach hier.«

Sie kam noch vier Mal, jedes Jahr. Hilde aß Speisen, die sie nicht einmal aus dem Fernsehen kannte, und sah in den Brüsseler »Fressgassen« Früchte und eisgekühlte Meerestiere, von denen sie nie geglaubt hätte, dass man sie essen könne. Sie bestieg das Wahrzeichen Brüssels, das Atomium und bestaunte Ausstellungen in Leuven und Lüttich. Sie sah den Klöpplerinnen in Gent über die Schulter, schaukelte durch die Grachten von Brügge, erklomm den Löwenhügel auf dem letzten Schlachtfeld Napoleons bei Waterloo und bummelte durch die alten Gassen der Diamantenstadt Antwerpen, sie ließ sich durch Flandern kutschieren und summte dabei das Soldatenlied aus dem Ersten Weltkrieg »Drunten in Flandern, dort bei den andern ...«. Sie war erschüttert von den endlosen Kriegsgräberreihen und tief bewegt von Käthe Kollwitz' Werk »Trauernde Eltern«, das sie auf dem Soldatenfriedhof Vladslo bei Diksmuide sah.

Und sie hatte ein ganz großes Erlebnis: Sie sah zum ersten Mal in ihrem Leben richtige Dünen und dahinter wirklich und wahrhaftig mit eigenen Augen das Meer! Seit Kindertagen hatte sie davon geträumt, einmal das »Schwäbische Meer« sehen zu dürfen, wie man daheim den Bodensee nannte. Nun stand sie sogar am richtigen Meer und staunte: »Oh, ist das groß!« Vor Oostende ging sie ganz allein weit hinaus auf eine Buhne, bückte sich, tauchte ihre Hände ins Wasser und leckte daran.

Der Sprachenwirrwarr war ihr jedoch geradezu unheimlich. Unterwegs redeten ihre Leute mal französisch, mal flämisch, dann wieder englisch – egal, sie verstand ohnehin von alledem kein Wort und traute sich deshalb auch nicht ohne Geleitschutz aus dem Haus. Prompt, als man sie einmal kurz allein gelassen hatte, kam jemand an die Haustür. Hilde öffnete vorsichtig. Der Mann, der geklingelt hatte, grüßte freundlich: »Bonjour, Madame!« Hilde starrte ihn überrascht an, da schaltete er schnell auf Flämisch um: »Moijen Daag, Mefrow!« Das war zu viel für Hilde. Sie rief erschrocken: »Ich nix! Ich deutsch!«, und knallte dem verdutzten Belgier die Tür vor der Nase zu. Dabei war es doch nur der freundliche Milchmann, der diese kleine Geschichte Tage später lachend erzählte.

Bei ihrem fünften und letzten Besuch in Brüssel im Mai 1984 wurde sie von Lina aus der Krausengasse in Dettingen begleitet. Die berichtete abends beim Kaminfeuer, wie Opa Fritz in den letzten Jahren für sie zum Pflegefall geworden war. Er hatte eine fortschreitende Darmerkrankung und kam nicht mehr allein damit zurecht. Lina hatte sich manchmal nicht mehr anders zu helfen gewusst, als ihren Vater in die Badewanne zu stellen und abzuduschen. »Alles blieb wieder an mir hängen«, stellte sie fest, »wie vorher bei der Oma.« Sie hatte ihre sechs Kinder inzwischen alle groß-gezogen, aber sie musste jetzt allein die Landwirtschaft umtreiben, die sie vor einigen Jahren von ihren Eltern über-nommen hatten. Ihr Mann hatte sie inzwischen verlassen.

Vor gut einem Jahr war Opa Fritz auf der Treppe ge-stürzt und hatte sich das Becken gebrochen. Er war da auch schon 86 und konnte nach seiner Entlassung aus dem Kran-kenhaus in Heidenheim nicht mehr gehen. Lina allein war mit der Situation überfordert und so kam Opa Fritz nach Giengen in ein Pflegeheim, wo sie ihn Tag für Tag mit dem Bus besuchte, ihm aus der Bibel vorlas und sich um ihn küm-merte. Als ihr Sohn eine Operation hatte und sie ein einziges Mal ihn und nicht ihren Vater besuchte, starb Opa Fritz just an diesem Nachmittag im Pflegeheim, ohne dass Lina bei ihm sein konnte. Ein Glück, dass er nicht mehr erleben musste, wie Lina im Zuge der Scheidung das ehemals elterli-che Anwesen verkaufen musste und in eine Mietwohnung zog. Wofür hatten er und Oma Marie und auch Lina selbst sich nun ihr Leben lang krumm gelegt? Das war bitter.

Im Oktober 1986 kam im Weiler in Dettingen eine kleine Christel Häberle zur Welt. Hilde war Urgroßmutter geworden. »Daran merkt man: Ich werde doch langsam alt!«, scherzte sie. Heute hat sie bereits sieben Urenkel, übrigens lauter Mädchen. Wenn eines davon bei der Urgroßmutter auf dem Schoß sitzt, kann es schon vorkommen, dass die sich so ein kleines Händchen schnappt und das alte Spiel beginnt: »Himpelchen und Pimpelchen ...«. Und hat es dem kleinen Watz gefallen, dann folgt bestimmt: »Dies ist der Daumen, der schüttelt die Pflaumen ...«.

Hildes 80. Geburtstag wurde groß begangen. Bürgermeister, Pfarrer und VdK-Vorsitzender hielten Ansprachen. Die Kinder organisierten im Gasthof »Rössle« in Waldenweiler eine schöne Feier für ihre Mutter. Viele Verwandte waren erschienen um zu gratulieren, überhäuften sie mit Blumen und Geschenken. Es wurde festlich getafelt. Und als ein heftiges Sommergewitter herniederging, legte Hilde still Messer und Gabel beiseite. Kinder und Enkel boten Musikstücke und Lieder dar. Diesmal hatten Margrete und Hans der Mutter zu Ehren Gedichte geschrieben. »Bin ich nicht reich?«, schwärmte die Jubilarin dankbar und blickte strahlend in die Runde. Und da kam es wieder: »Wenn Ernst das noch erleben könnte!«

Walter und Albert boten mit Presse-Schlagzeilen und Tondokumenten aus Politik, Wissenschaft und Kultur einen Rückblick auf die acht Lebensjahrzehnte ihrer Mutter. Da wurde deutlich, welch rasanter Wandel sich in Hildes Lebensspanne vollzogen hatte und auch, was diese

Generation alles hatte bewältigen müssen. Das reichte vom Kaiserreich über die Weimarer Republik, die Nazi-Diktatur, die Besatzungszeit und das geteilte Deutschland bis in die sich nun abzeichnenden weltpolitischen Veränderungen mit dem Ende des Kalten Krieges und dem Niedergang des Kommunismus. Das ging von den Pferdefuhrwerken in Stuttgart und der Postkutsche in Dettingen über die Motorisierung der Gesellschaft und den zunehmenden Luftreiseverkehr bis zu den Mondlandungen der Amerikaner. Das reichte in der Landwirtschaft von der Getreideernte mit Sichel und Dreschflegel über den von Pferden gezogenen Mähbinder bis zu den hochmodernen Monstern von Mähdreschern mit Strohpressen und Körnertanks. Hilde hatte als Kind noch beim winterlichen Spinnen in der von Petroleumlampen erleuchteten Stube zugeschaut und war kürzlich in Backnang bei einer Betriebsführung durch eine vollautomatisierte Großspinnerei dabei gewesen, wo zehn Arbeiter an einem Tag bestimmt zehnmal so viel Garn produzierten wie damals auf der Alb zehn Familien in zehn Wochen.

Es wurde deutlich, dass die Welt sich allein in Hildes Lebensspanne stärker verändert hatte als in den 500 Jahren davor. Verkraftet werden musste von Hildes Generation auch der Wandel in den Köpfen der Menschen, die radikal sich ändernden Vorstellungen von Sitte und Moral, von Erziehung und Religiosität, von Lebensstil und Umgangsformen sowie das rasante Tempo und der schamlose Reichtum, die das Leben nun allenthalben bestimmten.

So manche Entwicklung lehnte Hilde kategorisch ab, weil sie so vollkommen ihren Wertvorstellungen widersprach, dass sie ihr nicht folgen konnte. »Wer so viele Jahre Hunger gelitten hat«, erklärte sie beispielsweise, »der kann sein Lebtag kein Essen wegwerfen. Das macht man einfach nicht.« Überhaupt machte ihr die um sich greifende Wegwerfmentalität zu schaffen. Wenn sie sich auch dem Spott der Jungen aussetzte, sie bügelte nach jedem Geburtstag das Geschenkpapier und knotete sorgfältig die Schleifen auf.

Über andere Ergebnisse des Wandels war sie froh und beglückwünschte die jetzige junge Generation, dass sie freier und selbstbestimmter aufwachsen durfte und es auch materiell viel leichter hatte als sie damals. So manche moderne Errungenschaft nutzte sie inzwischen ganz selbstverständlich: Telefon, Plattenspieler oder Farbfernseher, Waschvollautomat und Küchenmaschinen, Teflonpfanne und pflegeleichte Textilien. Sie bedauerte häufig, dass sie nicht rechtzeitig den Führerschein gemacht habe. »Jetzt ist es zu spät.«

Freilich gab es auch Neues, das nahm sie nur irritiert zur Kenntnis, weil sie sich nicht zutraute, es zu beurteilen. »Soll das Musik sein?«, fragte sie etwa, wenn das Radio lief, oder: »Wozu soll es gut sein, wenn Menschen im Weltraum droben herumfliegen? Da komm ich nicht mehr mit.«

Hildes Schwester Anna hatte ihre Tochter Anneliese nicht mehr zum 80. Geburtstag begleiten können. Sie war in letzter Zeit doch recht hinfällig geworden, da mochte sie nicht mehr reisen. Ein Jahr später hat sie sich an ihrem 90. Geburtstag noch sehr über Hildes Besuch in Stuttgart gefreut. Die greisen Schwestern sprachen schmunzelnd über jenen Augusttag im Jahre 1909 in der Tunzhofer Straße, als ihre Mamme gesagt hatte: »Anna, mein großes Mädle, deine Mamme braucht dich heut«, und als sie die knapp Neunjährige mit jenem makaberen Auftrag an Hildes Bettchen beordert hatte. »Gell, Anne, damals hättest du dir nicht träumen lassen, dass ich dir einmal zu deinem 90. Geburtstag gratulieren komm!«, lachte Hilde. In den nächsten Monaten wurde Anna immer schwächer und musste von Anneliese gepflegt werden. Im Januar 1992 stand Hilde dann wieder auf dem Pragfriedhof am Familiengrab der Langs in Stuttgart. »Heute wohl zum letzten Mal«, sinnierte sie. »Außer mir ist ja nun keiner mehr da, und ich will in Weissach begraben sein. Da gehör ich jetzt hin.«

In der Gemeindehalle von Unterweissach war Hilde kürzlich in einer schönen Feierstunde des VdK im Beisein des baden-württembergischen Landtagspräsidenten und des Vizepräsidenten des VdK Deutschland für ihr langjähriges Engagement als Hinterbliebenenbetreuerin geehrt worden. Sie wurde mit der silbernen Ehrennadel des VdK Deutschland ausgezeichnet. Den Zeitungsbericht mit Foto hatte sie ausgeschnitten und in die Blechschatulle zu den anderen Sachen gelegt. Sie zeigte ihn mit berechtigtem Stolz ihren Besuchern. Im Stillen dachte sie: »Da wäre Ernst auch einmal auf mich stolz gewesen!«

Dieses Amt wurde ihr nun aber langsam beschwerlich, die Wege waren einfach zu weit. Außerdem verspürte sie eine unbestimmte Mattigkeit, seit sie vor einiger Zeit für zwei Wochen das Bett hatte hüten müssen und nicht recht sagen konnte, weshalb. Ihre Bewegungen waren seither unsicher und sie bekam immer wieder Schwindel. Margrete, die am nächsten wohnte und häufiger als die andern nach der Mutter sah, weil sie ihr auch einen Teil ihrer Besorgungen erledigte, sprach mit ihren Brüdern über ihre Beobachtungen.

Am ersten Weihnachtsfeiertag trafen sie sich traditionell bei der Mutter zum Essen. Diesmal war das Festmahl nicht rechtzeitig fertig, es war überhaupt nicht so gelungen wie sonst, das Gemüse war nicht ganz gar, die Backofentür klemmte. »Schon lange«, sagte Hilde. Die Frauen mussten helfend eingreifen. Alle schauten sich betreten an. Ihnen wurde vollends klar, ihre Mutter musste unbemerkt einen leichten Schlaganfall erlitten haben. Da eine Bekannte, etwa in Hildes Alter, kürzlich einen Hirnschlag hatte, erst am nächsten Tag gefunden wurde und nun ein hoffnungsloser Pflegefall geworden war, machten sie sich Sorgen und besprachen mit ihrer Mutter die Lage.

Als Margrete und Theo damals ihr Haus bauten, hatten sie der Mutter die Einliegerwohnung angeboten. Dasselbe hatten sowohl Albert und Christel als auch Walter und Rose getan, als sie ihre Häuser bauten. Jedes Mal hatte Hilde abgelehnt: Sie werde nie zu einem ihrer Kinder ziehen. »Wenn ich einmal nicht mehr selbstständig wohnen kann, gehe ich in ein Altenheim. Dort sind Leute, die beruflich für die Bewohner sorgen. Ich will einmal keinem meiner Kinder zur Last fallen.«

Nun stellte sich diese Frage ernsthaft. Immer unbeholfener und hilfsbedürftiger kam die Mutter ihren Kindern vor. Margrete war gesundheitlich angeschlagen und sah sich außerstande, in Zukunft täglich nach Mutter zu sehen und ihr womöglich demnächst den Haushalt zu führen. Schließlich war Hilde damit einverstanden, dass man nach einem geeigneten Altenheim Ausschau halten solle. Sie besichtigte in den nächsten Monaten mehrere Heime und entschied sich schließlich für das Schumm-Stift in Murrhardt, das Margrete ausfindig gemacht hatte. Es machte einen sehr gepflegten Eindruck, war für Hilde dennoch bezahlbar und lag vor allem nicht weit von Unterweissach weg.

Nach einer längeren Wartezeit war es dann am 29. August 1992 so weit. Wie ein Häuflein Elend saß die weißhaarige Hilde auf ihrem Stuhl, den man ihr hingeschoben hatte, damit sie aus dem Weg war. Sie sah zu, wie Theo, Mark, Walter und Albert ihre Möbel abbauten und Stück für Stück hinaustrugen. Margrete, Rose und Christel packten die letzten Kisten und Kartons und fragten immer wieder: »Mutter, geht das mit oder kommt das weg?« Hilde war ganz durcheinander. Die letzte Nacht in der Tannenstraße hatte sie kaum ein Auge zu getan. Sie war nun doch unsicher geworden und zweifelte daran, ob ihr Umzug ins Altenheim wirklich notwendig geworden war. Hätte sie nicht doch noch ein paar Jährchen hier bleiben können, wo sie sich so wohl gefühlt hatte? Hätte sie vielleicht das Projekt »Betreutes Wohnen« vorziehen sollen, das die Gemeinde Weissach in Angriff nehmen wollte? Aber Albert war auf dem Rathaus gewesen und hatte erfahren, dass noch nicht einmal die Planung angelaufen war. Das werde noch einige Jahre dauern.

Also musste sie nun wirklich hier weg? Aus ihrem Unterweissach, in dem sie Wurzeln geschlagen hatte wie ein alter Baum, wo sie die letzten vier Jahrzehnte gelebt hatte, fast ihr halbes Leben? Zusammengesunken saß sie mitten in dem Umtrieb auf ihrem Stuhl und sagte laut: »Ich weiß nicht, ob das wirklich sein muss.«

Einer der schwitzenden Helfer fragte leicht genervt: »Ja, wie jetzt? Sollen wir vielleicht die Möbel wieder hereintragen und in Murrhardt anrufen und absagen?« Da war sie still. Sie meinten es doch alle gut mit ihr. Sie hatten sich ja gemeinsam ein Jahr lang um die beste Lösung bemüht. Es war schließlich ihre eigene Idee gewesen, das mit dem Heim. Wenn es denn sein musste, dann wollte sie eben in Gottes Namen noch einmal, vielleicht ein letztes Mal noch, tapfer nach vorne schauen. Aber es war ihr nie schwerer gefallen als jetzt.

Im Schumm-Stift in Murrhardt bekam sie ein leeres Zimmer, das sie nach Belieben mit ihren eigenen Möbeln einrichten konnte. Dazu gehörte ein kleiner Vorraum mit einem geräumigen Wandschrank und ein eigenes Badezimmer mit Waschbecken und WC. Dinge, die sie nicht so oft brauchte oder die sie nicht mehr unterbringen konnte, durfte sie im Keller in einem abschließbaren Verschlag abstellen.

Vorübergehend wurde Hilde im dritten Stockwerk einquartiert, bis ihr eigentliches Apartment bezogen werden konnte. Schnell lernte sie, dass es im Haus eine Art Hierarchie gab und dass die im obersten, im fünften Stockwerk das größte Prestige genossen, weil sie noch die größte Selbstständigkeit besaßen, noch keiner Pflege bedurften. So quengelte sie und gab keine Ruhe, bis sie schließlich »befördert« wurde und ihr Zimmer im fünften Stock mit Aussicht auf die Hänge des Murrhardter Waldes beziehen durfte. Da war sie doch sehr erleichtert. Ein schönes Zimmer, fanden alle.

In der ersten Zeit besuchten sie die Mutter häufig, sodass sie alle zwei, drei Tage jemand von ihrer Familie um sich hatte, der ihr bei den anfänglichen Problemen mit dem Einrichten und der ersten Orientierung im Haus und im Städtchen zur Seite stand. Auch das Personal bemühte sich um die neue Bewohnerin, half ihr im Rahmen seiner dicht gedrängten Dienstzeiten, lud sie zu den zahlreichen Aktivitäten ein, die im Haus stattfanden: Diavortrag, Ausflugsfahrt, Bastelstunde, Spielkreis, Gymnastik, Bazar, Kaffeetafel, Tanznachmittag, Andacht, Theater- und Musikaufführung. Kaum ein Tag, an dem nicht etwas geboten war für die alten Leutchen. Hilde zeigte nach aufmunterndem Zureden von allen Seiten auch ihren guten Willen und nahm an der einen oder anderen Veranstaltung teil, aber sie tat sich doch recht schwer mit der Umstellung von der Selbstständigkeit auf das Heimleben.

Vielleicht wäre ihr diese Umstellung ja auch bald gelungen. Aber da saß sie wenige Wochen nach ihrem Umzug seltsam lächelnd in ihrem Sessel, als Margrete zu Besuch kam. Sie blinzelte und murmelte undeutlich »Grüß Gott!«. Der linke Mundwinkel hing schief herunter und tropfte. Auf Margretes besorgte Frage, wie es ihr heute gehe, nuschelte sie: »Gut. Warum?« Nach wenigen Augenblicken rief Margrete eine Schwester. Man brachte Hilde mit Blaulicht nach Backnang ins Krankenhaus, verabreichte ihr Infusionen und sagte Margrete, man müsse erst einmal abwarten, es sei hoffentlich noch nicht allzu viel passiert.

Für die Besucher am Krankenbett, die sie in den ersten Tagen gar nicht mehr erkannte, war die Veränderung unübersehbar. Ob sie überhaupt wieder in den fünften Stock zurückkehren könnte? Würde die Lähmung wieder zurückgehen? Sie war nun auch recht verwirrt. Ein ganz neuer Zug an ihr war jetzt zu beobachten: Sie reagierte richtig böse auf die Krankenschwestern, schimpfte über schlechte Behandlung und behauptete, sie hätten ihr Schläge angedroht. Auch als sie nach zwei Wochen wieder im Heim war, verdächtigte sie das Personal, ihr Zimmer durchwühlt und sie bestohlen zu haben. Heute noch klagt sie, man habe ihr alles Mögliche weggenommen.

Viele alte Leute verhalten sich so. Bei Hilde kann man es gut verstehen, schließlich ist ihr in ihrem langen Leben tatsächlich vieles genommen worden. Mit jedem Verlust, den ein Mensch erfährt, wächst nun mal sein Misstrauen.

Die Angehörigen waren aber sehr betroffen, als sie von der Heimleitung hören mussten: »Es ist nicht einfach mit Ihrer Mutter. Sie ist schwierig. Ja, manchmal ist sie böse.«

Hilde erholte sich dennoch wieder von ihrem Schlaganfall. Sie hatte noch lange stets ein Taschentuch in der Hand, weil ihr der Speichel aus dem Mundwinkel tropfte. Sie hat seither Mühe, laut und deutlich zu sprechen. Auch benutzt sie nun einen Stock und ihre Schritte sind kurz und schlurfend und unsicher geworden. Aber sie konnte bald wieder allein in die Stadt gehen, auf die Bank, die Post, zum Optiker, zum Uhrmacher. Leider hat sie seither schon einige Stürze hingelegt, die zum Glück glimpflich abgingen. Noch sträubt sie sich gegen so ein Wägelchen, wie es viele Heimbewohner als Gehhilfe vor sich herschieben.

Sie grübelte viel über die Ursache dieses Schlaganfalls. Hatte sie vielleicht auf die neue Situation im Altenheim zu widerstrebend reagiert? Hätte sie entschlossener nach vorne schauen sollen? Hatte sie nicht täglich an Unterweissach gedacht? Die Lähmungserscheinungen – hatte sie doch nach hinten geblickt wie Lots Weib? Das schlechte Gewissen ...

Es ist seither auch für ihre Familie nicht immer einfach. Die Mutter bekommt Woche für Woche mehrmals Besuch. Das können wahrlich nicht alle ihre Mitbewohnerinnen von sich sagen. Trotzdem kann es sein, dass Hilde auf die Frage: »Na, wer hat dich denn in den letzten Tagen besucht?« antwortet: »Besucht? Wer sollte denn mich schon besuchen?«. Und sie antwortet auf die Nachfrage: »Aber war nicht gestern Walter hier?« – »Ach ja, der!« Es kommt auch vor, dass sie zum Auswechseln einer Glühbirne oder wegen einer sonstigen Belanglosigkeit eines ihrer Kinder telefonisch herbeizitiert und auf den Einwand: »Aber es sind 60 Kilometer bis zu dir!« antwortet: »Na und? Dann fahr halt ein bisschen schneller!« Da müssen sie schon manchmal schlucken – oder auch schmunzeln.

Briefe kann sie jetzt keine mehr schreiben. Die Hand gehorcht nicht mehr so recht. Dafür telefoniert sie neuerdings ausgiebig. Aber die Sache mit dem Anrufbeantworter, die wird sie wohl nicht mehr begreifen. Da ruft sie dann schon mal »Albert, Albert, sprich doch weiter! Warum sagst du denn nichts mehr?« Oder sie gibt die Order: »Also, wenn meine Tochter wiederkommt, dann richten Sie ihr bitte aus ...«.

Nicht lange nach ihrer Rückkehr in den fünften Stock saß Hilde wieder Socken strickend in ihrem Sessel. Socken für den Sohn, den Schwiegersohn, die Enkel, den Weihnachtsbazar. »Ha, Unkraut vergeht nicht!«, lächelte sie verschmitzt. »Gell, ich hab Glück gehabt? Ihr wisst doch: Ich bin ein Sonntagskind.« So kehrte auch ihr Humor zurück. Als sie Walter erzählte, Herr Wieder, der frühere Pfarrer von Unterweissach, sei jetzt auch gestorben, und er fragte, ob sie auf seiner Beerdigung gewesen sei, antwortete sie: »Nein, der geht ja auch nicht auf meine!« Und als eine gerade hundertjährige Heimbewohnerin entschlafen war, kommentierte Hilde: »Da ist die Hebamme auch nicht mehr dran schuld!«

Sie ließ sich bald auch wieder von ihren Kindern zu Besuchen abholen und folgte jeden Dezember gerne der Einladung des Weissacher VdK zu seiner Weihnachtsfeier. Die haben sie bis heute nicht vergessen. Als Albert zum Vorstandsvorsitzenden seiner Bank gewählt wurde, nahm seine Mutter stolz an seiner Einsetzungsfeier in der Stadthalle von Schwäbisch Gmünd teil: »Und ich hab mir bei seiner Geburt Sorgen gemacht, ob ich ihn überhaupt noch großziehen könne! Ach, hätte Vater den heutigen Tag doch noch erleben dürfen!« Immer noch wird sie zum Familientreffen am ersten Weihnachtstag geholt, das jetzt bei Albert und Christel in Schwäbisch Gmünd stattfindet, und ihren Geburtstag richten jedes Jahr Margrete und Theo bei sich in Unterweissach aus. Auch heute, am Neunzigsten, war dort für sie großer Bahnhof.

Was sie manchmal bedrückt, ist ihre »Nutzlosigkeit«, wie sie meint. Und dann rumort wieder diese Unzufriedenheit in ihr, die sie ihr ganzes Leben lang nie wirklich besiegen konnte. »Ich möcht' bloß wissen, wozu ich immer noch auf dieser Welt herumtappe«, kann sie dann sagen. Dann muss ihr wieder einmal jemand erklären, dass ein Leben ähnlich ablaufe wie ein anstrengender Arbeitstag und dass es bei ihr halt nun Abend sei und dass sie doch dankbar sein solle, wenn sie jetzt nach all der Mühe die Hände in den Schoß legen und ihren wohlverdienten Feierabend genießen könne.

Dann nickt Hilde stumm und horcht in sich hinein und denkt wieder: »So ist es gut, jetzt kannst du doch eigentlich zufrieden sein.« Aber sie sagt auch: »Ich sitze oft tagelang da und warte, aber ich weiß nicht, auf was.« Insgeheim weiß sie es natürlich, worauf sie wartet. »So alt sollte man gar nicht werden«, sagt sie, »aber das kann man sich halt nicht aussuchen.«

❈ ❈ ❈

Zu dem Besucher, der ihr bis zuletzt zugehört hat, meint die Neunzigjährige nachdenklich: »Es hat in meinem Leben Höhen und Tiefen gegeben und ich musste mehrmals ganz von vorne beginnen, aber am Ende«, sie holt tief Luft, »am Ende ist es doch immer wieder gut geworden. Gerade so, wie es in dem Kirchenlied ›Lobe den Herren‹ heißt: ›In wie viel Not hat nicht der gnädige Gott über dir Flügel gebreitet‹.« – Dann verabschiedet sich auch der Letzte von ihr.

❈ ❈ ❈

Die Sonne senkt sich silbern hinter den Murrhardter Wald. Es war ein schöner Tag heute. Es war ein anstrengender Tag. Hilde sitzt sinnend da mit ihrer Blechschatulle voller Erinnerungen auf dem Schoß. Behutsam klappt sie den Deckel zu. Sie schaut zur Uhr hoch: Das Pendel bewegt sich nicht mehr. Sie hat vergessen, einen der Besucher zu bitten, ihr den Regulator aufzuziehen. Sie selbst kann es nicht mehr. Hinter ihr, an der Wand gegenüber der Uhr, hängt der Neukirchener Kalender. Er zeigt eine rote 4. Es ist schon wochenlang kein Blatt mehr abgerissen worden.

Die Zeit steht still für Hilde. Ja, sie hat es jetzt gut – Hilde, das Sonntagskind.

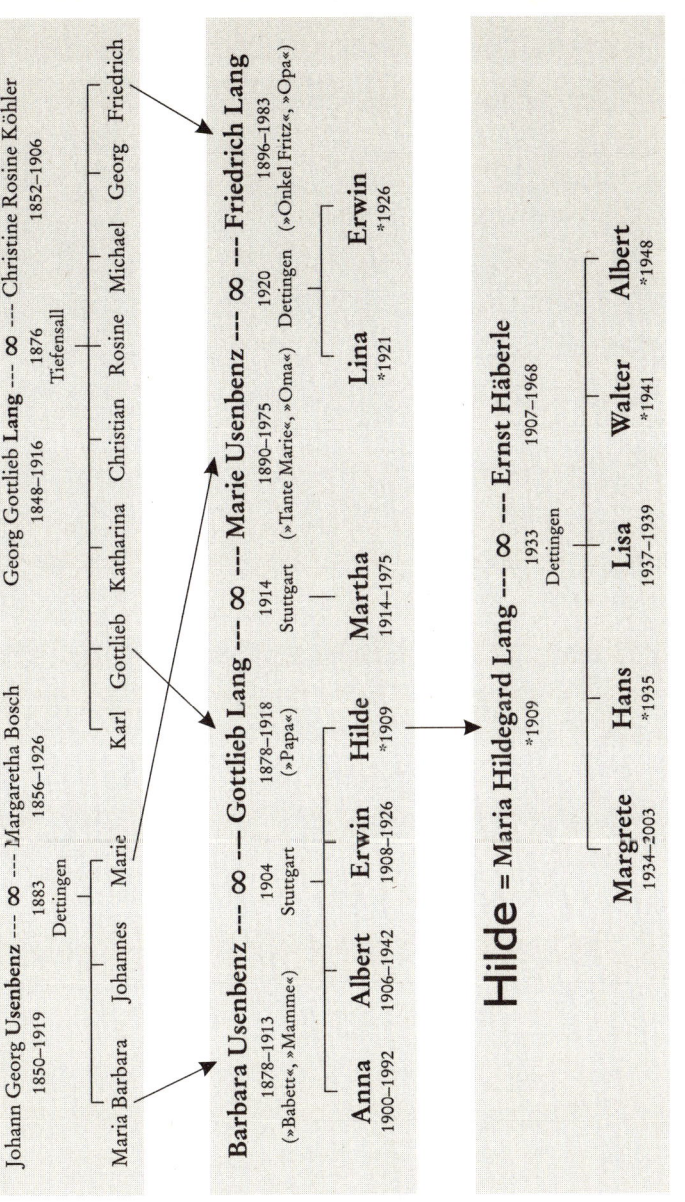

Johann Georg Usenbenz --- ∞ --- Margaretha Bosch
1850–1919          1883          1856–1926
                  Dettingen

Maria Barbara    Johannes    Marie

Georg Gottlieb Lang --- ∞ --- Christine Rosine Köhler
1848–1916        1876        1852–1906
                Tiefensall

Karl  Gottlieb  Katharina  Christian  Rosine  Michael  Georg  Friedrich

Barbara Usenbenz --- ∞ --- Gottlieb Lang --- ∞ --- Marie Usenbenz --- ∞ --- Friedrich Lang
1878–1913          1904        1878–1918         1914        1890–1975        1920        1896–1983
(»Babett«, »Mamme«)  Stuttgart    (»Papa«)       Stuttgart   (»Tante Marie«, »Oma«)  Dettingen  (»Onkel Fritz«, »Opa«)

Anna        Albert       Erwin        Hilde       Martha          Lina        Erwin
1900–1992   1906–1942    1908–1926    *1909       1914–1975       *1921       *1926

Hilde = Maria Hildegard Lang --- ∞ --- Ernst Häberle
*1909            1933           1907–1968
                Dettingen

Margrete    Hans      Lisa        Walter      Albert
1934–2003   *1935     1937–1939   *1941       *1948

# Mehr vom Autor

Walter Häberle

## Der Teufel von Jagstbach

**Baden-Württemberg-Krimi**

Kriminalrat Lutz, ein grüblerischer Schwabe mit Hang zur Philosophie, lässt sich nach einem traumatischen Einsatz ins scheinbar beschauliche Hohenlohe versetzen. Aber kaum hat er das Kommissariat in Künzelsau übernommen, wird er mit seinem jungen Assistenten Wieland zu einem Mordfall ins Jagsttal gerufen. Tatort ist der Ochsengarten in Jagstbach, wo die Hohenloher Mundartband »Annâweech« gerade ein Konzert gibt. Der Ochsenwirt, ein lokaler Platzhirsch, hängt dort mit einer Heugabel im Bauch tot im Gesträuch. Angeblich hat keiner der Besucher etwas mitbekommen. Die Suche nach der Nadel im Heuhaufen beginnt. Lutz befragt gehörnte Ehemänner, übervorteilte Geschäftspartner, missbrauchte Geliebte, einen linken Lehrer, einen korrupten Volksbank-Filialleiter, den verhassten Nachbarn, den Sohn des Opfers, die geschiedene Ehefrau – ein Stich ins Wespennest! »Sodom und Gomorra«, stöhnt Lutz.

224 Seiten.
ISBN 978-3-8425-2028-8

SILBERBURG

# Familienroman

**Lea Söhner**

# Vielleicht im Himmel einmal

### Roman

Zwölf Frauen und ein Mann. Ihre Schicksale könnten unterschiedlicher nicht sein und doch entstammen alle derselben Familie. Jede der Frauen ist auf ihre Art geprägt vom Charisma des vom Pietismus durchdrungenen und von einem einschneidenden persönlichen Schicksal gebeutelten Ehemanns, Vaters und Großvaters Heinrich. Da ist etwa Elfriede, die nach dem achten Kind lieber abtreiben würde. Ihr Kind Christel wird trotzdem geboren, doch sie kann es nicht lieben. Christel ihrerseits kann später ihre Tochter Maren nicht annehmen. Gelingt es Maren, das Trauma des ungeliebten Kindes bei ihrer eigenen Tochter zu durchbrechen? Mit bildhaft-klarer Sprache erzählt die Autorin, wie die Frauen um ihren eigenen Weg ringen und unter dem grauen Teppich einer sinnenfeindlichen Religiosität nach und nach das pralle Leben voll Liebe, Schmerz und Schönheit entdecken.

*384 Seiten.*
*ISBN 978-3-8425-2051-6*

SILBERBURG